ドイツ統治下の青島

経済的自由主義と植民地社会秩序

浅田進史［著］

東京大学出版会

Qingdao under German Rule
Economic Liberalism and the Colonial Social Order
Shinji ASADA
University of Tokyo Press, 2011
ISBN 978-4-13-046106-1

目　次

　　　図表一覧　v
　　　略記一覧　vi
　　　凡　例　vii

I　序　章 ………………………………………………………………… 1
　1　グローバルな視点からのドイツ植民地帝国論　3
　2　東アジア経済史からみたドイツ植民地都市・青島　10
　3　ドイツ統治期の青島をめぐる研究の現状　14
　4　本書の課題　21

I　膠州湾の植民地化 …………………………………………………… 31
　1　ドイツの中国植民地プロジェクト　31
　　　19世紀末までのドイツ・中国関係の形成／中国拠点の
　　　選定／ティルピッツの中国植民地構想／膠州湾の占領
　2　外交による膠州湾の植民地化　42
　　　多様な「租借」論と植民地統治／「租借」概念の案出／
　　　膠州湾租借をめぐる外交交渉
　3　占領による膠州湾の植民地化　55
　　　「実効占領」の創出／占領の布告／清朝地方行政の主権
　　　行為の停止と清朝軍隊の放逐／土地所有権の獲得
　小　結　61

II　青島における経済的自由主義 ……………………………………… 63
　1　ドイツ植民地経済政策論のなかの青島　64

2　膠州湾経済と青島自由港制度　　67
　　　　占領以前の膠州湾経済／自由港制度の導入
　　3　自由港制度への批判　　75
　　　　統治初期の青島経済／中国商人層による自由港制度批判
　　4　自由港制度の改廃と新たな植民地経済構想の策定　　82
　小　結　　85

III　統治初期の青島における社会秩序 ……………………………………89
　　1　ドイツ植民地法における「原住民」　　90
　　　　属人主義と属地主義／植民地法上の「原住民」／法的カテゴリーの越境の可能性とその限界
　　2　植民地都市社会の形成　　98
　　　　植民地建設と空間的差別化／中国系住民に対する特別法規／中国系住民の行政参加／社会下層に対する空間管理
　　3　「華人」と「青島人」　　109
　　　　租借地在住の中国系住民に対する主権の所在／租借地外での租借地在住の中国系住民に対する主権の所在／中国ナショナリズムと政策の転換／中国系労働者移送の中継地としての膠州湾租借地
　小　結　　119

IV　植民地経済の再調整 ……………………………………………………121
　　1　自由港制度の改廃と輸出経済への転換を目指して　　122
　　2　輸出経済指向の介入政策　　125
　　　　麦稈真田／絹布・絹糸／落花生・落花生油／家畜・食肉加工品
　　3　東アジア流通ネットワークへの参入　　136
　　4　技能労働者の育成　　142

　　　　「死活問題」としての技能労働者／見習工養成学校の設立と見習工の募集／見習工の育成プログラムとその帰結
　　小　結　　150

V　植民地社会秩序の再調整 …………………………………153
　　1　青島統治への批判　　154
　　　　青島経済と世界経済の連関／青島統治への批判
　　2　植民地自治論と総督府参事会改革　　161
　　　　ドイツ系住民の植民地自治論と総督府参事会改革案／総督府参事会の再編と中国系住民代表の行政参加問題
　　3　ボイコット運動と社会秩序の再編　　169
　　　　埠頭行政の一元化問題／中国商人層のボイコット運動／コーポラティヴな社会秩序の再編
　　4　試された「協同」――1910・1911年の肺ペスト対策と青島経済　　177
　　　　満洲における肺ペストの流行と膠州領総督府の防疫方針／防疫体制と中国商人層との「協同」
　　小　結　　182

VI　ドイツの対中国経済政策の新展開と青島 ……………………187
　　1　ドイツの対中国経済政策の転換　　190
　　　　1910年前後のドイツ・中国経済関係の深化／対中国文化政策とドイツ東アジア経済団体のネットワーク
　　2　ドイツの対中国経済政策のなかの青島　　202
　　　　ドイツの対中国輸出貿易における青島の位置／ドイツの対中国輸入貿易における青島の位置／ドイツ事業ネットワークと青島／青島からの「ドイツ・プロパガンダ」
　　小　結　　213

終　章 …………………………………………………………………217
　　　ドイツ統治から日本統治へ／経済的自由主義とコーポラ
　　　ティヴな植民地社会秩序

　あとがき　　225
　付　表　　229
　文献目録　　233
　索　引（人名／事項）　　251

図表一覧

図1　膠州湾占領予定範囲　58
図2　膠州湾および膠州湾租借地略図　70
図3　ドイツ統治初期の青島経済構想　76
図4　自由港制度の改廃による変化　86
図5　青島都市図（1912年頃）　100
図6　青島および大鮑島の都市建設計画（1901年）　101
図7　1901-1914年青島港汽船貿易輸出入額の推移　124
図8　1906年出港地別青島寄港汽船トン数割合　139
図9　1906年目的地別青島出港汽船トン数割合　139
図10　1913年出港地別青島寄港汽船トン数割合　140
図11　1913年目的地別青島出港汽船トン数割合　140
図12　1911年頃の青島港の流通　151
図13　青島の「自治」　175
図14　1910・1911年青島における防疫体制　181

表1　青島港中国産主要品別輸出額の推移　126
表2　青島港外国産主要品別輸入額の推移　128
表3　青島港への汽船定期航路運航会社一覧　137
表4　1910年・1911年対外直接貿易輸出入額比較表　142
表5　総督府工場見習工作業表　146
表6　総督府工場における見習工採用人数およびその後の経歴　147
表7　膠州領総督府財政変遷　159
表8　膠州領総督府歳出表　164
表9　ドイツの対中国貿易輸出入額の推移　192
表10　ドイツ対中国貿易およびドイツ対外貿易比較表　193
表11　ドイツの品目別対中国輸入額の推移　195
表12　ドイツの品目別対中国輸出額の推移　197
表13　青島港対ドイツ品目別輸入額一覧　205
表14　青島港対ドイツ品目別輸出額一覧　207
表15　在青島有力ドイツ貿易商社と本店・支店網　210

付表1　膠州湾租借地の人口動態（1898-1913年）　229
付表2　青島港輸出入貿易額の推移（1901-1931年）　230
付表3　1906年出港地別青島寄港汽船トン数および隻数　231
付表4　1906年目的地別青島出港汽船トン数および隻数　231

付表5　1913年出港地別青島寄港汽船トン数および隻数　　232
付表6　1913年目的地別青島出港汽船トン数および隻数　　232

略記一覧

AA	Auswärtiges Amt
Amtsblatt	Amtsblatt für das Schutzgebiet Kiautschou
BA/MA	Bundesarchiv/Militärarchiv
DAW	Deutsch-Asiatische Warte
Denkschrift	Denkschrift betreffend die Entwicklung des Kiautschou-Gebietes
GP	Die Große Politik der Europäischen Kabinette
PAAA	Politisches Archiv des Auswärtigen Amtes
RMA	Reichsmarineamt
SBVR	Stenographische Berichte über die Verhandlungen des Reichstags
TNN	Tsingtauer Neueste Nachrichten

凡　例

1. ドイツ人名・地名をカタカナに表記する際に，すでに日本で慣例となっている場合を除き，*Duden. Das Aussprachewörterbuch*, 6. überarbeitete und Aktualisierte Auflage, Mannheim: Dudenverlag, 2006 を参照した．
2. ドイツ人名表記は，姓のみカタカナで表記し，各章の初出の際にカッコ書きで姓名の原語を表記した．一部，姓のみしか判明しなかった場合には，姓のみの表記にとどめている．
3. 膠州湾租借地におけるドイツ行政機関の日本語訳については，戦前期の日本語文献での表記に必ずしも準じていない．とくに，"Gouvernement Kiautschou" を「膠州領総督府」と一貫して訳した理由については，序章の末尾に詳細に記している．
4. 本書では，中国語史料を指示する際も，論旨のうえで読者の混乱を避けるために，西暦にあらためている．
5. 注の番号は，各章ごとに新たに振り，また文献表記もすでに前章で指示されている場合も，初出扱いとして書誌情報を記載している．
6. 引用文中の傍点は原文で字間が広がっていたり，イタリック体などで強調されている場合に付しており，原文で強調されている旨を明記している．また，著者が強調するために付した場合にも，その旨を明記している．
7. 引用文中の［　］内の説明文は，著者が補足したものである．

序　章

　1897年11月14日，ドイツ東アジア巡洋艦隊は，山東省曹州府鉅野県で発生した2名のドイツ人宣教師殺害事件を口実に，山東半島東南岸に位置した膠州湾を占領した．そして，1898年3月6日にドイツ・清間で締結された膠州湾租借条約を根拠に，ドイツ皇帝ヴィルヘルム2世（Wilhelm II）は膠州湾租借地を，一方的にほかのドイツ植民地と同等の法的地位に置く，いわゆる「保護領宣言」を発した．これ以降，およそ17年間にわたって膠州湾はドイツの植民地統治下に置かれることになった．一般に，この膠州湾占領は，19世紀末の帝国主義列強による「世界分割」が東アジアにおよび，「中国分割」危機を呼び起こした事件として知られている．また，帝政期ドイツの歴史叙述では，ヴィルヘルム2世の「世界政策」の開始を告げる事件として挿入されてきた．膠州湾租借条約中の山東鉄道利権・山東鉱山利権などの経済権益とあわせて，膠州湾占領は，列強による独占的な利益を追求した帝国主義政策の代表例であったといえよう．

　しかし，ドイツが膠州湾で植民地支配に着手した19世紀末から20世紀初頭は，かつてない速度で世界経済の一体化が進んでおり，経済史研究者のなかでは「最初のグローバリゼーション」とも呼ばれる時期にあたる[1]．まさにこの時期に，ドイツはアフリカ・太平洋・中国に植民地を獲得し，当時の植民地支配を前提とした世界秩序のなかで，植民地帝国として立ち現れることになった．東アジアにおけるドイツ植民地支配は，当時の世界経済の統合過程からかい離

---

[1]「最初のグローバリゼーション」をめぐる議論については，Cornelius Torp, Weltwirtschaft vor dem Weltkrieg. Die erste Welle ökonomischer Globalisierung vor 1914, in: *Historische Zeitschrift*, 279（2004），S. 561-609 の研究整理を参照．

するものではなく，むしろそれに積極的に参入するものであった．当初，ドイツ植民地行政は，膠州湾東側の半島部分先端に位置する青島を港湾都市として重点的に開発し，「自由港」として開放した．この青島における自由港制度は，行論で示すとおり，事実上の廃止を余儀なくされるが，しかし青島を東アジア市場・世界市場と結びつける経済政策は，統治期間を通じて一貫していた．青島でのドイツの植民地経済政策は，その領有を通して，第一次世界大戦以前の世界経済の急速な統合過程を促す役割を果たしたとみることができるだろう．

このような視点から，本書は，2つの課題を設定している．第1に，青島においてドイツ植民地行政がどのような経済政策を構想し実践したのか，という問題であり，さらにいえば，その経済政策が実際に地域経済にどのような影響を及ぼしたのか，そしてもしその政策が実際の地域経済の動態に適合せず，むしろ混乱を招いた場合，植民地行政はどのような対応を迫られ，新たな政策を構想するに至ったのか，という問いである．ここでの問題意識は，植民地支配者が構想した経済政策が現地社会の動態に直面することで，絶えず覆され，かつそれが変容しうるのではないかというものである．本書が目指すのは，その局面を，歴史学の手法によって実証的に再構成することである．

第2の課題は，その経済政策を支えた，もしくは支えるように管理された植民地社会秩序はどのような論理で成り立ち，かつ実際に形成されたのか，そしてそれはまたどのように変化したのか，あるいは維持されたのかといった問いを明らかにすることである．この問いの枠組みは，基本的に第1の課題と同じものである．植民地支配の過程では，つねに統治者の当初の構想が貫かれるというわけではなく，むしろ被支配者側の社会によって挑まれ，政策の再検討を余儀なくされると考えるからである．

本章では，まず，第1節・第2節で，この研究の背景となる2つの研究潮流，すなわちドイツ植民地支配と東アジア地域経済をめぐる研究動向を，本書の研究テーマに即して整理する．次に，第3節で，本書と直接にかかわる膠州湾租借地をめぐる研究水準の現段階を整理し，その整理に沿って，第4節でふたたび本論の課題を提示する．

1　グローバルな視点からのドイツ植民地帝国論

　1960 年代末から 70 年代初頭にかけて，ドイツ帝国主義をめぐる議論は，主としてその対外拡張の要因をめぐるものであったといえよう．東アジアを例に挙げれば，その要因は，対外政策における国家意思・国家威信・列強間の勢力バランスを重視したかつての外交史研究に対して，ドイツ民主共和国で帝国主義・植民地主義研究をリードしたシュテッカー（Helmuth Stoecker）の研究のように，ドイツ資本主義にとっての有望な輸出市場の獲得という動機に力点を置くか，あるいはドイツ帝国主義に社会帝国主義論を導入したヴェーラー（Hans-Ulrich Wehler）のように，国内の支配体制を安定化させる対外政策の手段として論じられた．このように，ドイツの帝国主義的拡張の要因をめぐる議論は，主としてドイツ国内における経済発展の段階的位置づけ，あるいは政治支配体制の性格規定を目的とするものであった．研究視角とその結論がドイツ本国の動向に置かれるという点では，ドイツ経済の資本主義的発展の結果として，国内に蓄積された余剰資本を国外市場に捌け口を見出すという経済的動機づけをその背景にもとめる解釈にしても，社会帝国主義論のように国内の支配体制を安定化させる手段とみる解釈にしても共通しており，ドイツ帝国主義が公式・非公式に影響力を行使した社会の動向そのものはドイツ帝国の歴史叙述のなかで周縁的な地位を占めるにすぎなかった[2]．

　2）1958 年に発表されたドイツ資本主義の東アジア進出に関するシュテッカーの研究は，1970 年に出版されたヴェーラー編著の『帝国主義』にその要旨が掲載された．社会帝国主義・自由貿易帝国主義，あるいは人種主義と帝国主義の関連など，同書には当時を代表する帝国主義理論と実証研究の成果が収録されている．以下を参照．Helmuth Stoecker, Preußisch-deutsche Chinapolitik in den 1860/70er Jahren, in: Hans-Ulrich Wehler（Hrsg.）, *Imperialismus*, 3. Aufl., Köln: Kiepenheuer & Witsch, 1976（1. Aufl. 1969）, S. 243-258; Hans-Ulrich Wehler, Sozialimperialismus, in: Wehler（Hrsg.）, *Imperialismus*, S. 83-96. また，前述のシュテッカーの研究は以下．Helmuth Stoecker, *Deutschland und China im 19. Jahrhundert. Das Eindringen des deutschen Kapitalismus*, Berlin: Rütten & Loening, 1958. 同様に，山東鉄道を事例として，ドイツ資本主義の中国鉄道建設への拡張を論じた，Vera Schmidt, *Die deutsche Eisenbahnpolitik in Shantung 1898-1914. Ein Beitrag zur*

もちろん，そのような一連の研究と同時期にも，ドイツ植民地支配に関する研究が疎かにされていたわけではない．ドイツ本国におけるドイツ植民地主義運動の形成と個々の植民地における支配のあり様については，それぞれに研究が積み重ねられてきた[3]．こうしたドイツ植民地主義研究の進展を背景に，1983 年にドイツ海外移民と植民地主義研究の第一人者であるバーデ（Klaus Bade）は，1970 年代半ば以降のヨーロッパ植民地支配一般についての研究史整理のなかで，植民地主義研究者のパースペクティヴに明確な転換があることを指摘した．その転換とは，旧来のヨーロッパ中心的な「海外史（Überseegeschichte）」から離脱し，海外へ拡張する人びとの意図・視野・戦略と同時に，この拡張の対象となった人びとの反応，そしてその相互連関の帰結を扱うようになったことであった．バーデは，これを「植民地史・『海外史』から第三世界の歴史」への転換と表現し，また「ヨーロッパ・アフリカ史」のような相互関係の歴史の可能性に言及していた[4]．

この 1970 年代の植民地支配研究は，研究者自身がアフリカにおける脱植民

　Geschichte des deutschen Imperialismus, Wiesbaden: Otto Harrassowitz, 1976 も，この時期の傾向を代表する研究として指摘できる．ドイツ資本主義の性格規定を主要な研究課題とした，熊谷一男『ドイツ帝国主義論』未来社，1973 年もこの流れに位置づけられよう．

3) ここでは個別のドイツ植民地に関する研究蓄積を挙げることはできないが，この時期のドイツのアフリカ植民地支配の研究の展開については，1971 年に公表されたバウムガルトの以下の研究動向を参照．Winfried Baumgart, Die deutsche Kolonialherrschaft in Afrika. Neue Wege der Forschung, in: *Vierteljahrschrift für Sozial- und Wirtschaftsgeschichte*, 58 (1971), S. 468-481. また，以下の概説書および巻末参考文献も参照．Horst Gründer, *Geschichte der deutschen Kolonien*, 4. Aufl., Paderborn: Schöningh, 2000 (1. Aufl. 1985). 日本における研究整理として，富永智津子・永原陽子「ドイツ植民地」西川正雄編『ドイツ史研究入門』東京大学出版会，1984 年，259-271 頁参照．

4) Klaus J. Bade, Imperialismusforschung und Kolonialhistorie, in: *Geschichte und Gesellschaft*, 9 (1983), S. 138-150. 本文引用頁は 140 頁．ここでは，この研究の方向転換を導いた画期的な研究書として，Rudolf von Albertini (Hrsg.), *Europäische Kolonialherrschaft 1880-1940*, 2. Aufl., Stuttgart: Steiner, 1985 (1. Aufl. 1976) が挙げられている．

地化の波を同時代的に体感しつつ生み出されたものであった．だが，上記のバーデが指摘したように，ヨーロッパ史の延長ではない植民地支配研究の可能性が明確に認識されていたにもかかわらず，そのおよそ20年後にコンラート（Sebastian Conrad）は，1970年代以降のドイツ植民地主義に関する研究成果が帝政期ドイツの歴史叙述に驚くほどに何の影響ももたらさなかったと指摘せざるをえなかった．彼にいわせれば，ビスマルク期の植民地政策およびヴィルヘルム期の世界政策は，第一次世界大戦へと至るドイツ史の延長線上に位置づけられ，あくまで対ヨーロッパ政策の一部として解釈されるにすぎなかった．また，ヴェーラーの社会帝国主義論においても，国内世論への植民地主義の影響力はとるに足らないものであり，それは支配層の「誤った意識」であったと理解され，植民地経験が本国社会へどのような「反作用」をもたらしたかという問題は看過されてきたという[5]．

---

5) Vgl. Sebastian Conrad, Doppelte Marginalisierung. Plädoyer für eine transnationale Perspektive auf die deutsche Geschichte, in: *Geschichte und Gesellschaft*, 28 (2002), S. 145-169. とくに，158-161頁を参照．ちなみに，初期のヴェーラーの著作では，世界政策の開始として位置づけられる膠州湾占領から義和団事件までのヴィルヘルム期ドイツの対中国政策は，社会帝国主義論の一環として解釈された．以下を参照．Hans-Ulrich Wehler, *Das Deutsche Kaiserreich 1871-1918*, 7. Aufl., Göttingen: Vandenhoeck & Ruprecht, 1994 (1. Aufl. 1973), S. 176-177. 日本語訳は以下．大野英二・肥前榮一訳『ドイツ帝国1871-1918年』未来社，1983年，256-258頁．しかし，「結集政策」は別として，ビスマルク（Otto von Bismarck）の植民地政策を「社会帝国主義」と理解できるかどうかについては，多くの批判が寄せられてきた．たとえば以下を参照．George W. Hallgarten, War Bismarck ein Imperialist? Die Außenpolitik des Reichsgründers im Licht der Gegenwart, in: *Geschichte in Wissenschaft und Unterricht*, 22: 5 (1971), S. 257-265; ders., Wehler, der Imperialismus, und ich. Eine geharnische Antwort, in: *Geschichte in Wissenschaft und Unterricht*, 23: 5 (1972), S. 296-303; Winfried Baumgart, Eine neue Imperialismustheorie? Bemerkungen zu dem Buche von Hans-Ulrich Wehler über Bismarcks Imperialismus, in: *Militärgeschichtliche Mitteilungen*, 10 (1971), S. 197-207. 近年の帝政期ドイツの研究では，ビスマルクの政策が非公式の帝国主義から公式の帝国主義に移行した理由は，アフリカ現地での独自の情勢変化から説明されている．ウルマンは1884/85年のベルリン会議による「実効占領」の意義を強調し，シュパイトカンプは，ビスマルクが植民地と名付けず「保護領」とし，植民地会社

この帝政期ドイツをめぐる歴史研究の問題は，個別のドイツ植民地における支配と植民地支配下にあった社会の変動に関する研究がドイツ帝国の歴史と別個のものとして扱われてきたというだけにとどまらない．ラテンアメリカで提起された従属理論やウォーラーステイン（Immanuel Wallerstein）の世界システム論とそれらへの批判は，ドイツ帝国の歴史研究にはほとんど影響を及ぼさなかった[6]．帝政期ドイツの歴史研究の課題は，ナチズムを経て戦後の東西ドイツ（1989/90年のドイツ統一以降はドイツ連邦共和国）へ至るまでの連続と断絶を明らかにすることであって，世界史（あるいはグローバル・ヒストリー）における位置づけは，主要な論点とはならなかった．こうした研究状況のなかでは，ドイツ植民地支配について積み重ねられてきた歴史研究は，帝政期ドイツの歴史においても，ヨーロッパ帝国主義・植民地主義の歴史においてもエピソード

　　主導の植民地支配を志向したことから，ビスマルクはむしろ非公式帝国主義の路線を踏襲していたものの，現地社会の抵抗などの動態によって効率的な植民地行政を建設する必要が生まれたと説明している．いずれにしても，旧来の列強外交史的な解釈も社会帝国主義的な解釈も，ドイツ植民地政策の転換の理由としては十分な説明ではないと理解されており，植民地化の対象となった地域自体の動向が重視されるようになっている．Vgl. Hans-Peter Ullmann, *Das Deutsche Kaiserreich 1871-1918*, Frankfurt am Main: Suhrkamp, 1995, S. 81-82; Winfried Speitkamp, *Deutsche Kolonialgeschichte*, Stuttgart: Reclam, 2005, S. 28-41.

6) 従属理論・世界システム論については，さしあたり，森田桐郎編著『世界経済論──《世界システム》アプローチ』ミネルヴァ書房，1995年を参照．ドイツの工業化に関しては，世界経済の拡大と関連づけられて説明されたとしても，その国内社会への影響に主眼が置かれており，世界経済の構造化と結びつくような議論はほとんどみられない．これは，帝政期ドイツの対外経済関係の9割弱をヨーロッパ・アメリカが占めていたからであろう．しかしたとえば，最近のトルプの研究によれば，1889年から1913年の間にドイツ対外輸入におけるヨーロッパの占める割合は，79.3％から54.7％へと減少し，アメリカは15.5％から27.8％，アジアは3.1％から9.7％，アフリカは1.0％から4.6％，オーストラリアおよびオセアニアは0.9％から3.0％と増加している．世界分業構造の解明には，特定品目の流通および生産過程を仔細に分析することが欠かせない．上記の割合の変化をみれば，今後，ドイツとヨーロッパ外地域間の特定品目の流通・生産過程を分析することは重要なテーマとなると思われる．Cornelius Torp, *Die Herausforderung der Globalisierung. Wirtschaft und Politik in Deutschland 1860-1914*, Göttingen: Vandenhoeck & Ruprecht, 2005, S. 81 u. S. 376.

の位置にとどまらざるをえなかった[7]．

しかし，1990年代初頭に盛んになった英語圏でのポストコロニアル研究，帝国論，そしてグローバリゼーションをめぐる議論は，帝政期ドイツの歴史研究に新たな研究潮流を生み出している．そこでは，ヨーロッパ中心的な歴史の見方を批判し，「トランスナショナルな歴史」をキーワードに問題提起的な研究が公表されている[8]．帝政期ドイツについて，そうした研究動向の先鞭をつけた研究書として，2003年に出版されたオースタハンメル（Jürgen Osterhammel）とコンラートの編集による『トランスナショナルなドイツ帝国——世界のなかのドイツ，1871-1914』が挙げられよう．その序論では，2つの研究のアプローチが提起されている．1つは，植民地における文化的実践と社会秩序の形成，さらに植民地支配の本国への反作用を分析の対象とするポストコロニアル研究のアプローチである．もう1つは，グローバリゼーション研究のアプローチであり，そこでは19世紀末に一層顕著になった世界経済のネットワーク化に帝政期ドイツの社会・経済を位置づけようとするものである[9]．この研

---

7) Vgl. Conrad, Doppelte Marginalisierung, S. 158-161.
8) 「トランスナショナルな歴史」をめぐっては，現在，実証研究よりも方法論に関して盛んに議論されている段階である．以下を参照．Jürgen Osterhammel, Transnationale Gesellschaftsgeschichte. Erweiterung oder Alternative?, in: *Geschichte und Gesellschaft*, 27 (2001), S. 464-479; Kiran Klaus Patel, Transatlantische Perspektiven transnationaler Geschichte, in: *Geschichte und Gesellschaft*, 29 (2003), S. 625-647; Kiran Klaus Patel, Überlegungen zu einer transnationalen Geschichte, in: *Zeitschrift für Geschichtswissenschaft*, 52 (2004), S. 626-645; Michael Werner/Bénédicte Zimmermann, Vergleich, Transfer, Verflechtung. Der Ansatz der Histoire croisée und die Herausforderung des Transnationalen, in: *Geschichte und Gesellschaft*, 28 (2002), S. 607-636; Gunilla Budde/Sebastian Conrad/Oliver Janz (Hrsg.), *Transnationale Geschichte. Themen, Tendenzen und Theorien*, Göttingen: Vandenhoeck & Ruprecht, 2006.
9) Jürgen Osterhammel/Sebastain Conrad, Einleitung, in: Conrad/Osterhammel (Hrsg.), *Das Kaiserreich transnational. Deutschland in der Welt 1871-1914*, Göttingen: Vandenhoeck & Ruprecht, 2004, S. 8-27. とくに14-27頁参照．ドイツ史においてポストコロニアル研究の問題提起を持ち込もうとした研究書として以下を参照．Sebastian Conrad/Shalini Randeria (Hrsg.), *Jenseits des Eurozentrismus. Postkoloniale Perspektiven in den Geschichts- und Kulturwissenschaften*, Frankfurt a.

究潮流は，ドイツ史における帝国論と呼ぶことができよう．

　1990年代後半以降，日本の歴史研究においても帝国論が盛んに論議されたが，その特徴としては次の3点を挙げておく．まず，国民国家の枠組みに限定されて歴史認識に対する批判として現れたことである．次に，イギリス帝国史や日本植民地帝国の問題設定が宗主国・植民地間およびそれぞれの植民地間の相互作用を研究の枠組みに入れることを目指していることであり，最後に，政治・経済的な側面だけでなく文化的実践も研究の重点に置いていることである[10]．先述のオースタハンメルとコンラートの問題提起においても，国民国家

　　M.: Campus, 2002. また，ポストコロニアル研究を，とくに支配者／被支配者の二項対立の図式ではなく，植民地支配を植民地と宗主国の共通の近代史として把握するアプローチという理解によって，ドイツ植民地（支配）研究を整理したものとして，以下を参照．Sebastian Conrad, Schlägt das *Empire* zurück? Postkoloniale Ansätze in der deutschen Geschichtsschreibung, in: *WerkstattGeschichte*, 30 (2001), S. 73-83. ドイツ語圏で，グローバリゼーションを歴史学の視点から把握しようとした試みとして，Jürgen Osterhammel/Niels P. Petersson, *Geschichte der Globalisierung. Dimensionen―Prozesse―Epochen*, München: Beck, 2003. その内容は筆者の書評，『公共研究』第1巻第1号，2004年12月，128-137頁参照．帝政期ドイツ経済をグローバリゼーションの視点から再検討しようとした試みとして，Torp, *Die Herausforderung der Globalisierung*.

10) イギリス帝国史研究の最近の成果として，ミネルヴァ書房より刊行されているシリーズ「イギリス帝国と20世紀」が挙げられる．木畑洋一は，帝国史研究をリードしながら，同時に帝国主義研究の視点から，日本の帝国史研究の傾向を，従来の帝国主義研究の成果を継承する姿勢が弱いと批判している．この点は，木畑洋一編『大英帝国と帝国意識――支配の深層を探る』ミネルヴァ書房，1998年への松村高夫の書評（『社会経済史学』第66巻第2号，2000年7月，106-107頁），および木畑自らも寄稿した北川勝彦・平田雅博編『帝国意識の解剖学』世界思想社，1999年への永原陽子の書評（『歴史学研究』第744号，2000年12月，30-33頁），そしてそれを受けて日本の帝国史研究に同様の傾向を看取して警句を発した柳沢遊（「帝国主義と在外居留民――『帝国意識』とその社会的基盤」『現代思想』第29巻第8号，2001年7月，153頁）の指摘に答えたものである．以下を参照．木畑洋一「帝国主義と世界システム」歴史学研究会編『現代歴史学の成果と課題　1980-2000年　Ⅰ　歴史学における方法的転回』青木書店，2002年，56-71頁．とくに62-63頁．日本史における帝国史研究の方向性については，駒込武「『帝国史』研究の射程」『日本史研究』第452号，2000年4月，224-231頁および戸邉秀明「ポストコロニアリズムと帝国史研究」日本植民地研究会編『日本植民地研究の現状と課題』

的な視点から蓄積された研究成果を否定することはないと留保されているが，その視野を国民国家より超えることが主眼に置かれ，また宗主国・植民地間の相互作用，および文化的実践にも力点が置かれている．

　しかし，こうした帝国研究は，帝国という分析の枠組みを設定することによって，植民地から宗主国への「反作用」という視角にすでに表現されているように，植民地支配下に置かれた社会をふたたび帝国の歴史に統合し，その社会独自の歴史的脈絡を捨象してしまう可能性を孕んでいる．「トランスナショナルな歴史」の試みは，帝国の枠組みを固定的な分析単位とせず，研究者はその枠組み自体の変容のダイナミズムを看過してはならないだろう．そうでなければ，植民地は帝国の内部に組み込まれたままの存在となり，研究者は，その社会に生きる人びとが実践した脱植民地化の営為に気づかないままになりかねない．この関連で懸念されるのは，サバルタン・スタディーズが提起したような植民地支配を被った非エリート層の主体性の問題は，『トランスナショナルなドイツ帝国』のなかでは取り上げられていないことである[11]．もちろん，同書のアプローチは，帝政期ドイツの歴史において「周縁化」された植民地支配の過去に，より適切な位置づけを与えるための可能性を十分に持っている．しかし，それだからこそ，ふたたび植民地支配下に置かれた社会自体の動態が視野から失われる危険性があり，植民地支配の研究は，植民地支配下に置かれた社会と本国との相互作用を視野に入れるだけではなく，その社会が置かれている地域との関係性を視野に入れる必要があるだろう[12]．

　アテネ社，2008 年，55-88 頁参照．
11) ポストコロニアル研究としてサバルタン・スタディーズを位置づけてその研究動向を整理したものに，Gyan Prakash, Subaltern Studies as Postcolonial Criticism, in: *American Historical Review*, 99:5 (1994), pp. 1475-1490.
12) 第二次世界大戦後の日本の歴史学においては，地域概念を対象としてではなく，方法として理解する研究潮流があり，そこでは，ある地域を設定することは研究者の世界史認識と不可分であると理解された．古田元夫「地域区分論――つくられる地域，こわされる地域」『岩波講座世界歴史　1　世界史へのアプローチ』岩波書店，1998 年，37-53 頁を参照．本書では，植民地行政が設定した租借地の境界線で分析対象を区切るのではなく，それを越えた人々の社会生活・経済生活の営みを把握するために「地域」という概念を使用する．

2　東アジア経済史からみたドイツ植民地都市・青島

　帝政期ドイツの歴史のなかでドイツ植民地支配の歴史が周縁に置かれていたうえに，膠州湾租借地，そしてその中心都市であった青島における植民地統治は，さらにその植民地支配の歴史のなかでも特殊な事例として位置づけられてきた．1897年の膠州湾占領事件は，ヴィルヘルム期ドイツの世界政策の開始と理解されてきたとしても，そこでの植民地統治に関する研究は帝政期ドイツの歴史叙述にとってエピソード以上の位置づけが与えられることはなかった．1995年に出版されたヴェーラーの大著『ドイツ社会史』第3巻でも，ドイツの中国植民地は，「非公式」の経済拡張の拠点となることに失敗した事例として挿入されるにとどまっている[13]．

　これまでのドイツ帝国主義研究あるいは植民地支配研究のなかで，ドイツ帝国主義がその中国植民地を，当時の東アジア地域経済のネットワークにどのように結びつけようとしたのかという問題が検討されることはなかった．ドイツ経済利害の中国市場への参入は，通商条約の締結，経済利権の獲得など，むしろ外交交渉の問題として分析されてきた．その結果，青島を当時の中国沿岸諸港の商業ネットワークへ組み入れるためにどのような経済政策を採用したのか，そしてそれが地域経済とどのように作用し合ったのか，さらにその政策の帰結として，青島は東アジア商業ネットワークとどのような結びつきを持ったのかという問題は扱われることはなかった．言い換えれば，ドイツ統治期の青島研究は，東アジア地域経済との関係から孤立した存在となっていたのである．

　こうした問題設定は，浜下武志の朝貢貿易システム論および杉原薫のアジア間貿易論とそれに触発された商業ネットワーク形成をめぐる研究潮流を念頭に置いている．周知のように，浜下武志の朝貢貿易システム論は，「西洋の衝撃」論にみられた能動的な西洋に対して受動的なアジアを想定する図式を覆すテーゼであった[14]．

---

13) Hans-Ulrich Wehler, *Deutsche Gesellschaftgeschichte. Von der „Deutschen Doppelrevolution" bis zum Beginn des Ersten Weltkrieges 1849–1914*, Bd. 3, München: Beck, 1995, S. 1141–1145.

従来，二度のアヘン戦争の軍事的圧力によって清朝政府と諸列強の間に諸条約が締結され，その制度的な枠組みによって旧来の朝貢体制は近代的な条約体制へと移行したと説明されてきた．その条約体制は，開港場を設置し，そこでは同業組合団体の貿易独占を排除する「自由貿易」を理念とするものであった．その特徴として，（１）開港場の関税率を 5％ に設定すること（中国の関税自主権の否定），（２）内地通過税（釐金(りきん)）を免除する代わりに開港場・中国内地間の輸出入品に子口半税 2.5％ を課すこと（地方行政の税収源の排除），（３）領事裁判権（治外法権），（４）最恵国条款（片務・無条件・概括的），（５）開港場における軍艦の停泊，（６）外国人税務司制，（７）内地旅行権などが挙げられる[15]．これらの制度的枠組みによって，中国内地への列強の経済的浸透が進んでいったと理解された．

　こうした「西洋の衝撃」論の見方は，すでにアメリカ合州国の中国史研究者によっても，それは中国を「西洋の衝撃」に「反応」する存在として描くものであると批判されている[16]．浜下は，この「衝撃—反応」パラダイムに対して，「アジア史それ自体の内的構成要因および内的動因を導き出す」ことを課題とし，「近代アジア市場の形成という角度」からアジア近代史を分析することを目指した．そのための具体的なテーマとして，多角的なアジア域内交易の形成，アジア銀貨圏と各国通貨体制の連動，苦力貿易による国際的移民労働市場の改

---

14) 浜下武志『近代中国の国際的契機——朝貢貿易システムと近代アジア』東京大学出版会，1990 年，序章参照．

15) John K. Fairbank, The Creation of the Treaty System, in: John K. Fairbank (ed.), *The Cambridge History of China. Late Ch'ing, 1800–1911*, Vol. 10 Part 1, Cambridge: Cambridge University Press, 1978, pp. 213-263. とくに 259 頁参照．条約体制の成立時期は，J・K・フェアバンクの理解に拠った．条約体制を構成する制度的枠組みの詳細は，論者によって若干の相違があるものの，経済面に限れば，本文中に挙げた項目で十分だろう．坂野正高『近代中国政治外交史——ヴァスコ・ダ・ガマから五四運動まで』東京大学出版会，1989 年第 3 刷（初版は 1973 年），172-173 頁，180-186 頁，258-264 頁も参照した．

16) ポール・A・コーエン（佐藤慎一訳）『知の帝国主義——オリエンタリズムと中国像』平凡社，1988 年，38-46 頁参照（原著：Paul A. Cohen, *Discovering History in China*, New York: Columbia University Press, 1984）．

編と華僑・印僑の海外送金ネットワークを論じた[17]．総じて，アジアという地域経済圏を設定し，それ自体の動態を明らかにしようとしたものであった．

しかし，その後の浜下の議論では，東アジア経済を「開港の以前と以後で区切るのではなく，交易港の歴史的連続性」を理解することに主眼が置かれ，そのために華僑商人・印僑商人の広域的な交易ネットワークの歴史的連続性が強調されるようになった[18]．しかし，この議論では，東アジア経済の転換や刷新という視点はみられない．こうした浜下の議論をもっとも厳しく批判したのは，本野英一の「英語を話す中国人」論であろう．彼は，浜下の「歴史的連続性」の主張を否定し，「伝統中国商業秩序」は「崩壊」したと主張した．本野は，在中国の外国商人の買辦となった中国商人が，その不平等条約に基づいた法的地位によって他の中国商人にはない特権——輸出子口半税と株主有限責任制の適用——を受けるようになったことで，中国商人の商業取引に新たな秩序が生まれ，「明代以来の王朝国家による商人支配体制は最終的に瓦解した」と主張した[19]．浜下の議論が，ヒト・モノ・カネ・情報のマクロな流通の分析から，広域的な地域経済圏の存在を実証しようとするものであるのに対し，本野はその流通の担い手の経済的営為に着目し，その質的変化を明らかにするものとみることができる．また，近年では互市制度から近代の東アジア経済秩序を明らかにしようとする潮流が現れているが，これも浜下の議論を実証的に乗り越え

---

17) 浜下『近代中国の国際的契機』，序章参照．引用は3頁．
18) 浜下武志「東アジア地域史の展開と『近代』」同『朝貢システムと近代アジア』岩波書店，1997年，171-186頁参照．引用は174頁．
19) 本野英一『伝統中国商業秩序の崩壊——不平等条約体制と「英語を話す中国人」』名古屋大学出版会，2004年．浜下批判は，4-5頁，引用は185頁．輸出子口半税については，買辦となることで外国商人に認められていた2.5％の輸出子口半税を支払えば，内地通過税（釐金）が免除され，競争相手となるほかの中国商人よりも優位となった．株主有限責任制については，中国では事業出資者が事業破綻の際に無限の責任を負うとされたが，たとえば株主有限責任制の適用を受けるイギリス商人の買辦となれば，ある事業に出資し，それが破綻したとしても，その負債の責任は国家の保障によって限定的となった．そのため，1880年代以降，中国商人・華僑の在華外国企業への株式投資が急増したと指摘されている．本野，前掲書，とくに第9・10・11章参照．

ようとする試みであろう[20]．

　ヒト・モノ・カネ・情報の流通網の形成を分析することによってある経済圏の動態を分析することは，ドイツ植民地支配の研究に欠けていたグローバルな位置づけを考察するうえできわめて意義深いと思われる．しかし，同時にその質的変化を考察するアプローチをもたなければ，地域経済の実態の分析は不十分なものになるだろう．浜下のアジア貿易ネットワーク論で重要な役割を果たしている香港の分析では，植民地当局の経済政策は副次的な位置づけしか与えられていない[21]．たしかに，香港の場合，「自由貿易」原則の適用以降，植民地行政は社会秩序の安定維持にさえ配慮すれば，香港経済の担い手である中国商人層が進んで香港を東アジア流通網と結びつけることになった，ということかもしれない．本書が考察するドイツ統治下の青島港の場合，たしかに貿易統計上，その輸出入量は急速に増加し，1913年に華北沿岸諸港のなかでは，天津・大連に次ぐ貿易額を記録した[22]．しかし，本書が明らかにするように，山東鉄道・港湾設備のインフラ整備のみで，あるいは自由港制度の導入によって，青島港は東アジア商業ネットワークと結びついたのではない．青島経済のダイナミズムは，植民地行政の経済政策上の意図と中国商人層の経済活動との間の対立や協調の諸相を孕んだ緊張のなかで生じたのである[23]．本書は，植民地行政の経済政策と地域経済の動態の相互作用を分析することで，青島の東アジア商業ネットワークの参入の様相を明らかにすることを意図している．

---

20) 岡本隆司・川島真編『中国近代外交の胎動』東京大学出版会，2009年，とくに序章と第1章の廖敏淑「清代の通商秩序と互市――清初から両次アヘン戦争へ」を参照．
21) 浜下「イギリス帝国経済と中国―香港」同『近代中国の国際的契機』，173-216頁参照．
22) 青島・天津・大連の1904-1913年の貿易額の増加率を比較すれば，大連が1.11倍，天津が0.88倍であったのに対し，青島は2.20倍であり，他を圧倒している．寿楊賓編『青島海港史（近代部分）』人民交通出版社，1986年，92-94頁．
23) この対立・協調・競争といった諸側面から青島経済・山東経済を把握する試みは，とくに日本占領期に力点を置いて，すでに久保亨「近代山東経済とドイツ及び日本」本庄比佐子編『日本の青島占領と山東の社会経済　1914-22年』東洋文庫，2006年，55-81頁のなかで行われている．

3　ドイツ統治期の青島をめぐる研究の現状

　帝政期ドイツの歴史叙述にほとんど影響を与えなかったとしても，これまで膠州湾租借地および青島におけるドイツ植民地政策については多くの研究が積み重ねられ，その主要な論点についての結論は，ほとんど揺るぎないと思われるほどに定まってきた．その論点としては，（1）膠州湾占領に至る過程とその動因，（2）ドイツの山東および膠州湾におけるドイツ経済利害の形成と海軍の戦略の関係，（3）ドイツ植民地統治による山東およびドイツ植民地都市青島の近代化が挙げられる．

　まず，膠州湾占領に至る過程とその動因については，当初の外交史的なアプローチにとどまらず，その政治・経済・軍事の複合的な性格が強調されるようになっている．これまでに膠州湾占領の決定過程については，日清戦争を契機として，ドイツ皇帝ヴィルヘルム2世の意向の下，外務省・海軍省高官が他の欧米列強の動向を配慮しながら，綿密な膠州湾占領計画を立案していたことが明らかになった[24]．しかし同時に，山東省曹州府鉅野県における2人のドイツ

---

24) 初期の外交史では，戦間期に第一次世界大戦の戦争責任をめぐる政治色の濃い論争の過程で公表された，大規模な外交史料集 *Die Große Politik der Europäischen Kabinette 1871-1914*, im Auftrage des Auswärtigen Amtes, hrsg. v. Johannes Lepsius/Albrecht Mendelsohn Bartholdy/Friedrich Thimme, 40 Bde., Berlin: Deutsche Verlagsgesellschaft für Politik und Geschichte, 1922-1927 ［以下 *GP* と略記］に依拠して研究されていた．同史料のなかで膠州湾占領に関して該当個所は以下．Der „ostasiatische Dreibund". Das Zusammenwirken von Deutschland, Rußland und Frankreich in Ostasien 1894-1895, in: *GP*, Bd. 9, S. 241-333 および Die Vorbereitung der Erwerbung Kiautschous durch Deutschland 1895-1897, in: *GP*, Bd. 14 Teil 1, S. 5-151. 初期の代表的な外交史研究として，Feng Dien Djang, *The Diplomatic Relations between China and Germany since 1898*, Shanghai: The Commercial Press, Ltd., 1936 (reprinted, Taipei, 1971) を挙げておく．佐々木揚「1897年のドイツの膠州湾占領（1）」『近代中国』第18巻，1986年，60-100頁でも，1980年代前半までの研究動向が整理されている．また，*GP* の史料上の問題については，さしあたり，石田勇治「ヴァイマル初期の戦争責任問題──ドイツ外務省の対応を中心に」『国際政治』第96号，1991年3月，61-62頁および注73，西川正雄『現代史の読みかた』平凡社，1997年，43-46頁を参照．*GP* は現在でも

人宣教師殺害を口実に，膠州湾を軍事占領するというヴィルヘルム2世の決定について，その周囲の政治指導層は積極的に支持していなかったことも指摘されている．膠州湾の占領直前には，帝国宰相ホーエンローエ（Chlodwig Hohenlohe-Schillingsfürst）も海軍省長官ティルピッツ（Alfred Tirpitz）も宣教師殺害を口実に膠州湾を占領することには憂慮を示していた．最終的に膠州湾の占領は，ヴィルヘルム2世が発した占領命令に基づいて実行された．膠州湾の占領決定と実行に至る過程において，ヴィルヘルム2世が果たした役割は決定的であったために，膠州湾占領をめぐる歴史解釈では，この時期のヴィルヘルム2世による親政の統治システム自体が問題視され，再検討されるようになった[25]．こうした研究の力点の移動の背景には，ヴィルヘルム2世とその周辺で形成され

その史料的価値は失われてはいないが，その後の研究では，未公刊史料を駆使して，本文中に示した評価が加えられている．代表的なものとして，以下を参照．John E. Schrecker, *Imperialism and Chinese Nationalism. Germany in Shantung*, Cambridge, Mass.: Harvard University Press, 1971, pp. 19-32; Schmidt, *Die deutsche Eisenbahnpolitik*, S. 54-58. 海軍省の軍事占領計画の作成については，以下に詳しい．Klaus Mühlhahn, *Herrschaft und Widerstand in der „Musterkolonie" Kiautschou. Interaktionen zwischen China und Deutschland, 1897-1914*, München: Oldenbourg, 2000, S. 89-92. 最近の外交史研究では，世紀転換期のドイツ国内世論，とくに知識人・政治指導層における世界政策イデオロギーの形成を前提にしつつ，膠州湾占領の決定要因として，他の欧米諸列強に対してドイツ外交の「フリー・ハンド」を維持した選択であったという見方が強まっている．とくに以下を参照．Konrad Canis, *Von Bismarck zur Weltpolitik. Deutsche Außenpolitik 1890 bis 1902*, Berlin: Akademie Verlag, 1997, S. 223-276.

25) ヴィルヘルム2世の占領命令の撤回をめぐる経緯は，*GP*所収史料においても跡付けることができる．1897年11月6日に発せられたヴィルヘルム2世の膠州湾占領命令に対して，同日，ホーエンローエはロシアの出方を待つように忠告し，また彼は，11日にもティルピッツからも同じ意見をえたとして，中国側の回答が不満足なものである場合に，占領を実行するように命令を変更するように要求し，それをヴィルヘルム2世は承諾した（Wilhelm II. an AA, Nr. 3686, in: *GP*, Bd. 14 Teil 1, S. 67; Franceson an AA, Nr. 3687, *a.a.O.*, S. 67-68; Hohenlohe an Wilhelm II., Nr. 3688, *a.a.O.*, S. 68; Hohenlohe an Wilhelm II., Nr. 3696, *a.a.O.*, S. 78-79）．占領中止の命令は，11月11日に海軍軍令部から東アジア巡洋艦隊司令官ディーデリヒス（Otto von Diederichs）に向けて発せられた．Vgl. Mühlhahn, *Herrschaft und Widerstand*, S. 95.

た親政の意思決定メカニズムの重要性を明らかにしたレール（John C. G. Röhl）の研究がある．このようなテーマは，社会構造史の隆盛により，ながらく研究者の視野から外れていたが，彼の実証的な研究によってふたたび注目が集まった[26]．

こうした政治外交史的手法から膠州湾占領の決定過程を解明する研究は，帝政期ドイツの対外政策の動向を分析するうえで重要であることは疑いない．しかし，そうした占領の決定過程の分析だけでは，なぜ膠州湾租借地に植民地統治が布かれたのかについては理解できないだろう．占領当時においてさえ，ドイツ帝国議会で社会民主党のベーベル（August Bebel）が言及したように，宣教師殺害を口実に該当国の一部領土を事前交渉なしに軍事占領することは，国際政治において容認されるものではない，と認識されていた[27]．膠州湾の植民地化については，その過程を支えた社会経済的な基盤が明らかにされなければならない．この点については，従来の研究では，ドイツの対中国経済利害の形成という視点から分析され，とくに，商業利害と重工業利害の2つの経済利害の形成過程が明らかにされている．

まず，商業利害については，第一次アヘン戦争前後から，中国沿岸部で次第に形成されたドイツ商業利害とドイツの対中国政策との間の関連性が論じられてきた．それはおおよそ以下のように説明されている．まず，ドイツ商業利害は，他の列強と同様に，ドイツ（当時はプロイセン）も不平等条約の締結を通じて中国における条約体制に参入し，それによって英仏などの商社と同様の恩恵を受けられるように，本国の政治指導層に訴えた．そうした要求は，小ドイツ主義的なドイツ国内統一を目指すプロイセンにとって，他のドイツ諸国に対する声望を高める思惑と重なり，1861年9月2日にプロイセンと清朝の間で，

---

26) Vgl. John C. G. Röhl (Hrsg.), *Der Ort Kaiser Wilhelm II. in der deutschen Geschichte*, München: Oldenbourg, 1991. ヴィルヘルム期ドイツの政治におけるヴィルヘルム2世とその周辺の政治的意思決定過程における重要性の再検討をめぐる研究動向については，とくに，同書所収のIsabel Hull, "Persöhnliches Regiment", a.a.O., S. 3-23を参照．

27) 35. Sitzung, 8. 2. 1898, in: *Stenographische Berichte über die Verhandlungen des Reichstags*［以下，*SBVR*と略記］, 160 (1899), S. 899.

他の列強と同様に，中国側の関税自主権の否定，治外法権，片務的最恵国待遇条項を含んだいわゆる不平等条約が締結された[28]．

もう一方の重工業利害の中国利害の形成については，以下のように説明されてきた．まず，1880年代に入り，アメリカ合州国経済における外国輸入品，とくに鉄道関連に対する国内競争力の強化にともなって，ドイツ重工業界は新たな販売市場の獲得を課題と認識するようになった．その際，きたるべき鉄道建設ブームの到来が予測された中国市場がドイツの重工業資本にとっての重要な戦略地域となった．そして，ドイツ重工業資本の中国進出に向けた条件を整備するために，1889年2月，ドイツのほとんど全ての大銀行が出資したドイツ・アジア銀行（Deutsch-Asiatische Bank，徳華銀行）が設立された[29]．

これに加えて，近年の研究では，1890年代以降に海軍省内部で構想された新たな軍事戦略が，こうしたドイツ商業・重工業資本の対外経済拡張に相応したものであったことが指摘されている．その新たな軍事戦略では，巡洋艦隊，後には外洋航行可能な大戦艦が主軸となった艦隊が，国外の海軍拠点のネットワークを形成し，有事には「砲艦外交」の担い手となってドイツの貿易利害を擁護することが想定されていた[30]．上記のような商業利害および重工業・金融

---

28) このいわゆる不平等条約の締結に至る過程については，現在もなお，Stoecker, *Deutschland und China*, S. 37-84 がもっとも詳しい．条約締結のために派遣されたオイレンブルク遠征と，その背景としてのプロイセンの小ドイツ主義的なドイツ国内統一との関連については，Udo Ratenhof, *Die Chinapolitik des Deutschen Reiches 1871 bis 1945. Wirtschaft—Rüstung—Militär*, Boppard am Rhein: Boldt, 1987, S. 25-50 および鈴木楠緒子「オイレンブルク使節団とプロイセン自由主義者――小ドイツ主義的統一国家建設との関連で」『史学雑誌』第112編第1号，2003年1月，75-98頁を参照．オイレンブルク遠征については，Bernd Martin, Die preußische Ostasienexpedition in China. Zur Vorgeschichte der Freundschafts-, Handels- und Schiffahrts-Vertrages vom 2. September 1861, in: Kuo Heng-yü/Mechthild Leutner (Hrsg.), *Deutsch-chinesische Beziehungen vom 19. Jahrhundert bis zur Gegenwart. Beiträge des Internationalen Symposiums in Berlin*, München: Minerva, 1991, S. 209-240 を参照．

29) Vgl. Stoecker, *Deutschland und China*, S. 190-211; Schmidt, *Die deutsche Eisenbahnpolitik*, S. 48-51.

30) Mühlhahn, *Herrschaft und Widerstand*, S. 71-74.

利害の中国市場への関与と海軍の軍事戦略が，膠州湾占領とその後の植民地統治の基盤を形成していた．

最後に，山東におけるドイツ経済政策および膠州湾租借地におけるドイツ統治の評価をめぐっては，先行研究の間で意見が分かれている．1971年に発表されたシュレッカー（John E. Schrecker）の研究では，以下のような2つの結論が導かれていた．

（1）ドイツは山東において当初の意図を実現することはできず，山東内陸部に影響を及ぼそうとした行為はすべて撤退を余儀なくされ，山東経済利権は事実上無効となり，ドイツの勢力範囲は消失した．その最大の理由は，中国における民族主義の高揚であり，とくに山東地方行政による民族主義的な政策の結果である．

（2）このような帝国主義的な拡張政策の失敗にもかかわらず，ドイツは山東の経済発展に貢献した．ドイツ海軍は，膠州湾租借地を「模範植民地（model colony）」に変貌させようとする熱意をもって，膨大な支出を行い，商業政策を志向し，租借地に効率的な行政と経済的な進歩をもたらした[31]．

まず，（1）についてであるが，1905年以降，租借条約で設定されたドイツの経済利権がほぼ失われたことは，その後の研究によっても首肯されている．まず，山東鉄道利権については，青島―済南間は建設されたものの，膠州湾租借条約内に記載されたもう一路線，青島―沂州―済南間は建設されず，1913年に公式にその建設権は放棄された．そして，山東鉄道沿線左右15キロメートル以内の鉱山採掘権も，1911年に最終的に未設の範囲は放棄され，さらに鉱山利権は既設の博山鉱区・濰県鉱区の炭坑と，張店・金嶺鎮の付近の鉱区に限定され，残りの区域の鉱山利権は廃棄された[32]．ただし，その原因とな

---

31) Schrecker, *Imperialism and Chinese Nationalism*, p. 249.
32) 以下を参照．Ibid., chapt. 5. 王守中『徳国侵略山東史』人民出版社，1988年，273-278頁，Mühlhahn, *Herrschaft und Widerstand*, S. 176-179.

った中国側の様々な対抗戦略を,「民族主義」一般として概括することについては異論がある．たとえば，ミュールハーン（Klaus Mühlhahn）は，地方官僚のそれについては国家主導の経済的な対抗戦略（「商戦」），地方エリート層のそれについては経済的愛国主義と2つに区分して概念規定を行っている[33]．また，シュレッカーは，経済利権などの当初のドイツ植民地政策の企図の失敗から，山東におけるドイツの政治・経済的影響力は失われたと結論づけているが，そのような歴史理解の単純化にも疑問が残る．その後の研究で，ドイツ総督府と山東巡撫との間の「訪問外交」がテーマとされたように，植民地行政と山東行政の「協調」のあり方が問われている[34]．さらに，ドイツの経済利権が事実上「喪失」したと解釈することに対しても，注釈すべきであろう．山東鉄道利権に関していえば，1913年の鉄道利権の放棄は，山東鉄道延長線（3路線）の借款との交換であったし，鉱山利権についても将来有望とみなされていた博山鉱区・金嶺鎮鉱区が確保・維持されており，事業不振にあった山東鉱山会社に好都合な事業整理を行ったとみることもできよう[35]．しかし，山東省におけるドイツの政治的・経済的影響力が限定的であったことは，大筋において認められている．

（2）の結論については，明確に見解の相違がみられる．たとえば，王守中は，青島貿易の特質について「当時の中国経済の極度の後進性・半植民地性を反映」しており，外国製品が大量に輸入され，山東の民族工業の発展が阻害されたと指摘している．別の見解として，呂明灼は，植民地主義・帝国主義がもたらす「破壊性」と「建設性」の二重の側面を指摘している[36]．

---

33) Vgl. Mühlhahn, *Herrschaft und Widerstand*, S. 165-168 u. 173-176.
34)「訪問外交」については，以下の公刊史料集の解説論文を参照．Mechthild Leutner (Hrsg.)/Klaus Mühlhahn (Bearb.), *„Musterkolonie Kiautschou". Die Expansion des Deutschen Reiches in China. Deutsch-chinesische Beziehungen 1897 bis 1914*, Berlin: Akademie Verlag, 1997, S. 310-311.
35) Schmidt, *Die deutsche Eisenbahnpolitik*, S. 136 ff.
36) 王守中，前掲書，196-197頁．呂明灼「徳占膠澳対近代中国的双重影響」『文史哲』第1期，1999年，51頁．ほかに，欒玉璽『青島の都市形成史：1897-1945——市場経済の形成と展開』思文閣出版，2009年は，シュレッカーと同様，ドイツ統

こうした近代化論およびその批判に，植民地における近代性の問題を対置したのは，先述のミュールハーンである．彼の師でもあるロイトナー（Mechthild Leutner）との共著論文で，とくにシュレッカーらの欧米の先行研究にみられる近代化テーゼの批判を行った後，ミュールハーンは，1998年にベルリン自由大学に提出された博士論文を基にして『「模範植民地」膠州領における支配と抵抗——中国・ドイツ間の相互作用，1897-1914年』を公表した[37]．植民地統治についての彼の議論の中核をなすのは，第2章の「分離と参加——膠州領における中国住民とドイツ植民地行政の相互関係」である．ここでは，アーレント（Hannah Arendt）の全体主義に関する理論より着想をえて，膠州湾租借地における植民地支配を論じている．そのコンセプトは，「全体主義的官僚制」と「人種イデオロギー」の2つの概念から構成されており，以下のように説明されている．まず，青島における「全体主義的官僚制」とは，植民地が「模範植民地」たるべく，被支配者みずからがその社会のなかでの役割を自覚して機能するように仕向ける体制であった．それは，そうした個々人の監視と管理に役立つ行政機関，土地政策，建築形態，社会組織などを創出することで達成されるべきものであり，社会の深部に至るまでの規律化が目指された．次に，青島における「人種イデオロギー」とは，それが体系的・官僚的に組織された人種隔離を生み出すものであり，そのために，植民地行政の区分と差異化を創出する思想的基盤となった．これに加えて，植民地行政は，学校，野戦病院，監獄，裁判所などの制度によって，中国系住民の生活慣習と実践の規範化を生み出し，それらを操作しようとした．こうした操作は中国系住民の植民地権力に対する直接的な反抗を不可能としたが，それにもかかわらず，中国系住民は，参加の要求を通じてその排除と分離を克服しようとした[38]．この議論では，フ

治のみならず，後の日本統治も含めて，一貫して近代化論の枠組みに沿った主張を展開している．

37) ロイトナーとの共著論文は以下．Mechthild Leutner/Klaus Mühlhahn, Die „Musterkolonie". Die Perzeption des Schutzgebietes Jiaozhou in Deutschland, in: Kuo Heng-yü/Mechthild Leutner (Hrsg.), *Deutschland und China. Beiträge des Zweiten Internationalen Symposiums zur Geschichte der deutsch-chinesischen Beziehungen, Berlin 1991*, München: Minerva, 1994, S. 399-423.

ーコー（Michel Foucault）の規律化が念頭に置かれていることは明白であろう．ミュールハーンは，膨大な公刊・未公刊史料から膠州湾租借地において植民地行政が行った社会実験とそれに対する現地住民の多様な抵抗のあり方を実証しようとした．

ミュールハーンは，その著書の第1章第3節をドイツ側の経済政策と中国側の対抗戦略にあてており，従来の分析を無視しているわけではない．また，序章でグローバリゼーションのなかに膠州湾租借地を位置づけようと試みている．それにもかかわらず，経済政策と植民地統治下の社会秩序の形成は，基本的に別のストーリーとして描かれている．その結果，彼が明らかにしようとした植民地社会秩序は，グローバリゼーションの問題とは基本的に別個の問題となってしまっている．海軍省の宣伝道具としての性格を有していた膠州湾租借地にとって，その近代化の「成功」そのものが植民地政策の要請であった．ミュールハーンは，近代化の成功・失敗を論じるのではなく，その近代化そのものを植民地主義のプロセスの一環として捉え，植民地支配下に置かれた社会の形成を近代性の視点から論じた．しかし，その植民地社会秩序の分析は，「模範植民地」としての経済発展を至上命題とされたドイツ植民地行政が取り組んだ実際の経済政策とは切り離されており，その結果，彼の分析は植民地支配下におかれた人びとの規律化，およびその受容と逸脱の戦略の問題に集中し，膠州湾租借地における社会秩序の特質がむしろ理解しにくくなっている．

4　本書の課題

「トランスナショナルな歴史」の方向性の1つとして提起されたグローバリゼーションのなかにドイツ帝国を位置づけるという試みを，ドイツ統治下の青島に適用しようとするならば，それは東アジアにおける地域経済との関連から，同地の植民地統治を分析することになるだろう．したがって，本書では，ドイツ資本主義の拡張によって公式・非公式の影響下におかれた社会が一方的に世

---

38) Mühlhahn, *Herrschaft und Widerstand*, S. 185-187.

界システムに包摂されたと断じるのではなく，ドイツ植民地統治が構想した当初の経済政策が，地域経済の動態に直面し，どのような変更を迫られ，その結果，青島経済が東アジア地域経済とどのように結びついたのかということを具体的に分析することを課題とする．そのうえで，そうした経済政策が植民地にどのような社会秩序を必要としたのかを問うことで，その性質を予断することなく，より植民地統治の実態に即して明らかにすることができるだろう．

こうしたアプローチをとる理由は，膠州湾租借地のドイツ植民地政策担当者がもっていた植民地統治の構想にある．ドイツ植民地のなかで唯一海軍省の管轄下に置かれた膠州湾租借地は，当時，海軍省長官ティルピッツによって推進された艦隊政策に対して，肯定的なドイツ国内世論を喚起するための宣伝道具となることが期待されていた．そのために，海軍省は，膠州湾租借地の都市部青島を最新の港湾設備を整えた商業都市に変貌させ，そこで「模範植民地」（Musterkolonie）たるべく「健全な」植民地統治を実現することを望んだ．ドイツ帝国議会に最初に提出された1898年の膠州湾租借地についての行政報告書では，「経済的な観点」を優先し，「商業植民地」として発展させることが謳われており，さらに，その経済政策について，関税免除・営業の自由・自治の拡大等の自由主義的な原則が提示されていた．

この経済的自由主義に基づいた統治構想は，当時の植民地政策論で盛んに取り上げられた植民地類型論に起因する．ドイツ歴史学派の国民経済学者ロッシャー（Wilhelm Roscher）は，植民地類型を，征服植民地（Eroberungskolonien）・商業植民地（Handelskolonien）・農業植民地（Ackerbaukolonien）・プランテーション植民地（Pflanzungskolonien）の4つに分類したが，この分類はその後のドイツ植民地政策論者の基盤となっている[39]．こうした植民地類型論が盛んにな

---

39) Vgl. Wilhelm Roscher/Robert Jannasch, *Kolonien, Kolonialpolitik und Auswanderung*, 3. Aufl., Leipzig: Winter, 1885, Kap. 1 (1. Aufl. 1848). この分類に基づいたその後の植民地政策論として，たとえば，Schäffle, Kolonisation und Kolonialpolitik, in: *Deutsches Staats-Wörterbuch*, Bd. 5, Stuttgart; Leipzig: Expedition des Staats-Wörterbuchs, 1860, S. 626-647; Schneider, Kolonien, Kolonialpolitik, in: *Staatslexikon*, 2. Auflage, Bd. 3, Freiburg i. B.: Herdersche Verlagshandlung, 1902, S. 618-651. またドイツ海軍本部顧問として，海軍省内で膠州湾租借地を担当した

4 本書の課題

った理由は，すべての植民地に適用可能な普遍的かつ一般的な植民地政策を追求するよりも，支配地域内の資源の質・量に応じた実際的な政策が要請されていたことによる．ロッシャーによれば，商業植民地は，「売買がさかんに行われるが，何らかの理由で通常の自由な貿易が生じえない国々に直接に設置されるか，あるいは中継地点，とくに地理的に通商路を支配する地点として，その植民地を経由する貿易に役立つ」ものである[40]．つまり，商業植民地とは，モノカルチャー化を進めるプランテーション型植民地や本国から植民地への移住を目的とした農業型（そして入植型）植民地とは異なり，ある地域経済をより広域の市場に開放することを目的とした経済的自由主義指向の植民地であった．海軍省がそのような植民地としての成長を公けに約束したとき，自由貿易主義に基づいた植民地政策があらかじめ念頭に置かれていたのである．実際には，膠州湾租借地内の港湾都市として成長することが期待された青島が，東アジアにおける通商網から孤立することのないように，ドイツ植民地政策担当者は，条約体制下の「自由貿易」原則と反する経済政策を提示することはできなかっただろう[41]．しかし，ドイツ経済史の視点から注目すべきは，この時期に，そのような経済的自由主義が積極的に宣伝されたことである．

周知のように，1873年に始まったいわゆる「大不況」は，1896年にようやく好況期に転ずるまで，たとえ実際には経済成長の鈍化として表現される方が適切であったとしても，ドイツ国内の社会心理に大きな影響をおよぼした．1862年にプロイセン・フランス間で通商条約が締結された後，自由貿易主義

　　法学者ケプナーも1908年に公刊した著作のなかで，（1）かなり大規模な入植者が土地を耕作する「農業・移住植民地」，（2）付加価値の高い生産物を産出する「プランテーション植民地」，（3）後背地の生産物とヨーロッパ工業品の交易を中継する「商業植民地」の3類型を析出し，ロッシャーに基づきながらも若干整理した植民地類型論を展開した．Otto Köbner, *Einführung in die Kolonialpolitik*, Jena: Fischer, 1908, S. 15-21. ちなみに同書は，日本語に訳されている．塩澤昌貞訳『植民政策』大日本文明協会，1913年．

40) Roscher, *Kolonien, Kolonialpolitik und Auswanderung*, S. 10.
41) イギリスの「自由貿易原則」下のアジア経済のネットワーク形成に関する論考として，籠谷直人「大英帝国『自由貿易原則』とアジア・ネットワーク」山本有造編『帝国の研究——原理・類型・関係』名古屋大学出版会，2003年，291-321頁参照．

がドイツの経済政策路線であったが,「大不況」期に至ると, いわゆるドイツ・マンチェスター学派の影響力は失われ, ドイツは, 1879 年に農業・重工業利害に応じた保護関税政策へと転換した. 実際には, 市場による経済調整機能については, この政策転換以前に, すでに工業化の進展にともなう社会問題の顕在化によって疑問視されていた. そのために社会政策学派のなかでも, 経済路線をめぐって保守派と自由主義派の間で論争が行われていた. 1891-1894 年にカプリーヴィ (Georg Leo von Caprivi) が帝国宰相であった時期には, 主に中東欧諸国との二国間協定による貿易の自由化によって, 入超状態であった貿易収支の均衡が図られたが, しかしこの政策も保守層・農業利害の反対に遭い, 結局, 1902 年, 帝国宰相ビューロ (Bernhard von Bülow) は, 農業利害を擁護して, 穀物関税率を新たに引き上げることになった[42].

こうした背景を念頭に置けば, 1897 年 11 月 14 日の膠州湾の占領事件は, まさに経済政策路線の選択をめぐる激しい対立のさなかに行われたことが理解されるだろう. この時期に, 商業植民地を建設することは, たとえ自由主義であっても自由放任型ではない介入型の経済政策を植民地行政が策定することが望まれていたことは明らかである. しかし,「自由貿易」あるいは開放型経済秩序の原則に置かれていた東アジア経済において, 海軍省あるいは膠州領総督府は, 支配領域の経済成長を可能にする政策が期待されており, それは経済的自由主義に沿うものでなければならなかったのである.

それでは, このような経済的自由主義に必要とされた植民地の社会秩序はどのようなものであったのだろうか. ドイツ国内では, 1879 年の保護関税政策への転換によって, カルテル形成が進んだ. その傾向は好況期にも持続し, むしろ 1890 年から 1914 年の間にその盛期を迎えた. ドイツ内務省は, 1905 年に 385 のカルテルを, 1910 年に 673 のカルテルを確認しており, また 1897 年

---

42) Vgl. Hans Jaeger, *Geschichte der Wirtschaftsordnung in Deutschland*, Frankfurt a. M.: Suhrkamp, 1988, S. 95-99, 111 u. 123-125. カプリーヴィの通商政策の動機については, Torp, *Die Herausforderung der Globalisierung*, S. 179 ff. また彼は, いわゆるビューロ関税率の実際の決定過程には, 実務官僚の間で艦隊政策との関連は言及されていなかったことを指摘している. Ebenda, S. 290.

には，帝国裁判所の判決によって，カルテルが営業の自由の原則と一致するものであり，価格協定等に拘束力があるものと宣言した．ここでは，「破滅的な競争」を阻止するために，カルテルが公共の利益に役立つものであると認められていたのである[43]．

かつて，この時期の資本の集中化は，ヒルファーディング（Rudolf Hilferding）の「組織資本主義（Organisiserter Kapitalismus）」という理解に基づいて分析されていたが，その概念の導入に中心的な役割を果たしたヴェーラー自身は，近年，この「組織資本主義」論への批判を受け入れ，それに代わる分析概念として「コーポラティズム」論を提起している[44]．ここでは，比較的高度な水準の資本主義的発展を前提とした社会において，企業・利害団体・労働組合・国家機関の間での合意をめぐる協調が分析の中心となる．この経済秩序においては，何らかの経済的決定は，もはや市場メカニズムと競争の優位の下に置かれるのではなく，政治の領域に委ねられる．ヴェーラーは，コーポラティズムは権威主義的な国家にも自由主義・民主主義的な国家にも定着しうると指摘しているが，膠州湾租借地においては，まさに総督を頂点とした権威主義的な社会秩序が形成されていた．そして，その総督の諮問機関である総督府参事会では，利害団体の「コーポラティヴ（団体調整的）」な合意調達の制度が作り上げられていた[45]．ドイツ国内政治との明確な相違は，膠州湾租借地においては，その「団体調整的」な政治決定システムのなかに，保守的な圧力グループも強固な労働運動も存在せず，そのためにドイツ国内と比べて植民地都市青島では，商業植民地としての成長に必要とされた自由主義的な経済政策がより徹底した形で導入されることができたと考えられよう[46]．

---

43) Jaeger, *Geschichte der Wirtschaftsordnung*, S. 111-112.
44) Wehler, *Deutsche Gesellschaftsgeschichte*, S. 663 ff. ここでは，「組織資本主義」概念への批判として，その時期区分の不明確さ，未組織の資本主義は存在しないこと，概念の静態性，政治的な発展過程の分析に不適当であること，組織された労働運動の対抗勢力への分析が十分包括されないことを挙げている．
45) ヴェーラーの該当個所については，Ebenda, S. 665.
46) 本国よりも植民地の方が，保守・革新といった政治勢力に影響を受けることが少なく，ブルジョワジーの利害に沿った社会秩序の実験を行うことができた，という

本書の分析の中心は，第1に，この東アジア経済に相応するように設定された自由主義的な経済政策の導入・変容・帰結であり，第2に，そうした経済的自由主義に基づいた社会秩序の構想とその変化である．行論で明らかにされるように，植民地政策担当者が念頭に置いていたこのような経済政策・社会秩序からなる統治構想は，現地経済および社会の動態に直面し，変容を迫られていく．上記の2つの分析の軸は，ドイツ植民地統治の構想と実際の統治の過程における現地社会の動態との相互作用に置かれている．先行研究は，膠州湾租借地における経済政策を，経済的自由主義の刷新としてはみておらず，そうした経済政策を単なる自由貿易主義の延長と捉え，またその経済政策と植民地における社会秩序の形成を関連づけて分析することはなかった[47]．ミュールハーンの研究は，その国家主義的な要素を強調しており，国家が積極的に社会に介入しながら市場経済を促すタイプの自由主義的な経済政策とは理解していない[48]．これらの先行研究は，その分析をもっぱら租借地経済，あるいは租借地経済とその後背地とみなされた山東経済との関係に向けており，そのために，租借地経済が東アジア経済とどのように結びついていったのか，そしてそのような経済のあり方がどのような社会秩序を必要としたのかという問題意識を欠くことになった．膠州湾租借地における植民地統治が，ある地域経済をより広域的な

　　主張については，Ann Laura Stoler/Frederick Cooper, Between Metropole and Colony. Rethinking a Research Agenda, in: Frederick Cooper/Ann Laura Stoler (eds.), *Tensions of Empire. Colonial Cultures in a Bourgeois World*, Berkeley: California Press, 1997, p. 5; Conrad, Doppelte Marginalisierung, S. 156.

47) 膠州湾租借地における植民地統治を自由主義的経済政策によって近代化に成功したものと肯定的に評価するものとしては，前述の Schrecker, *Imperialism and Chinese Nationalism*; Dirk Alexander Seelemann, *The Social and Economic Development of the Kiaochou Leasehold (Shantung, China) under German Administration, 1897-1914*, Toronto 1982. Dissertation Phil., University of Toronto を挙げることができる．王守中の前掲書では，経済政策と社会秩序の関連についてほとんど言及されていない．Fu-teh Huang, *Qingdao. Chinesen unter deutscher Herrschaft 1897-1914*, Bochum: Projekt-Verlag, 1999 は，青島における中国系住民の生活について，社会層ごとに詳細に分析したものだが，そうした社会層の形成と総督府の経済政策の関係については分析されていない．

48) Mühlhahn, *Herrschaft und Widerstand*, S. 135-149.

経済ネットワークに参入させるものであったならば，その実態を明らかにするためには，上述の問いを明らかにする必要があるだろう．

構成と史料

本書は，6章から構成されている．まず，第Ⅰ章では，膠州湾の植民地化の過程を明らかにする．とくに，（1）膠州湾占領以前のドイツ政治指導層が抱いた中国植民地の構想，（2）膠州湾占領による植民地化が国家間条約によって正当化される過程，（3）軍事占領下での膠州湾租借地の基盤形成，を論じる．次に，第Ⅱ章では，本論の課題に即して，統治初期の膠州領総督府の経済政策を分析する．その際に，とくに膠州領総督府の経済的自由主義の象徴であった自由港制度の導入とそれに対する批判，そして事実上の廃止に至る過程を明らかにする．第Ⅲ章では，総督府の経済的自由主義に相応した植民地社会の秩序がどのような原理で構成されていたのかを明らかにする．そのために，とくに中国系住民の法的位置づけと租借地における社会層別の空間配置を分析する．

第Ⅳ章以降は，現地経済の動態および植民地支配下に置かれた社会からの批判や実力行使を通じて，植民地経済政策および社会秩序の再編がどのように行われたかを分析している．まず第Ⅳ章では，自由港制度の事実上の改廃によって山東経済との一体化を図った膠州領総督府の新たな経済戦略，すなわち山東農産品・畜産品の輸出振興政策とそれによって東アジア経済・世界経済と結びつくように形成された青島経済の流通ネットワークを明らかにする．第Ⅴ章では，ドイツ本国・中国での租借地統治への批判の高まりに対抗する形で現れたドイツ系住民の「自治」論と総督府の行財政改革，さらに中国商人層のボイコットによって再調整された植民地社会の秩序について論じる．最後に，第Ⅵ章では，1910年前後に焦点をあてて，ドイツ・中国経済関係のなかでの青島の意義を検討する．この時期に，ドイツ・中国経済関係は規模と内容からみて新たな段階に入っており，それと同時に，ドイツ外務省を中心に新たな対中国経済政策が推進されていた．この章での分析は，ドイツがその東アジア植民地を通じて，世界経済の一体化にどのように対応しようとしたかを論じることになる．

本書で使用した史料は，主として，フライブルク連邦軍事文書館に所蔵されている膠州領総督府関係史料および外務省政治文書館に所蔵されている在北京ドイツ公使館関係史料である[49]．また，ドイツ帝国議会に提出された行政報告書，青島で発刊されていた官報および新聞，さらに総督府官僚の公刊物を網羅的に利用した．したがって，本書が分析した史料はほとんどが植民地統治側の文書である．ドイツ植民地行政の経済政策と，それと植民地社会秩序の相互規定性を明らかにするという本書の課題に応えるために，こうした植民地統治者側の史料に多くを依拠することになった．実際に，中国語史料を駆使して，青島における植民地社会秩序を本格的に論じた研究はいまだにない．本研究でも，支配者側の言説を批判的に読み込むにとどまっており，今後の課題とせざるをえない．

最後に，本書では，膠州湾租借地におけるドイツ統治機関の名称であった"Gouvernement Kiautschou"を，「膠州領総督府」との日本語訳に統一した．"Kiautschou"をあえて「膠州領」と訳した理由として，2点，挙げておきたい．第1に，「膠州」と訳した場合には当時の清末の行政区分と同じ名称となり，その行政機関が置かれていた「膠州」は，ドイツ租借地に含まれていなかった．したがって，たんに「膠州」と訳語をあてることは，読者を混同させるばかりか，当時の中国側の行政区分を無視することになりかねない．次に，「膠州湾」

---

49) フライブルク連邦軍事文書館所蔵の膠州領総督府関係史料については，以下を参照．Bernd Martin, „Gouvernement Jiaozhou". Forschungsstand und Archivbestände zum deutschen Pachtgebiet Qingdao (Tsingtau) 1897-1914, in: Kuo Heng-yü/Mechthild Leutner (Hrsg.), *Deutschland und China. Beiträge des Zweiten Internationalen Symposiums zur Geschichte der deutsch-chinesischen Beziehungen, Berlin 1991*, München: Minerva, 1994, S. 375-398. また前掲論文の著者による目録が同文書館に納められている．外務省政治文書館所蔵の北京公使館史料については，拙稿「ベルリンのドイツ連邦文書館所蔵の中国関係資料――『中国駐在ドイツ大使館 Deutsche Botschaft in China』史料（1920年まで）について」『近現代東北アジア地域史研究会ニューズレター』第17号，2005年12月，19-33頁を参照．この史料は，もともとベルリン・リヒターフェルデのドイツ連邦文書館に所蔵されていたが，2008年にベルリンの外務省政治文書館に移管された．現在，"Peking II"として分類されている．

と訳した場合，当時の中国語表記であった「膠澳督署」の「膠澳」と同じ意味となり，また租借条約交渉に際して，ドイツ側が膠州湾全体を租借地の範囲とすることに固執したことを考慮すれば，一見，適切と思われるだろう．しかし，ドイツ側は，実際の統治に際して，明確に領土意識をもって"Kiautschou"と呼称しており，官報を含めた当時の資料では，たびたび膠州湾と区別してこの語が用いられていた．その場合には，官報の名称のなかで『ドイツ膠州領官報』（Amtsblatt für das deutsche Kiautschou-Gebiet, 中国名は『青島官報』）と掲げられているように，領土の意味を含んでいた．先行研究のなかでも，とくにミュールハーンは，この点を指摘して，膠州・膠州湾を指す場合には，"Jiaozhou"および"Jiaozhou-Bucht"とピンイン表記を用い，ドイツ植民地行政機関の支配地域を指すときに"Kiautschou"と当時のドイツ語表記を用いて訳し分けを行っている[50]．日本語の場合，このような訳し分けは困難であるため，本書では，より原語の含意が反映するように，「膠州領総督府」と訳した．

---

[50] Mühlhahn, *Herrschaft und Widerstand*, S. 11 の注 1 を参照．

I　膠州湾の植民地化

　本章では，膠州湾租借地における植民地統治の基盤がどのように形成されたのかについて論じる．序章第3節で述べたように，すでに先行研究によって膠州湾占領に至る背景・動因については詳細に明らかにされてきた．したがって，ここでは，膠州湾占領に至る過程で形成されたドイツの中国利害については必要最低限の言及にとどめ，本書の主たる関心である植民地統治における経済政策と社会秩序形成との関係を分析するための前提として，以下の3点を明らかにする．

　第1に，実際に膠州湾において植民地統治が開始される以前とその直後に，ドイツの植民地政策担当者がどのような中国植民地の構想を描いていたのかについて分析する．第2に，膠州湾占領後に，国際関係上，どのようにして膠州湾における植民地統治が正当化されたのかを論じる．具体的には，1898年3月6日に締結された膠州湾租借条約の締結にいたるまでのドイツ・清間の外交交渉過程を分析し，どの時点で，どのようにして国際関係上での植民地化が行われたのかを明らかにする．第3に，租借条約締結以前の軍事占領の下で，膠州湾現地においてドイツ占領行政が進めた植民地化，すなわち植民地統治の基盤創出の過程を分析する．

1　ドイツの中国植民地プロジェクト

19世紀末までのドイツ・中国関係の形成

　第一次アヘン戦争とそれに続いた南京条約の締結は，同時代のドイツ語圏経済界・知識人層にとって，まさに衝撃的な大事件であった．当時，3億5000万人もの人口を抱えるといわれた中国市場の「開放」は，彼らにとっても決し

て等閑視できるようなものではなく，むしろ積極的に関与すべき一大機会と考えられた．たとえば，海外貿易事業に密接に関与していたハンブルク商人層はただちに3隻の商船団の派遣を決定し，またケルン商業会議所はイギリスによる中国市場の独占を恐れて，プロイセン政府に対して商業艦隊の中国派遣を請願した．さらに，ザクセン政府も，プロイセン政府にドイツ関税同盟に配慮したうえで中国沿岸諸港に領事館を設置するように提案した．1843年に国民経済学者リスト（Friedrich List）も，アヘン戦争後の南京条約の締結を「世界貿易にとって大変な出来事」であり，「ひょっとすると，少なくとも目下の結果に関しては，アメリカ大陸の発見以上に大きな出来事」であると述べ，ドイツ輸出経済にとってのこの大きな機会を逃すべきではない，と主張した[1]．

しかし，この時点では，プロイセン政府はこうした意見に対してきわめて消極的な反応しか示さなかった．その理由は，第1に，プロイセンの海軍力がそのような事業を推進するにはきわめて不十分であり，イギリスと海上で軍事的に競合できないこと，第2に，ハンブルクのザクセン領事で，さらに中国へ現地視察のために派遣されたグルーベ（Friedrich Wilhelm Grube）が，中国の市場開放に対する南京条約の影響は限定的であり，イギリスの評価は過大であると報告したためである．結局，第一次アヘン戦争以後の中国市場への対応として，プロイセン・ザクセン・ハンブルクの各国政府は，中国沿岸諸港で活動するドイツ系商人を領事として任命するにとどまった[2]．

第二次アヘン戦争（1856-1860年）を機に清朝政府とイギリス・フランス・アメリカ合州国・ロシアの間で1858年6月に調印された天津条約は，ふたたびドイツ諸国の商人層に中国への注目を高めさせることになった．なぜなら，1843年10月8日に締結された南京条約の善後条項では，すべての外国商人に

---

1) Helmuth Stoecker, *Deutschland und China im 19. Jahrhundert. Das Eindringen des deutschen Kapitalismus*, Berlin: Rütten & Loening, 1958, S. 40-41. リストの引用部分は，Friedrich Lenz/Erwin Wiskemann (Hrsg.), *Friedrich List. Die politisch-ökonomische Nationaleinheit der Deutschen. Aufsätze aus dem Zollvereinblatt und andere Schriften der Spätzeit*, Berlin: Reimer Hobbing, 1931, S. 242.

2) Stoecker, *Deutschland und China*, S. 41-43.

対してイギリス商人と同様の待遇が与えられることが保証されていたが，天津条約ではその条項が欠けていたからである．ドイツ諸国の商人層の要求に応える形で，プロイセン政府は，1860年5月11日に，元ワルシャワ総領事で，後に1878年まで内相を務めたオイレンブルク（Friedrich zu Eulenburg）に，遠征隊を組織し，清・日本・タイとの通商条約を締結することを命じた．この遠征隊には，該当の各国政府が通商条約の締結を拒む場合には，ほかのヨーロッパ列強とともに，軍事的な示威行動をもってしてでも締結を目指すことが期待されていた[3]．

プロイセン政府が，東アジア遠征に積極的な行動をとった理由は，当時，小ドイツ主義的な国内統一を進めていた自国の声望を高めるためであった．1861年9月2日に清との間で締結された通商条約は，プロイセン政府にとっては，主としてそのような政治的な動機づけによるものであった．したがって，この時期においても政治指導層の対中国政策は限定的なものであった[4]．たしかに，この東アジア遠征に際して，オイレンブルクには，可能であればドイツ拠点となる植民地を獲得するようにとの命令が下っていた．その候補地として台湾が調査されたが，ドイツ拠点には気候の面から不適当であるという報告が残され

---

3) Stoecker, *Deutschland und China*, S. 50. 該当の条文については，王鉄崖編『中外旧約章彙編』第1冊，生活・読書・新知三聯書店，1982年第2刷，36頁．

4) Stoecker, *Deutschland und China*, S. 51-53; Udo Ratenhof, *Die Chinapolitik des Deutschen Reiches 1871 bis 1945. Wirtschaft—Rüstung—Militär*, Boppard am Rhein: Boldt, 1987, S. 33-38; Bernd Martin, Die preußische Ostasienexpedition in China. Zur Vorgeschichte der Freundschafts-, Handels- und Schiffahrts-Vertrags vom 2. September 1861, in: Kuo Heng-yü/Mechthild Leutner (Hrsg.), *Deutsch-chinesische Beziehungen vom 19. Jahrhundert bis zur Gegenwart. Beiträge des Internationalen Symposiums in Berlin*, München: Minerva, 1991, S. 209-240; Klaus Mühlhahn, *Herrschaft und Widerstand in der „Musterkolonie" Kiautschou. Interaktionen zwischen China und Deutschland, 1897-1914*, München: Oldenbourg, 2000, S. 75-76. また，鈴木楠緒子「オイレンブルク使節団とプロイセン自由主義者——小ドイツ主義的統一国家建設との関連で」『史学雑誌』第112編第1号，2003年1月，75-98頁．清朝外交史からの最新の研究として，上野聖薫「オイレンブルク使節団との条約締結交渉からみた清朝外交」『現代中国研究』第24号，2009年3月，48-61頁．

たにすぎなかった．この東アジア遠征後にも，ドイツの中国拠点の獲得というテーマについて，この遠征に参加した地理学者リヒトホーフェン（Ferdinand von Richthofen）などの知識人層，海軍関係者，あるいは宰相ビスマルク（Otto von Bismarck）もたびたび言及していたが，それが具体化することはなかった[5]．

1870年代以降，中国対外貿易におけるドイツ経済利害は，次第にその比重を増し，ドイツ本国の政界および現地外交官もそれを積極的に支援するようになった．たとえば，1855年には在中国ドイツ商社はわずか7社にすぎなかったのが，1877年には41社，1890年代には80社に増加した．また，1880年代半ばから10年の間に，中国対外貿易に占めるドイツの割合も2.5％から5.1％へと増加した．そして，その対中国貿易の促進のために，1870年代半ば以降，在北京公使ブラント（Max von Brandt, 在職期間1875-1893年）は，東アジア向け航路に国庫助成を行うように本国政府に繰り返し要求し，それに応じたビスマルクは，1884年に帝国議会で東アジア・太平洋向けの郵便汽船に国庫助成を行う法案を提出し，翌年にその修正案を通過させた[6]．

1880年代に入ると，ドイツ重工業界も中国市場に大きな期待を寄せるようになった．それ以前のドイツの鉄道資材の主要な輸出市場はアメリカ合州国であったが，同国の国内産業の競争力が高まるにつれて，ドイツ重工業界は新たな輸出市場を開拓する必要に迫られたからである．また，軍需産業も国内における受注の減少に加えて，ドイツ＝ロシア間の外交関係の悪化からロシア向け輸出の将来的な見込みが薄くなっていたために，中国市場に大きな関心を寄せるようになった．実際，日清戦争の賠償金支払いのために受注が激減するまで，中国はドイツ軍需産業の最大の外国顧客であった．くわえて，ドイツ重工業への受注を促進するために，ドイツ公使館は，李鴻章や張之洞などの有力な清朝官僚の顧問として，ドイツ人鉄道技師や軍事インストラクターが雇用されるよ

---

5) Stoecker, *Deutschland und China*, S. 69-84.
6) Vera Schmidt, *Die deutsche Eisenbahnpolitik in Shantung 1898-1914. Ein Beitrag zur Geschichte des deutschen Imperialismus*, Wiesbaden: Otto Harrassowitz, 1976, S. 46-47; Ratenhof, *Die Chinapolitik des Deutschen Reiches*, S. 110; Mühlhahn, *Herrschaft und Widerstand*, S. 82-83.

うに働きかけていた．たとえば，後の山東鉄道会社の青島事業部の主任となるヒルデブラント（Heinrich Hildebrand）は，1892 年以降，張之洞の下で鉄道建設に従事していた[7]．

さらに，中国での大規模な鉄道建設事業の開始を見込んで，中国現地で鉄道事業向けの借款引き受けのための強力な金融機関の設立が進められた．まず中国のドイツ外交官およびビスマルクが働きかけ，そしてドイツ最大手金融機関の1つであったディスコント・ゲゼルシャフト（Disconto-Gesellschaft）の主導下で準備され，最終的にドイツの主要な金融機関が共同出資する形で，1889 年2月にドイツ・アジア銀行（Deutsch-Asiatische Bank，徳華銀行，資本金 500 万両，約 2250 万マルク）が設立された．翌年には，この銀行が中心となって「アジア事業借款団」（Konsortium für asiatische Geschäfte）も設立されている[8]．

中国拠点の選定

ドイツ政治指導層の間で，中国拠点獲得が具体的に議論されるようになった契機は，1894-1895 年の日清戦争であった．上述した 1880 年代以降のドイツの中国利害の形成を考慮すれば，将来のドイツ拠点に経済的観点が重視されたのは当然の成り行きであったといえよう．

1894 年 11 月初旬，日清戦争の戦場が中国本土に移り，旅順港陥落を目前に控えた時期に，ヴィルヘルム 2 世（Wilhelm II）は帝国宰相ホーエンローエ（Chlodwig Hohenlohe-Schillingsfürst）に対して，ほかの列強が拠点の獲得に動いており，それに遅れずに，ドイツも拠点獲得を目指すように命じた．これは虚報に基づいた命令であったが，これをきっかけに外務省と海軍省および海軍軍令部が中心となって，膠州湾占領に向けた具体的な討議が開始された[9]．

---

7) Schmidt, *Die deutsche Eisenbahnpolitik*, S. 45 u. S. 48; Ratenhof, *Die Chinapolitik des Deutschen Reiches*, S. 77-81; Mühlhahn, *Herrschaft und Widerstand*, S. 77 u. S. 82-83.

8) Schmidt, *Die deutsche Eisenbahnpolitik*, S. 48-50; Boris Barth, *Die deutsche Hochfinanz und die Imperialismen. Banken und Außenpolitik vor 1914*, Stuttgart: Steiner, 1995, S. 29-42; Mühlhahn, *Herrschaft und Widerstand*, S. 77.

9) Hohenlohe an Marschall, Telegramm, 17. 11. 1894, Nr. 2219, in: *GP*, Bd. 9, S. 245-

ロシア・フランス・ドイツによって，下関講和条約（1895 年 4 月 17 日調印）に対して遼東半島返還の申し入れ（4 月 23 日）が行われる以前の 3 月 11 日，外相マーシャル（Adolf Hermann Marschall von Bieberstein）は，三国干渉の見返りとして中国拠点を獲得する可能性があるとして，海軍省に対して，ドイツが要求すべき拠点の候補地を挙げるように要請した[10]．それに対して，4 月 17 日，海軍省長官ホルマン（Friedrich von Hollman）は，次のように回答している．海軍拠点は，まず船舶のためのあらゆる設備をもち，軍艦の補給基地・商船の避難地として役立つという海事上の側面をもつことが必要である．しかし，それだけでなくその所有によってドイツの政治力および名声を高めることが望ましく，そのためには経済面も重視しなければならない．東アジアにおけるドイツの経済活動を保護するには，「シンガポールから函館を越えて」ドイツ艦隊が影響力を有する必要があり，そのためには中国の南北にそれぞれ拠点を獲得すべきである．このように主張したうえで，ホルマンは，その条件を満たす候補地として，第 1 に，上海付近の舟山群島と厦門，第 2 に，膠州湾と香港付近の大鵬湾，第 3 に朝鮮半島南端の諸島と澎湖諸島を挙げた[11]．

この海軍省の提案に対して，外務省は次のように返答した．まず，舟山群島および大鵬島はイギリスの勢力範囲にあり，厦門は開港場なので議論の対象になりえない．また，朝鮮半島南端の諸島もロシアとの関係を考慮すれば除外しなければならない．澎湖諸島は，下関講和条約で台湾とともに日本に割譲されている．したがって，外交の観点から獲得の可能性があるのは，膠州湾のみであると[12]．しかし，海軍は経済上の観点から華南の港湾あるいは諸島を強く主張し，外務省と海軍の意見は平行線をたどった．

将来のドイツ拠点として膠州湾が選択されるのに決定的な役割を果たしたの

246; Marschall an Hohenlohe, Telegramm, 17. 11. 1894, Nr. 2220, in: *GP*, Bd. 9, S. 246-247.

10) Marschall an Hollmann, Konzept, 11. 3. 1895, Nr. 3645, in: *GP*, Bd. 14/1, S. 5-7.

11) Hollmann an Marschall, Ausfertigung, 17. 4. 1895, Nr. 3646, in: *GP*, Bd. 14/1, S. 7-11.

12) Rotenhan, Aufzeichnung, 9. 9. 1895, Nr. 3650, in: *GP*, Bd. 14, S. 14-15.

は，1896年5月に東アジア巡洋艦隊司令官に任命された，後の海軍省長官ティルピッツ自身による中国沿岸部での調査報告書である[13]．9月にドイツ本国に送られたその報告書のなかで，ティルピッツは，膠州湾を上海から牛荘の間で唯一の天然の良港と評価し，同湾を獲得すべきドイツ拠点として推奨した．この報告にくわえて，1896年11月，海軍軍令部司令・海軍大将クノル（Eduard von Knorr）は，当時ドイツに休暇中であった天津税務司デトリング（Gustav Detring）から膠州湾の利点について説明を受け，膠州湾の獲得を政策方針とすることに最終的に同意した[14]．そして，30日にヴィルヘルム2世は軍令部に占領計画の作成を指示し，翌12月15日に占領計画が提出されると，同計画は22日に承認された[15]．つまり，実際の占領のおよそ1年前から，すでに占領計画が策定されていたことになる．

ティルピッツの中国植民地構想

ティルピッツによる膠州湾の現地調査報告は，将来のドイツの中国植民地像の指針となるものであった．彼は，膠州湾の利点として，まず，山東省の対外貿易港である煙台が丘陵によって囲まれていることと比べて，膠州湾沿岸から山東半島内陸までなだらかな平野がひろがっているために交通の便が良いことを指摘し，したがって膠州湾が開放されれば，山東半島の交通の中心も煙台から膠州湾へ移動すると予想した．次に，膠州湾から済南まで鉄道を敷設すれば，山東省に埋蔵される相当量の地下資源の開発が促されることになると述べ，さらに済南から天津・北京へと鉄道が建設されれば膠州湾の価値がいっそう高まり，山東省のみならず山西省の輸出港としての役割も果たしうると主張した．その理由として，競合しうる天津の場合，その河口は浅瀬であり，煙台も港としての自然条件に恵まれていないことを挙げている．最後に，ティルピッツは，海事上・軍事上の観点からも膠州湾がもつ利点を次のように述べている．かつ

---

13) Tirpitz an Knorr, Augenblicklicher Stand der Information über etwaige Stützpunkte, 5. 9. 1896, BA/MA, N 253/45, Bl. 22-32.
14) Knorr, Aufzeichnung, 9. 11. 1896, Nr. 3665, in: *GP*, Bd. 14, S. 36-39.
15) Senden an Oberkommando, 22. 12. 1896, BA/MA, RM 3/6693, Bl. 45-46.

ての現地調査では，膠州湾が冬季に凍結すると報告されたが，実際には冬季でも運航に支障はなく，そして海軍部隊の常駐に不適とされたが，膠州湾東部の地形条件はそれに問題はないと．

　さらに，この報告書のなかで，ティルピッツはどのように中国植民地を建設すべきかについて，かなり具体的に提案している．以下に要約する．

(1) 地理戦略上の観点から，東アジア巡洋艦隊によって山東内地への重要な地点まで中国軍隊を撤退させ，ドイツ拠点の範囲を確定する．
(2) 1500名の兵力と海軍砲兵1個中隊を補充し，現存の中国軍隊の陣地を増築する．膠州湾は自由港として，あるいは低率関税を課したうえで開放する．ドックや港湾施設の建設地を詳細に調査する．また，濰県あるいは済南までの鉄道事業に着手する．膠州湾西南岸に堡塁あるいは部隊駐留基地を設置する．それは，防備の目的というよりも，西南岸におけるドイツの所有権を告知するためである．また，石炭貯蔵庫および小規模の海軍貯蔵所を設置する．
(3) 商業上の観点から同地を拡充する．ドック施設と旧来の防備に基づいた暫時的な海上・陸上防備を整える．
(4) 商業上の発展と同地の軍事上の重要性を向上させるように増強する．
(5) 必要な兵力の限度は6000名とする．

　すでにこの時点で，ティルピッツは，ドイツの中国植民地に求められる条件として，軍事的側面よりも経済発展の可能性を優先していた．上述の報告書のなかでも，「私見では，膠州湾の発展可能性は，この点［防備が不十分となること］にあるのではなく，そのほかの貿易・事業流通の見通しにある」と端的に述べている[16]．

　したがって，彼の拠点構想では，膠州湾におけるドイツ拠点は，山東経済，

---

16) Tirpitz an Knorr, Augenblicklicher Stand der Information über etwaige Stützpunkte, 5. 9. 1896, BA/MA, N 253/45, Bl. 28.

そして華北経済の流通の中心地となることが期待されていた．そのために，山東鉄道の建設が予定され，その流通の主力として山東省の地下資源が見込まれていた．また，その流通を支える制度として自由港制度の導入が提起されていた．彼が想定した拠点形成のための段階的な政策は，本章の第3節にみるように，実際の占領時に，ほぼそのとおりに実行された．ただし，(5) の兵力については，ティルピッツは，平時にも6000名と見積もっていたが，結局，ドイツ統治期間を通じて2200名前後にとどまった[17]．

　ティルピッツによる現地調査に続いて，1897年春に，より専門的な見地から膠州湾を評価するために，キール軍港の建設を担当した海軍建築顧問官フランツィウス（Georg Franzius）が膠州湾に派遣された[18]．彼の報告は，基本的にティルピッツの見解を支持するものであり，両者の報告に差異はほとんどない．ただし，中国沿岸諸港に対して膠州湾におけるドイツ植民地の競争力を高めるために最新のドック設備を建設するという技術的な提案が加わっており，またそうした港湾施設の建設および鉄道の建設の際に，山東省の住民を労働力として利用できることが肯定的な点として指摘されている．山東経済の利点として，地下資源だけではなく，その人口の多さも開発のための労働力として注目されていた．フランツィウスは，山東省が中国のなかでももっとも人口の多い省に属し，その住民を，「勤勉，寡欲で，悪意をもたず，ほかの中国沿岸部と同様に不潔」であるが，それは拒絶するほどではないと評している[19]．

　ティルピッツとフランツィウスの植民地構想は，その経済発展の可能性を主

---

17) Mechthild Leutner (Hrsg.), *„Musterkolonie Kiautschou". Die Expansion des Deutschen Reiches in China. Deutsch-chinesische Beziehungen 1897 bis 1914. Eine Quellensammlung*, Berlin: Akademie Verlag, 1997, S. 238. 日独青島戦争直前の1914年に，2401名に増加している．もちろん，1910年の膠州湾租借地におけるヨーロッパ系住民の人口が1621名であり，青島のヨーロッパ系住民の社会が，軍事的色彩を強く持っていたことに異論はない．本書巻末の**付表1**を参照．

18) Bericht des Hafenbau-Direktors, Geheimen Marine-Bauraths Franzius in Kiel, über das Ergebniß seiner im Sommer 1897 vorgenommenen Untersuchung der Kiautschou-Bucht (gedruckt), BA/MA, RM 3/6695, Bl. 24-28.

19) Ebenda, Bl. 25-26.

張し，そのための条件について論じたものであったが，そうした経済発展がどのような植民地統治によって実現可能となるかについては，まったく考慮されていなかった．また，現地住民についても開発のために動員可能な労働力としか言及されていない．実際にどのような植民地統治を布くべきかは，占領後に議論されることになった．

膠州湾の占領

以下，膠州湾占領までの経緯を略述しよう．ヴィルヘルム２世によって，1896年12月に占領計画が承認されると，ただちにそのための準備が進められた．フランツィウスの派遣後，膠州湾占領を実行すべくディーデリヒス（Otto von Diederichs）が東アジア巡洋艦隊司令官に任命された．1897年6月，ディーデリヒスは，北京公使館でドイツ公使ハイキング（Edmund Heyking）と会談し，現地に駐留する中国軍の指揮官に陣地の明け渡しを要求するための書状と占領後に住民に対して発せられる占領布告文案について協議した[20]．1897年11月1日，山東省曹州府鉅野県でドイツ系カトリック・ミッションのシュタイル・ミッションより派遣されていた2人の宣教師，ニース（Franz Xaver Nies）とヘンレ（Richard Henle）が殺害された．そのとき，ハイキングは当時湖広総督であった張之洞に面会するために上海付近の呉淞にいた．10月31日に呉淞に上陸しようとしたドイツ水兵が投石を受けるという事件が発生したが，ハイキングはそれを口実に清朝政府に対して賠償を要求する意図をもっていた．宣教師殺害の知らせがハイキングに伝えられたのは，その4日後の11月4日のことであった[21]．6日，ヴィルヘルム２世は電報を通じてディーデリヒスに，直ちに膠州湾に向けて出発し同湾を占領するように命じた[22]．11日，ディー

---

20) Diederichs an Knorr, Militärsch-politischer Bericht über die Lage in China und Korea bei Übernahme des Kommandos der Kreuzerdivision, BA/MA, RM 3/6694, Bl. 28, 35-38.
21) Mühlhahn, *Herrschaft und Widerstand*, S. 94.
22) Franceson an das Auswärtige Amt, Telegramm, 6. 11. 1897, Nr. 3687, in: *GP*, Bd. 14, S. 67-68.

デリヒスは，3隻からなる巡洋艦隊を率いて上海より膠州湾を目指して出港した[23]．

占領命令がすでに発せられたことを知った宰相ホーエンローエ，海軍省長官ティルピッツ，さらに外務省で指導的な立場にあったホルシュタイン（Friedrich von Holstein）らは，ロシアとの関係悪化，あるいは清と本格的な交戦状態に入ることを憂慮し，清朝政府がドイツの要求をすべて容認したならば，占領を見合わせるようにヴィルヘルム2世に進言した．この周囲の意見によってヴィルヘルム2世も譲歩し，12日に海軍軍令部より電報を通じて占領の中止が上海まで伝えられたが，その前日にすでに艦隊は出航していた[24]．

13日，ドイツ艦隊を確認した現地の駐留部隊指揮官・章高元は，ディーデリヒス宛に自分の名刺を送り，ディーデリヒスも表向きは返礼として，実際は偵察の目的で，名刺を預けた将校を使者として送った．14日朝，現地の住民が見物するなか，上陸部隊はプロイセン式に行進しながら，中国軍が駐留する衙門隣の練兵場に向かった．章高元も一部隊を率いて練兵場に出向いたところで，ディーデリヒスは彼に撤退を求める最後通牒を手渡した．その最後通牒では，宣教師殺害に対する賠償の担保として占領を行うこと，小銃以外の武器を置いて3時間以内に撤退を開始することが記されてあった．正午には衙門は占領され，それを示すドイツ軍旗が掲げられた．さらに付近の住民に対する占領の布告が各地に掲示された．ディーデリヒスが占領命令の変更を知ったのは，占領後に電線が復旧した後のことであった[25]．

---

23) Mühlhahn, *Herrschaft und Widerstand*, S. 94–95.
24) Hohenlohe an Wilhelm II., Telegramm, 11. 11. 1897, Nr. 3696, in: *GP*, Bd. 14, S. 78–79; Mühlhahn, *Herrschaft und Widerstand*, S. 95.
25) Diederichs an Oberkommando, Besetzung der Kiautschou-Bucht, 15. 11. 1897, BA/MA, RM 3/6696, Bl. 190–196.

2　外交による膠州湾の植民地化

多様な「租借」論と植民地統治

　ドイツ人宣教師殺害を口実とした膠州湾占領は，当時の国際関係の理解においても，決して異論がなかった訳ではない[26]．したがって，ドイツ政治指導層に求められていたのは，占領行為から継続的な領域支配への移行を，国際関係上，いかに正当化させるかということであった．1898年3月6日に締結された膠州湾租借条約の成立過程について，先行研究では，主としてドイツ・清朝政府間のパワー・バランスに力点が置かれていた[27]．しかし，植民地統治の基盤の形成を主たる考察対象とする本章の課題に即して，ここでは，むしろその外交交渉過程の，具体的にどの時点で，どのような論理で植民地支配が正当化されようとしたのかを明らかにする．

　植民地支配を正当化した条項は，その第1部第2条「清国皇帝は膠州湾の湾口両側を租借の形式で，暫定的に99ヵ年，ドイツに移譲する」，および同第3条「何らかの衝突を回避するために，清国政府は租借期間中に租借された領土で主権を行使せず，その行使をドイツに移譲する」の個所である[28]．これによ

26）ドイツ帝国議会でベーベル（August Bebel）は，国際政治のルールを逸した行為として膠州湾占領を批判している．35. Sitzung, 8. 2. 1898, in: *SBVR*, 160 (1899), S. 899.

27）たとえば，ミュールハーンは，中国側をたんなる客体としてではなく，外交交渉過程における交渉相手として，その主体性を視野に入れて分析すべきと論じている．Mühlhahn, *Herrschaft und Widerstand*, S. 107.

28）引用個所のドイツ文は「überläßt Seine Majestät der Kaiser von China beide Seiten des Eingangs der Bucht von Kiautschou pachtweise, vorläufig auf 99 Jahre, an Deutschland」（第1部第2条），「während der Pachtdauer im verpachteten Gebiete Hoheitsrechte nicht ausüben, sondern überläßt die Ausübung derselben an Deutschland」（同第3条）であり，中国文は，「大清国大皇帝已允将膠澳之口，南北両面，租與德国，先以九十九年為限．」（第1部第2条），「德国所租之地，租期未完，中国不得治理，均帰德国管轄，以免両国争端．」（同第3条）である．条約のドイツ文は Leutner, *„Musterkolonie Kiautschou"*, S. 164-168 を参照．同書では出典が BA/MA, RM 3/6694, Bl. 63-71 と記載されているが，正しくは RM 3/6695. 中国文は，王鉄崖編『中外旧約章彙編』第1冊，生活・読書・新知三聯書店，1982

って，ドイツ政治指導層は，租借期間中の主権がドイツに移譲されたとし，統治にかかわるすべての権利を行使することができると解釈したのである．この条文に基づき，1898年4月27日，ヴィルヘルム2世が膠州湾租借地を，ほかのドイツ植民地である「保護領」(Schutzgebiet)と同様に帝国の「保護」の下に置くと宣言した[29]．この宣言は，膠州湾租借条約に基づき，清朝政府に通告することなく一方的に発せられた．これによって，膠州湾租借地は植民地と同等の法的地位に置かれ，そこに総督を頂点とした植民地行政機構が設置されたのである．まさに，租借は植民地支配の一形態であって，ドイツ―清朝間で締結された膠州湾租借条約は，膠州湾の植民地化を国際関係のレベルで正当化するものであったといえよう．

周知のように，膠州湾租借条約が締結された後に，中国における勢力範囲の設定および利権獲得競争をめぐる列強の争いは激化し，1898年3月27日にロシアは旅順・大連を，イギリスは6月9日に香港に隣接する九龍半島に設定された新界および7月1日に威海衛を，そしてフランスは1899年11月16日に広州湾を，それぞれ清朝と条約を締結し，租借地とした．これらの条約においては，膠州湾租借条約中にみられる租借期間中の主権の移譲にかかわる条文は，同条約とほぼ同じ文面で転用された[30]．実際には，その条約が有した意味と影響は，それぞれの租借地において異なったであろうが，膠州湾租借条約は，この新たな植民地支配の形態のモデル・ケースとなったとみることができるのではないか．

すでに先行研究では，法制度上の租借地の多様性，とくに租借地ごとに獲得

　　年第2刷，738-740頁を参照．
29) Leutner (Hrsg.),"*Musterkolonie Kiautschou*", S. 205.
30) 王鉄崖編，前掲書より各条約の関連部分を抜粋する．旅順・大連（741-743頁）：「旅順口，大連湾既付近水面租與俄国」（第一款），「所有劃入租界線内之地及付近水面專帰俄国租用」（第二款），九龍半島・新界（769-770頁）：「展拡英界，作爲新租之地（中略）以九十九年爲限期（中略）其余新租之地，專帰英国管轄」，威海衛（782-783頁）：「威海衛及付近之海面租與英国政府（中略）專帰英国管轄」，広州湾（929-931頁）：「広州湾租與法国国家」（第一款），「於九十九年内所租之地，全帰法国一国管轄」（第三款）．

した列強の権限や中国系住民に対する中国の法的権限の及ぶ範囲が異なっていたことが指摘されている[31]．国際法上「租借地」であることが，たんに租借地を植民地とみなすべきではなく，植民地とは異なった政治力学を生じさせる点は，本書の第III章第3節でも共通する論点である．膠州湾租借地においても，国際法上は植民地ではなく，「租借地」（中国文では「租界」）であるという条文は，膠州領総督府と中国地方当局（ここでは山東巡撫）との間で主権の範囲をめぐる大きな対立を生みだしていた．

しかし，ここで重要な点は，そもそもドイツ外交代表自身が条約交渉以前に明確な「租借」概念を有していたわけではなく，むしろ交渉過程で中国に適用すべき「租借地」を案出していったことである．そして，この「租借」概念は，当時の国際法学者の間でも決して見解の一致をみていたわけではない．とくに，日本の国際法学者は，膠州湾租借条約の締結が明らかになった直後から，この「租借」とは何かについて議論を展開していた[32]．「租借」解釈そのものが，当時の国際政治上の力学の対象であった．

---

31) 川島真「領域と記憶──租界・租借地・勢力範囲をめぐる言説と制度」貴志俊彦・谷垣真理子・深町英夫編『模索する近代日中関係──対話と競存の時代』東京大学出版会，2009年，163-170頁．ここでは植田捷雄『支那租借地論』日光書院，1943年から各国租借地の制度上の相違が明快に整理されている．

32) 膠州湾租借条約締結直後に有賀長雄が無記名で「膠州湾の主権に関する国際法問題」『外交時報』第2号（1898年3月，47-49頁）という論説を掲載して以降，『外交時報』および『国家学会雑誌』などに，蜷川新，高橋作衞，江木翼が租借地に関して論考を寄せている．その分析については，Shinji Asada, Colonizing Kiaochow Bay: From the Perspective of German-Japanese Relations, in: Kudo Akira/Tajima Nobuo/Erich Pauer (eds.), *Japan and Germany. Two Latecomers to the World Stage, 1890-1945*, Vol. 1, Kent: Global Oriental, 2009, pp. 91-113 参照．同様に，膠州湾租借地における「租界」・「租借地」・「植民地」を分析した，朱建君「試析徳占膠澳的称謂与地位」孫立新・呂一旭編『殖民主義与中国近代社会──国際学術会議論文集』（人民出版社，2009年，366-387頁）では，20世紀初頭に中国メディアに現れた「租借地」と「租界」は厳密に区別されて使われていなかったことが指摘されている．本論文と同様に，著者も，確固たる法制度上の知の体系としての「租借地」概念を分析するのではなく，むしろ同時代に揺れ動いたその概念自体をめぐってどのような政治力学が働くかに関心がある．

本節が歴史研究として目指すのは，当時の国際法学者のように条文に即して事後的に解釈するのではなく，その条文が実際にどのような意図をもって案出され，そしてそれがどのような条約交渉を経て締結に至ったのかを明らかにすることである．言い換えれば，この作業は，国家間交渉のレベルにおける植民地化が，膠州湾租借地の場合に，どのように遂行されたのかを明らかにするものである．

「租借」概念の案出

中国における将来のドイツ拠点を租借の形で獲得するという発想は，すでに三国干渉の時点で存在していた．元北京公使ブラントは，1895年4月8日に，ドイツ艦隊拠点に目した場所を「割譲あるいは賃借」（Abtretung oder Vermietung）する可能性について言及していた[33]．また，当時の外務大臣マーシャルも，1895年10月に在ペテルスブルク大使ラドーリン（Hugo von Radolin）が清の外交代表と交渉にあたった際に，もし領土の割譲が要求できない場合には，「租借の形式の移譲」（pachtweise Überlassung）で満足するようにと指示していた[34]．そして，膠州湾占領の翌日，1897年11月15日にヴィルヘルム2世が参席した善後会議で決定された方針のなかにも，中国がドイツに開戦することを防ぐために，中国の主権を維持する方法として「長期的な租借の形で」（in langdauernde lease）獲得する可能性が指摘されていた[35]．しかし，これらのlease, Vermietung, pachtweise Überlassung の具体的内容についてはいずれにおいても論及されておらず，これらが「割譲」（Abtretung）および「租界」（Niederlassung）と具体的にどのように違うのかについては，占領後に検討されることになった．

占領翌日の善後会議の2日後に，膠州湾を獲得する形式について詳細に検討

---

33) Brandt, Promemoria, 8. 4. 1895, Nr. 2238, in: *GP*, Bd. 9, S. 266.
34) Marschall an Radolin, Reinkonzept, 25. 10. 1895, Nr. 3653, in: *GP*, Bd. 14/1, S. 17-18.
35) Aufzeichnung [unsignierte Reinschrift], 15. 11. 1897, Nr. 3701, in: *GP*, Bd. 14/1, S. 85-86.

した資料が作成された．その資料は，膠州湾をドイツに割譲させるA案と，ドイツ租界を設置してドイツ海軍とドイツ商業に開放させるB案を比較検討し，現実的かつドイツにもっとも有利となりうる政策を提言しようとするものであった[36]．

A案の割譲については次のように説明されている．まず，割譲の場合には，ドイツに完全な領土主権（Territorial-Hoheit）が移譲される．ドイツは完全な統治権（Regierungsrecht）を有し，それにドイツ国籍・清国籍のみならず，欧米の外国籍の人びとも服することになる．警察権と裁判権はすべての居住者に及ぶ．また，ドイツが軍隊を駐留させ，防衛設備を整え，ドックなどの設備を建築することに制約はない．さらに，内陸部を商業的に開放するための強固な拠点になるほか，そのような拠点をもつことでドイツの威信はいっそう高まる．なぜならドイツが中国に拠点をもつことで，つねに中国の人びとはドイツを列強の一員とみなすことになるからである．

B案については次のように説明されている．租界とすることによってドイツが最大限獲得できる諸権利として，（1）ドイツの軍艦および商船への開放，内地通行の許可，陸海軍の部隊の上陸・通過の権利，（2）租界として比較的小さな領域が委託された場合，土地取得，家屋・倉庫・ドック・教会・学校などの施設の建設，警察隊の保持，ドイツ国籍民に対する警察権および司法権の行使の権利，（3）将来に比較的大きな領域に及ぶ割譲がありえた場合，それはドイツに対してのみ認められる，（4）北京までの鉄道敷設・経営権ならびに鉱山利権の付与，の4点が挙げられる．しかし，ほかの列強にも同様の権利が認められる可能性があり，結果として，膠州湾はすべての外国に開放された開港場となる．そこではほかの列強も租界を設立することになる．ドイツ租界でもドイツ国籍以外の列強の諸国民は，治外法権下に置かれる．清国籍の人びとであっても清の官憲に服することになると予想される．ドイツは単に賃借でそこに所在地をもつにすぎず，競合する相手国にも同等の権利を認める必要が

---

[36] Votum zu einer Denkschrift, betreffend die Besitzergreifung der Kiautschou-Bucht, 17. 11. 1897, BA/MA, RM 3/6694, Bl. 73-85.

ある．さらに，世界規模の戦争が勃発した際には，ドイツ国籍の人びとないし施設が中立の立場をとったとしても，中国がそれらを防衛することはないだろうから，膠州湾は軍事基地としても重要であり，租界ではそのような防衛施設を整えることはできない．

　以上の検討から導かれる結論は，当然，割譲を推奨するものであった．しかし，さらにもう1つの可能性として，清国が膠州湾および隣接する土地のすべての主権をドイツに，「たとえば99ヵ年間」移譲することに言及していた[37]．

　租借条約草案に関連する資料のなかで，99ヵ年間の主権の移譲が言及されたのは，管見のかぎりこれが初めてである．この資料では，このような主権の移譲の先例として，ハンザ都市ヴィスマルが挙げられている．1803年，ヴィスマルはその支配をスウェーデンよりメクレンブルク＝シュヴェリーンに125万8000ターラーの担保として移譲されていた．最終的には，1903年にスウェーデンが買い戻す権利を放棄する結果となっている[38]．また比較的新しい事例としては，ドイツ東アフリカ会社などの植民地会社への主権の移譲が指摘されていた．この形式を適用すれば，法的には中国に「空白の権利」（das leere Recht）が残り，ドイツに「占用権」（dominium utile）としての権利が移譲されるために，租界よりもこの方が好都合であると主張されている．その理由は，競合する列強が何らかの権利を獲得する可能性を排除することができ，「ドイツは，すべてを獲得した者として与えられるあらゆる権利を行使できるであろう」からであった[39]．

　租借条約の草案は，1897年12月13日に外務省より海軍省に送付された．そして，その草案は翌日には訂正され，外務省に返送されている[40]．訂正個所

---

37) Ebenda, Bl. 83.
38) 本文中の資料では，プロイセンに移譲されたと記しているが誤りである．Vgl. Artikel Mecklenburg, in: *Meyers Großen Konversations=Lexikon*, 6. Aufl. Bd. 13, Leipizig: Bibliograhisches Institut, 1908, S. 507; Artikel. Wismar, in: *Meyers Großen Konversations=Lexikon*, 6. Aufl. Bd. 20, Leipzig: Bibliographisches Institut, 1909, S. 692-693.
39) Votum zu einer Denkschrift, betreffend die Besitzergreifung der Kiautschou-Bucht, 17. 11. 1897, BA/MA, RM 3/6694, Bl. 83-84.

は租借の範囲にかかわる部分であり，外務省案が湾口部の東岸のみを租借することを予定していたのに対して，海軍省案は湾口部の両岸を租借の対象としていた．最終的に，18日に8ヵ条からなる草案が北京公使館に電送された[41]．その要点は以下のとおりである．

第1条　ドイツに膠州湾の湾口部両側を99ヵ年間の租借により移譲すること．第2条で規定される範囲で必要なあらゆる施設を建設すること，そしてその保護のために必要な措置を講ずることを認可すること．

第2条　租借の範囲は膠州湾の湾口部を形成する両岸および湾内の島々．さらに湾の周囲50キロメートル内ではドイツ側の同意なしに行政措置や命令を行ってはならないこと．とくに河川航行の規制に関して妨げとなる処置を行ってはならないこと．

第3条　1年間の賃借料を［原文は空欄］両と定める．

第4条　両国の衝突を避けるために，租借期間中，上記の区域で清朝政府は主権全般を行使してはならないこと．その区域と膠州湾の海面の主権をドイツに移譲すること．

第5条　ドイツ政府が上記の領域を自由港として宣言することを望む場合には，清朝政府はこの条約をもって同意すること．

第6条　清朝政府はドイツ・中国共同経営の鉄道会社の設立を認めること．その利権は，東清鉄道などと同様の条件で，かつ清朝政府が計画している鉄道網に山東より連結すること．

第7条　鉱山採掘については，清朝政府は山東省において，ドイツ企業とドイツの技師にほかの列強が保証されている利点を保証すること．

第8条　膠州湾がドイツの目的に適さないことがわかった場合には，より

---

40) Klehmet an Tirpitz, Vertragsentwurf, 13. 12. 1897, BA/MA, RM 3/6694, Bl. 123-129.

41) Bülow an Tirpitz, Vertragsentwurf, 18. 12. 1897, BA/MA, RM 3/6694, Bl. 142-148.

目的に適った中国沿岸部にある別の拠点を移譲すること．またドイツ政府が，膠州湾を租借した区域で建設した施設などを引き取り，それに支出された額を弁償すること．

　ここで提示されている8ヵ条は，細部に違いはあるものの，のちに締結される租借条約の要点がほぼふくまれていた．すなわち99ヵ年間の租借，清朝政府による主権行使の禁止，膠州湾周囲50キロメートル区域の設定，鉄道・鉱山利権，さらに膠州湾が不要になった場合の代替地の保証規定である[42]．

　第3条に賃借料の規定がふくまれていることは興味深い．1895年10月に漢口におけるドイツ租界設置を取り決めたドイツ・清間の協定では，租界の区域で徴収されていた土地税と同額の税額を1年ごとにドイツ領事より現地の中国当局に支払うことが決められていた[43]．上記の草案は，12月17日付の意見書が提案したとおり，すべての主権を移譲させるという割譲に等しい内容であった．それにもかかわらず，賃借料の規定がふくまれていたことは，草案の作成者にとっても，この草案によって新たに獲得されるべき区域が「割譲」と「租界」の狭間で揺れていたことを示しているといえるだろう．

膠州湾租借をめぐる外交交渉

　ドイツ外交代表と清朝政府との交渉は，1897年11月20日より始まった．同日，在北京ドイツ公使ハイキングは，通訳官フランケ（Otto Franke）らとともに，総理衙門を訪れ，ドイツ政府の要求を提示した．それは6ヵ条からなり，（1）山東巡撫・李秉衡の永久罷免，（2）シュタイル・ミッションの済寧教会

---

42) 第5条の「自由港」規定は，実際の租借条約中には記載されず，関税にかかわる規定の詳細については，細目協定に委ねられた（膠州湾租借条約第1部第5条）．膠州湾租借地における「自由港」規定については，第II章第2節を参照．

43) この漢口租界条約のドイツ文は，中国側との租借条約交渉に関するファイルの中にあり，巡洋艦隊司令宛に資料として送付されている（Anlage zu Kommando der Kreuzerdivision, Niederlassungs-Vertrag vom 3. 10. 1895, BA/MA, RM 3/6694, Bl. 108-113. 送付された日付は不明）．中国文は，「漢口租界合同」王鉄崖編，前掲書，631-633頁を参照．

堂の建設費用を中国政府が負担すべきこと，（3）宣教師殺害事件にかかわる全ての犯人を逮捕し厳罰に処すること，（4）中国政府の宣教師・教会保護義務，（5）山東省内における鉄道建設受注に際するドイツ商人の優先，（6）事件処理に生じたドイツ側の費用を中国政府が賠償すること，というものであった．総理衙門は，宣教師殺害事件に際して，中国側は迅速に対応しており，落ち度はないと主張し，ただちに膠州湾からのドイツ軍の撤兵を要求した．

　この最初の会談の後，ハイキングは総理衙門に，ドイツ側の要求が受け入れられるまで，膠州湾占領地を担保とすると通達した[44]．その後，数次の会談を経て，12月7日にドイツ公使館にて，ハイキングと総理衙門から派遣された代表翁同龢と張蔭桓の間で，以下の合意が成立した．まず第1条の山東省行政の長であった李秉衡の処分については，永久免職処分とせず，降格転任とし，その処置を中国側に委ねることが定められた．次に第2・3条の宣教師に対する賠償については，中国側が済寧教会の建設費を支払い，その教会に勅命によって建設されたことを示す扁額を掛け，また事件顛末の碑を建てること，さらに殺害された宣教師への償いとして，曹州府と鉅野県に教会を建設し，被害にあった宣教師に見舞金を支払うこととされ，第4条の今後の宣教師・教会の保護については，勅命を発して地方官にそれらの保護を命じることが記された．第5条の鉄道・鉱山利権については，まずドイツ企業に請け負わせ，詳細についてはなお協議することになった．第6条のドイツ側費用の弁償については，ドイツ側は多額を要求しないことで合意された．

　この合意に基づき，翁同龢らは膠州湾からのドイツ軍の即時撤退を要求した．総理衙門は，ドイツ側が膠州湾占領を継続する意図を察しており，ハイキングに膠州湾の代替地を提供することを伝えた．ハイキングはこの代替案に対して

---

44) 奕訢等與德使問答録，1897年11月20日，『義和団档案史料続編』，33-37頁．Heyking an das Auswärtige Amt, Telegramm, 21. 11. 1897, Nr. 3712, in: *GP*, Bd. 14/1, S. 98-99; Heyking an das Auswärtige Amt, Telegramm, 22. 11. 1897, Nr. 3716, in: *GP*, Bd. 14/1, S. 102. 近年公刊された『張蔭桓日記』（任青・馬忠文整理，上海書店出版社，2004年）では，残念ながら，すでに租借条約の租借部分の交渉が終わった1898年1月下旬以降の山東経済利権をめぐる交渉過程しか掲載されていないので，本章の租借をめぐる分析では検討の対象から除外されている．

明確に返答できずに，上陸した兵を撤退させることを認めた．さらに，総理衙門はすべての艦船を膠州湾外に撤退することを要求した．ハイキングはこの時点になってはじめて中国側に，占領がヴィルヘルム 2 世の意思であることを明らかにし，ヴィルヘルム 2 世より指示を待つと返答した[45]．

15 日，ハイキングは翁同龢・張蔭桓とふたたび会談し，そこでヴィルヘルム 2 世より膠州湾から撤退することはないとの通達があったと伝えた．これに対し，翁同龢・張蔭桓は開港場として膠州湾に船舶の停泊・補給のためにドイツ租界の設置を認めるという提案を伝えた．この提案にハイキングは，ロシアが開港場として膠州湾を開放することを望まないのではないかと返答したが，2 人は各国の通商のために膠州湾を開放することをロシアが望まないのであれば，ましてドイツのみが膠州湾を占拠することをロシアは認めないだろうと反論した．ハイキングは態度を表明できず，交渉は中断された[46]．

23 日，翁同龢と張蔭桓がふたたびドイツ公使館を訪れて，ハイキングと会談した．まずハイキングは第 6 条をあげ，もし「膠州湾の貸借が決まれば，費用は要求しない（若膠澳租定，用費不索）」と切り出した．しかし翁同龢らは膠州湾から撤退するように返答した．ハイキングは「租界の範囲が画定すれば，兵はすべて撤退することができる（租界劃定，兵可全撤）」［傍点著者］と述べ，租界の範囲として青島の両岸を指し，もし範囲が画定すれば，賃借料を支払い，年限を設けるので，租界内に造船所，石炭処理・加工場，砲台などを建設することを認めるように要求した．また，租界外の区域を中国の行政に任せるとつけ加えた．これに対し，翁同龢らは，「租界ならば協議できる．租界の外には各国通商のための埠頭を開くべきである」と述べ，また両岸の占拠と砲台の建設については認められないと返答した[47]．

本来，ハイキングは，本国政府の命令に従えば，「租借」（＝一定期間の主権の移譲）を交渉すべきであったにもかかわらず，清朝側が占領軍の即時撤退を訴

---

45) 翁同龢等與徳使問答録，1897 年 12 月 3 日・7 日，『義和団档案史料続編』，50 頁，53-54 頁．
46) 翁同龢等與徳使問答録，1897 年 12 月 15 日，『義和団档案史料続編』，55 頁．
47) 翁同龢等與徳使問答録，1897 年 12 月 23 日，『義和団档案史料続編』，58-59 頁．

え，妥協案としてドイツ租界設置を容認したことによって，苦境に陥った．こうした状況を打開するためにハイキングが用いたのは，またも軍事的圧力であった．28日に彼は総理衙門に書状を送付し，曹州府でドイツの宣教師シュテンツ（Georg Stenz）に対する殺人未遂があったと訴えた[48]．さらに30日に，ハイキングは，曹州鎮総兵・萬本華がヨーロッパ人2名を殺害し，さらなる殺害をもくろんでいるとの電報を受け取ったので，ただちに彼を罷免しなければ国交を断絶し，以後の交渉は膠州湾に駐留するドイツ巡洋艦隊司令官に委ねると通達した．1898年1月1日に翁同龢と張蔭桓がふたたびドイツ公使館を訪れ，曹州府の件について問い合わせると，それがまったくの伝聞にすぎなかったことが判明したが，2人の訪問の際にハイキングは膠州湾の湾口両岸の貸借を要求した．翁同龢らは拒否し，その代わりに港湾の防備にすべてクルップ社の砲台を建造する密約を交わす取引をもちかけた．しかし，ハイキングは両岸の確保は本国からの指示であり譲れないと述べ，その地はドイツに「租給」するのであって，中国の「自主之権」を損なうものではないと主張した[49]．そして1月4日，ハイキングは総理衙門を訪れ，もし貸借が認められなければドイツ軍は占領地域を拡大すると通告した．この軍事的優位を頼みにした恫喝によって，総理衙門は租借条約の交渉を受け入れることになった[50]．

総理衙門に渡された租借条約の原案は，12月18日にドイツ外務省から北京公使館宛に送付された条約草案と若干異なっている．それは全5条からなり，経済利権については，宣教師殺害に対する6ヵ条要求にふくまれており，そこで交渉が続けられているため，ここでは省かれている．以下にその5条を要約する[51]．

---

48) 徳使致総署照会，1897年12月28日，『徳国侵占膠州湾史料選編』，176-177頁．『義和団档案史料続編』，68-69頁では，12月29日．
49) 翁同龢等與徳使問答録，1898年1月1日，『義和団档案史料続編』，67-68頁．
50) 徳使與恭親王商談節略，1898年1月4日，『徳国侵占膠州湾史料選編』，188-189頁．
51) 総署復徳使照会，1898年1月15日，『徳国侵占膠州湾史料選編』，196-198頁．

第1条　膠州湾海面より50キロメートル内のドイツ軍の自由な通行を認めること．しかしその主権（自主之権）はすべて中国にある．もし中国が同範囲内での命令・法律の制定，あるいは中国軍の進駐を行うときには，まずドイツと協議すること．

第2条　膠州湾の湾口両岸をドイツに99ヵ年間租借（租與徳国）し，同地での港湾設備，砲台の建設を認めること．

第3条　ドイツが租借した地は，租借期間中，すべてドイツの管轄とすること（均帰徳国管轄）．

第4条　膠州湾の外の島や難所にブイを設置すること．

第5条　ドイツが膠州湾を返還する場合には，中国は膠州湾にかかった費用を弁償し，膠州湾と比較してより良好な拠点を移譲すること．

　ドイツ外務省の条約草案と比較すれば，まず賃借料についての項目が外されていることがわかる．これについてはハイキングからは別途協議すると伝えられていたが，最後まで賃借料が定められることはなかった．次に，第1条で中国側に「自主之権」が認められる一方で，第3条で租借地内はドイツの管轄のもとに置かれると規定されている．ドイツ外務省の条約草案では，第4条で主権の移譲が明記されていたが，ここでは「管轄」とされ，元来の租借の意味合いが曖昧にされている．ハイキングより提示された租借条約案に対して，総理衙門は，租借期間を55年に短縮すること，境界線については専門の委員によって規定すること，またドイツが膠州湾を他国にさらに貸与しないことなどを要求したが，「均帰徳国管轄」（すべてドイツの管轄とすること）については何も言及していない[52]．

　1898年3月6日に締結された租借条約は，膠州湾租借を定めた第1部と山東経済利権について定めた第2部および第3部から構成されている．租借に関する第1部は，上記の5条とほとんど変更がない．しかし，第1条で中国の主権にかかわる文では中国文で「自主之権」と明記し，それに対応するドイツ文

---

52) 総署復徳使照会，1898年1月15日，『徳国侵占膠州湾史料選編』，196-198頁．

でも"Souveränität"としているのに対し，第3条の主権の移譲にかかわる文では中国文の「中国不得治理，均帰徳国管轄」に対応するドイツ文は"Chinesische Regierung ... Hoheitsrechte nicht ausüben, sondern überläßt die Ausübung derselben an Deutschland"（「中国政府は［中略］主権を行使せず，その行使をドイツに移譲する」）であり，ドイツ文では"Hoheitsrechte"（「主権」）と明記されているのに対し，中国文では管理権の委託のみが問題になるような表記になっている．そもそもドイツ文の第1部のタイトルが「膠州湾の租借」（Verpachtung von Kiautschou）になっているのに対し，中国文では「膠澳租界」であった．中国側は租界の交渉をしていたのであって，租借地の交渉をするつもりではなかったことは明らかであろう．そもそも，ドイツ本国政治指導層も中国に駐在したドイツ外交代表も，既成の「租借」概念をそのまま活用したのではなく，当時の東アジア国際環境に規制されながら，かつまさに実際の外交交渉のなかで，「租界」と「割譲」の狭間としての新たな「租借」概念を案出したのであり，かつハイキングが主権の移譲についての中国側との理解の不一致を埋めるような説明をまったく加えなかったのであるから，租界に代わる用語は生まれようもなかった．

本節冒頭で述べたように，ドイツ側は租借条約の締結をもって，租借地における主権が中国からドイツへと移譲されたとみなし，膠州湾租借地はほかのドイツ植民地と同等の法的地位に置かれた．それ以降，膠州湾租借地は，ドイツ側の認識においては植民地でありつづけた．植民地行政は，領域的な支配の確立を目指し，中国系住民に対する主権は自らにあるとしていた．

しかし，ドイツと清の2国間条約のうえでは，ドイツ文の第1部表題に「膠州湾の租借」（Verpachtung von Kiautschou）と記されることとなり，膠州湾租借地はあくまで「租借地」であり，割譲とは異なっていた．さらに，中国文の同じ個所には「租界」とさえ記されていたのである．1902年12月に膠州湾租借地を訪問した山東巡撫・周馥が膠州領総督トルッペル（Oskar von Truppel）と会談した際に，トルッペルが膠州湾租借地を「ドイツ領土」と表現したことに激昂し，膠州湾は「貸与された地」（租地）であるとはいえ，「山東の領土，中国の領土」であると抗議していた[53]．これは，当時の中国側が膠州湾租借地を中国の領土とみなす認識の一例を示している（第III章第3節参照）．

ドイツ海軍省が1898年10月までの膠州湾租借地統治の現状を要約した帝国議会提出資料の序文の冒頭には,「1898年3月6日,膠州領移譲のためのドイツ・清間条約の締結によって,それまで存続していた占領状態はその終わりを迎えた」と記されている[54].膠州湾租借条約は,国際関係上,占領という例外状況を「正常化」させる役割を果たしたといえよう.そこで規定された租借は,割譲と租界設定の狭間にあって,より割譲に近い方式,つまり植民地化に近い方式として採用されたのである.

3　占領による膠州湾の植民地化

「実効占領」の創出

　膠州湾租借条約の締結によって,ドイツ政治指導層および現地の外交代表が,占領状態から継続的な支配への移行を国際関係上,正当化しようとしていたその同じ時期に,現地の占領行政は,将来の植民地統治の行政上の基盤を形成するために,条約締結以前に,いわゆる実効占領の状態を創出しようとした[55].そのために占領行政が実施した活動の中心は,以下の3点に要約できる.(1)付近の住民にドイツ軍による占領を布告し,同時に清朝地方当局にも占領および占領の意思をもつ範囲を通達すること,(2)清朝の主権行為の停止,具体的には,清朝地方当局による内地関税等の徴税の停止,清朝軍隊の占領対象範

---

53) Lange an Goltz, 4. 2. 1903, PAAA, Peking II, 1239, Bl. 38-39.
54) Denkschrift betreffend die Entwicklung von Kiautschou. Abgeschlossen Ende Oktober 1898［以下,Denkschrift 年度と略記］, hrsg. v. Reichsmarineamt, in: *SBVR*, 172 (1899), S. 560.
55) 1884/1885年ベルリン会議の「実効占領」とそれにともなう植民地支配形態の変化,そしてそれと植民地における自由貿易主義との関係については,Imanuel Geiss, Free Trade, Internationalization of the Congo Basin, and the Principle of Effective Occupation, in: Stig Förster/Wolfgang J. Mommsen/Ronald Robinson (eds.), *Bismarck, Europe, and Africa. The Berlin Africa Conference 1884-1885 and the Onset of Partition*, Oxford: Oxford University Press, 1988, pp. 263-280; 板垣雄三「世界分割と植民地支配」『岩波講座世界歴史　22　帝国主義時代　I』岩波書店1969年,135-152頁参照.

囲からの一掃，(3) 占領行政が現地住民から土地所有権を購入することで，ドイツ占領行政が土地の私的所有権を持つこと，である．とくに，(3) の措置は，もしドイツ・清朝政府間での条約締結が困難になったとしても事実上の土地所有状態を創出し，ドイツの中国拠点を維持することを目的としていた[56]．

占領の布告

まず，付近住民に対して占領を知らしめるために，ディーデリヒスは，膠州湾占領の当日，ただちに占領の布告を発した．付近の村々に占領の布告を掲示させるだけでなく，占領の実施の証拠として，膠州湾沿岸および付近の小島の様々な地点に部隊を一時的に駐留させ，ドイツ軍旗を掲揚し，また占領の布告を掲示させた．その占領の布告は，まず占領範囲を示したうえで，住民に対して，「身分，性別，年齢にかかわらず，安穏とこれまで同様の生計を営み，不穏分子によって発せられる悪しき噂に煽られることのないようにすること」を命じていた．

この布告は，三国干渉に言及してドイツと中国の友好関係を強調し，かつ膠州湾占領が中国に敵対的な行為としてみなされるようなものではなく，その友好関係を維持するものであると説明していた．しかし同時に，犯罪を行う者は現行中国法によって罰し，ドイツ国籍民にはドイツ軍法によって処罰すると記載されており，自らを統治者として宣言するものであった[57]．そして，11月

---

56) Leutner (Hrsg.), „*Musterkolonie Kiautschou*", S. 170-171 u. S. 173-175.
57) 占領の布告は，BA/MA, N 255/24, Anhang. Proklamation zur Besetzung Kiautschous, Nr. 132 を参照した．この資料は，占領軍司令官ディーデリヒスの日誌を自身が 1906 年ないし 1908 年に編集したものであり，占領の布告が添付されている．占領の布告は，タイプで打たれた資料に通し番号 53 がつけられて添付されたものと原本に通し番号 137 がつけられて添付されたものの 2 種類があり，前者では，「［ドイツ軍占領地に存在する］中国当局および官吏は，すべての報告を今後，総兵の衙門にいるドイツ総督海軍大佐ツァイエ (Zeye) に伝え，そして自分たち自身で決定できないすべての案件においても総督に問い合わせることが望まれる．とくに，土地所有権の変更については総督の認可が必要である．Alle ihre Berichte sollen diese Beamte fortan dem Deutschen Gouverneur Kapitän zur See Zeye im Yamen des Generals einreichen und sich überhaupt in allen Angelegenheiten, die

20日から21日にかけて，ディーデリヒスは，膠州を訪れ，膠州知州（膠州を統轄する行政官）羅志伸に膠州湾の占領を通告し，加えて各地に掲示した占領の布告を渡し，さらに地図をもって占領地の範囲を伝えている（**図1参照**）[58]．

清朝地方行政の主権行為の停止と清朝軍隊の放逐

占領地内での清朝地方行政の主権行為の停止については，常関（国内税関）では従来どおりに関税の徴収を継続させるも，占領時から税収は新たに算定させ，一時的に清朝の行政機関に納入させないようにした．そして，膠州より青島港に戻ったディーデリヒスは，海軍大佐ツァイエの指揮下に，約430名の部隊を編成し，即墨県城へ派遣した．

この遠征部隊の目的は，なお占領予定地に駐留する中国軍を駆逐すること，さらに北方の占領予定地の制圧であった[59]．11月27日，遠征部隊は滄口経由で即墨県城に向かった．その途上で，2つの支隊を女姑口と労山に派し，清朝軍隊の掃蕩作戦を行っている．柳亭で一泊した本隊は，28日に即墨県城に達し，即墨県の知県（即墨県を統轄する行政官）朱衣繡にドイツ軍による膠州湾の占領を通告した．遠征部隊は，同知県より宿泊地を指示され，30日まで滞在

---

sie nicht selbst entscheiden können, an den Gouverneur wenden. Im Besonderen ist zu jedem Besitzwechsel von Grundeigentum die Erlaubnis des Gouveneurs erfoderlich.」という2文が削除されていた．膠州湾租借地の土地政策に決定的な影響を及ぼした，通訳官（後の中華事務担当官）シュラマイアーが1914年に公刊した書によれば，(Wilhelm Schrameier, *Aus Kiautschous Verwaltung. Die Land-, Steuer- und Zollpolitik des Kiautschougebietes*, Jena: G. Fischer, 1914, S. 1.)，占領の布告には，上記の2文が含まれていたと考えられる．ちなみに，公刊史料集のLeutner, *„Musterkolonie Kiautschou"* では，この占領の布告は，120-121頁に掲載されており，出典の文書館の史料番号はBA/MA, N 224/46, Bl. 4となっているが，これは誤りであり，また上記で指摘した削除された2文が含まれていない．なお，海軍大佐ツァイエが「総督」と記されたのは，布告時点では行政府の総督がなお決定されておらず，暫定的に記されたものではないかと考えられる．

58) Kommando des Kreuzergeschwaders an den kommandirenden Admiral, Bericht über den Fortgang der Ereignisse in der Kiautschou-Bucht, Kiautschou, 30. 11. 1897, BA/MA, RM 3/6697, Bl. 61-76. とくに Bl. 67-69.

59) Ebenda, Bl. 64-65 u. Bl. 71.

図1　膠州湾占領予定範囲
出典：BA/MA, RM 3/6694, Bl. 129 より著者加工.

した．12月1日，ツァイエの部隊は，ふたたび残兵掃蕩を開始し，3日に膠州に到達した．ツァイエは膠州への途上，村々に掲示した布告が部分的に剥がされているのを発見し，また武装解除された中国兵が残兵に襲撃されたことから，膠州知州に占領の布告の周知を徹底させることを要求した[60]．膠州での短い滞在の後，ふたたび部隊は即墨に向かい，5日に到着した．そして8日まで，即

---

60) Kommando der gelandeten Streitkräfte an das kaiserliche Kommando des Kreuzergeschwaders, Tsingtau, 25. 12. 1897, BA/MA, RM 3/6697, Bl. 119-134. とくに Bl. 119-124 を参照.

墨県城でディーデリヒスの要請を受けて膠州および即墨で土地調査を行っていた上海総領事シュテューベル（Oskar Stübel）と通訳官シュラマイアー（Wilhelm Schrameier）とともに過ごした．8日に調査が終了すると，翌9日にツァイエの部隊は即墨県を出立し，10日に青島に戻った[61]．

土地所有権の獲得

最後に，土地所有権の獲得については，占領以前からすでに政策指導層の間で検討されていた課題であった．海軍軍令部が作成した1896年12月15日付の占領計画では，海防上および商業上の観点から必要とみなされる土地は，条約交渉中に，国家ないしは私的資本によって可能な限り速やかに購入し，湾内に競合するような施設を建設されることを避けるように提案されていた[62]．そして，1897年11月14日に掲示された占領の布告には，「とくに，土地所有権の変更については総督の認可が必要である」と記載されていた[63]．膠州湾占領以後，11月20日にも土地所有の変更を禁止する旨の声明が発せられている．当時，膠州湾租借地の土地政策の策定を主導したシュラマイアーは，土地所有権の変更の禁止の意図について，買収によって土地所有権を獲得することで，清朝政府との租借条約交渉の際の「圧力手段」になると述べていた[64]．

11月21日，ベルリンの海軍軍令部から，居留地に必要な土地の借用契約をただちに土地所有者と締結するように，との命令をうけ，そのためにディーデリヒスは，上述のとおり，シュテューベルとシュラマイアーに支援を要請した．12月1日，2人は膠州湾に到着し，ただちに現地の土地所有関係の調査および土地所有者との交渉に取り組んだ[65]．2人は，12月末までに，占領地の土地所

---

61) Ebenda, Bl. 125-127.
62) Ober-Kommando der Marine an Wilhelm II., Befehl, einen Plan zur Besitzergreifung der Kiauchau-Bucht und Bereitstellung der Mittel vorzubereiten, Berlin, 15. 12. 1896, BA/MA, RM 3/6693, Bl. 33.
63) 注57を参照．
64) Schrameier, *Aus Kiautschous Verwaltung*, S. 1.
65) BA/MA, N 255/24, Nr. 34; BA/MA, RM 3/6695, Bl. 28. また Wilhelm Matzat, *Neue Materialien zu den Aktivitäten des Chinesenkommissars Wilhelm Schrameier*

有関係を調査し，さらに膠州湾口の東南岸と西南岸に位置する35の村落の土地所有者と交渉し，その村落の境界内の土地先買権を，ドイツ海軍駐留部隊司令官およびその後任が所有するとの協定を取りつけた[66]．

この土地先買権協定は，（1）ドイツ軍駐留部隊司令官およびその後任以外への土地売却を禁止すること，（2）この義務に対し，土地所有者に土地税の倍額を支払うこと，（3）ドイツ軍司令官が土地を買うときには，村の「長老」への聴取にしたがって，現時点での土地価格を支払うこと，（4）支払われる売却額から，先買権の補償金は差し引かれること，（5）ドイツ軍司令官が土地を購入するまで，土地所有者は従来どおり生活してよいこと，という5点からなる．この協定の意図は，第1に，土地所有権の譲渡を禁止することで，植民地行政が独占的に土地を購入し，それによって植民地経営の基盤を形成すること，第2に，土地所有権の譲渡の禁止によって，人口移動をも禁止することになり，将来的な都市労働力を確保すること，第3に，土地購買価格を固定することによって，開発によって土地価格が上昇したとしても，開発以前の土地価格で購入することにあった[67]．

実際の土地購入は，租借条約締結以前の1898年2月から開始され，膠州領総督府は，1905年までに2288ヘクタールの面積を購入し，その費用として約100万マルクを投下した．同期間にほぼ同額分が，総督府の土地競売によって民間に払い下げられたが，その面積はわずかに72ヘクタールに過ぎなかった．ミュールハーンは，この価格差から競売によって土地価格が大幅に上昇したこと，そのために総督府から支払われた補償金では元の土地所有者が土地を買い戻すことができず，競売から事実上排除されたことを指摘し，この土地購入政策が実際には総督府による強制的な土地接収にほかならなかったと述べている．したがって，土地購入は決して順調に進まなかった．実際に，10の村落が連

---

  in Tsingtau. Zum 100jährigen Jubiläum der Tsingtauer Land- und Steuerordnung am 2. 9. 1898, Bonn: Selbstverlag v. W. Matzat, 1998, S. 5 を参照のこと．
 66）BA/MA, RM 3/6695, Bl. 36.
 67）BA/MA, RM 3/6695, Bl. 37-48. 35ヵ村と取り決めた先買権協定は，Bl. 47. また，その意図については，Bl. 41-46.

帯して抗議を行ったが，そのような場合には総督府は強制的に土地を接収した．当然ながら，こうした総督府の政策は，現地の村人には不当な行為と映っていた[68]．

小　結

　本章の主眼は，膠州湾が植民地化されていく過程を，史料に即して具体的に再構成することであった．本章第1節はその前提であり，基本的に先行研究に依拠して整理したにすぎない．第2節では，膠州湾租借条約が締結に至るまでの交渉過程を分析することによって，外交を通じての植民地化を具体的に明らかにしようとした．そこでは，その交渉過程のなかで租借概念がいかに案出されたかを史料的に跡づけようと試みた．まず，交渉に際して中国側の外交代表である総理衙門は，宣教師殺害を口実に軍事占領を正当化しようとするハイキングの要求を断固拒絶した．総理衙門は即時の撤退を要求しつづけたが，同時に妥協点として，膠州湾を開港場としてドイツ租界の設置を認めるという提案を行った．これは通商のために各国に膠州湾を開放することによって，ドイツの一元的な支配を回避しようとするものであった．

　本国政府からは期限付きながらも割譲に等しい条件での「租借」を命じられていたハイキングは，このような中国側の対応によって行き詰った．最終的に，彼は，軍事的圧力をもって，本国から送られてきた条約草案の内容を認めさせようとした．しかもその際に，主権に関わる表現のドイツ文と中国文の差異に言及せずに，条文の合意をとりつけた．この軍事的圧力を背景とした条約交渉によって，ドイツ側は条約草案の作成時に意図した膠州湾における「あらゆる権利」の獲得にいたったのである．これによって，もう一方の条約交渉相手である清朝政府の認識と関係なく，国際関係上の植民地支配の正当化が行われたのである．

　第3節は，実際に占領行為を通じて，どのように植民地化が進められたのか

---

68) Mühlhahn, *Herrschaft und Widerstand*, S. 212-213.

を駐留部隊の報告からできるかぎり再構成しようと試みた．図1で示したように，当初の占領予定範囲は，膠州・即墨の行政所在地を含むものであり，相当の広範囲に及ぶものであった．しかし，実際に可能であったのは，いわゆる「主権行為」とみなされた内地関税の徴収地点の掌握・清朝軍隊の強制退却といった限定的な行為であり，将来の港湾都市中心地と目された区域で土地先買権を購入することによって土地所有権の移動を禁じたほかは，点の支配といっても過言ではなかった．

したがって，植民地支配の基盤を形成したのは，支配の実態というよりも，国旗・軍旗掲揚および占領布告のような顕示的な行為と，本章第2節でみたような国家間条約における主権の移譲，あるいは現地住民に対して強制的に結んだ土地先買権協定のような契約であった．植民地化の基盤の創出が（しばしば相手の了解をえない手続きでの）こうした法的手段によるものであったことは，膠州湾租借地の場合も，ほかの植民地支配と異なるところはないだろう．しかし，植民地統治者が，実際に植民地支配に内実を与え，その維持ないしは拡大を図るためには，現地社会の動態に即した制度的枠組みを必要とする．

次章以下では，植民地統治の構想と現地社会の動態の相互作用のなかで，ドイツの植民地統治の構想がどのような変化を迫られたのかが明らかになるだろう．

II 青島における経済的自由主義

　第Ⅰ章第1節で述べたように，占領以前から膠州湾におけるドイツ植民地統治は，同湾の経済発展を最優先事項としていた．その経済発展を軌道に乗せるために選択された経済政策路線は，経済的自由主義であり，それは膠州湾経済とより広域の経済との流通を促すための制度的枠組みであった．膠州湾租借地は，ある地域経済のヒト・モノ・カネ・情報の流れを世界市場とより緊密に結びつけるための商業植民地として機能することが期待されていた．その植民地は，プランテーション型植民地のように，ある地域経済を領域的に支配することによって資本主義経済へ包摂させようとするものではない．そこでは，植民地行政はインフラ整備や税・使用料徴収額の設定によって地域経済を広域市場へと結びつけるように，とくにその流通へ介入しようとする．しかし，そうした植民地行政の介入が現地経済の担い手の利害と対立するとき，植民地に導入された制度的枠組みをふたたび調整する必要が生じるだろう．

　膠州湾租借地の場合，植民地行政を担った膠州領総督府は，その経済発展の実現のために，第1に，膠州湾租借地を中国沿岸諸港間の流通ネットワークのなかに編入させること，第2に，他の開港場との競合において比較優位を持つことを目指した．その目標を実現する制度的枠組みとして導入されたのが，自由港制度である．本章では，この自由港制度を軸とした膠州領総督府の経済的自由主義が現地経済の動態に直面して，どのような帰結に至ったのかを明らかにする．

　まず，第1節では，膠州領総督府の経済的自由主義イデオロギーの背景を論じ，第2節では，占領以前の膠州湾経済について簡潔に述べた後，膠州湾租借地に導入された自由港制度について分析する．第3節では，自由港制度がもたらした帰結と現地経済の担い手である中国商人層の自由港制度批判を中心に論

じる．最後に，第4節で，現地経済の動態に直面し，膠州湾租借地経済をどのように調整し直そうとしたのか，その再調整の構想を分析する．

1　ドイツ植民地経済政策論のなかの青島

1898年2月8日，ドイツ帝国議会において，初めて膠州湾占領事件をめぐって政府と各党派の間で本格的な答弁が繰り広げられた．反ビスマルク論者として知られた自由思想家人民党の党首リヒター（Eugen Richter）は，膠州湾占領を，「（……）わたしは，アフリカと太平洋州におけるこれまでのすべての国旗掲揚［植民地領有の意］と違い，より有利なものとみなしていると躊躇なく明言する」（傍点は原文ママ）と述べた．さらに，彼は，「ドイツは，他の，とくにヨーロッパ諸国民と同等の利益以外を中国に対して望むものではなく，すくなくとも中国ではドイツ帝国の行動から自由貿易の福音以外に何も説教してはならない」とつけ加えた[1]．たしかにこの演説の結論として，リヒターは膠州湾占領を批判していた．しかし，それは中国の経済成長を懐疑していたためであり，東アジアにおけるドイツ植民地の建設そのものには，アフリカ・太平洋と対比しながら肯定していたのである．

同じく，経済的自由主義の立場から，いっそう積極的に賛同したのは，自由思想家連合の著名な論客バルト（Theodor Barth）であった．彼は，当時の外相ビューロ（Bernhard von Bülow）に，「中国でのほかの列強の政治的勢力範囲に関して，われわれの側から平等を要求するのに対して，われわれの勢力範囲［膠州湾および山東］の領域で全地球上のすべての国々に開放すること」を望むのかどうかと問いただした．なぜなら「ドイツ工業は今日，世界のあらゆる市場で，イギリスをも含めたすべての残りの国々と，どこであろうと競争しうる立場をつくり出している」からである．したがって，バルトは「われわれの，より密接な経済的利益の立脚点から，世界でなお開発されるであろう大きな市場で，この自由競争の原則が効力を持つことに焦眉の関心を持っているのであ

---

1) 35. Sitzung. 8. 2. 1898, in: *SBVR*, 160 (1899), Berlin, S. 892-894.

る」と述べている[2]．

　第Ⅰ章第1節で述べたように，ドイツの対中国政策の支持基盤は，主に経済界であり，それはアヘン戦争より徐々に形成されてきた対中国貿易商人層と，1880年代後半以降に形成された重工業・金融グループからなる．後者は，当初はクルップなどの軍需品輸出が中心であったが，1880年代後半に，アメリカ合州国鉄道事業が同地での工業化の進展によって将来的な見込みが薄くなった後に，新たな投資先として中国市場が有望視されたことに由来する[3]．

　1895年から第一次世界大戦にいたるまで，断続的な不況を経ながらも，ドイツ経済は長期の好況期に入り，この時期にドイツ経済は，世界市場において主要な工業国として地位を確保した[4]．先に引用したバルトの陳述は，これを反映したものとみることができよう．1879年の保護関税が導入された時期とは異なり，帝国宰相カプリーヴィ（Georg Leo von Caprivi）の下で，1890年代前半には，貿易相手国との間で一連の通商条約が締結され，ドイツ工業製品の輸出促進が目指された[5]．新たに獲得した植民地において自由主義的な経済政策を採用するかどうかを質問したバルトに対して，外相ビューロは，なお留保をつけながらも，「わたしの見解においても，将来における膠州領の自由港の立場は，おそらくわれわれの貿易利害とおおよそ一致するだろう」と返答している[6]．

　したがって，膠州湾占領の翌1898年に初めて帝国議会に提出された膠州領総督府の行政報告書のなかに，次のような統治原則が提示されたことは首肯できよう（傍点は原文ママ）[7]．

---

2) Ebenda, S. 906-907.
3) Vera Schmidt, *Die deutsche Eisenbahnpolitik in Shantung 1898-1914: Ein Beitrag zur Geschichte des deutschen Imperialismus*, Wiesbaden: Otto Harrassowitz, 1976, S. 45-50.
4) Hans-Ulrich Wehler, *Deutsche Gesellschaftsgeschichte. Von der „Deutschen Doppelrevolution" bis zum Beginn des Ersten Weltkrieges 1849-1914*, Bd. 3, München: Beck, 1995, S. 610 ff.
5) Ebenda, S. 1005-1006.
6) 35. Sitzung. 8. 2. 1898, in: *SBVR*, 160 (1899), S. 907.

膠州領では海軍行政のあらゆる措置に際して，ｷｮｳｻﾞｲﾃｷな観点が優先される．この地の将来にとって決定的なことは──艦隊拠点としての軍事上および海事上の重要性が損なわれることなく──第1に，ｼｮｳｷﾞｮｳｼｮｸﾐﾝﾁとして，広大な後背地の開発のための，東アジアでのドイツ商人層の重要な拠点として発展することである．

この中心となる発想から，さらに以下の行政原則が示される．
1　本国当局に対する総督府の最大限の自立性．
2　商工業部門への措置に際して国家機関の最大限の自制，すなわち関税の免除と基本的な営業の自由，保護領の前進的な発展の水準にしたがった自治の拡大に有利な国家行政の撤退．

後に膠州領総督府において中国系住民の行政を担当したシュラマイアー（Wilhelm Schrameier）は，1903年に発表した論説のなかで，この新しいドイツ植民地の未来像を語っている．「中国との交流に関わるさまざまな民族に快適な居住地を提供する商業地として，きわめて多様な利害関係者がまったく自由に拘束されることなく，［中国］国内へのさまざまな道へと通じる出発地として，戻ってくることのできる開かれた門戸として」，そしてそれらの道がたんに「交易の仲介だけでなく，ヨーロッパと中国の文化の仲介を切り拓くにふさわしい」ものでなければならない．そのために必要な原則は，「個人の諸権利の活動への最大の自由」，「貿易と交通における最大の自由」であり，それらが「ドイツ植民地」，すなわち膠州湾租借地に与えられることが望ましいと[8]．このように，ドイツ植民地行政関係者によって公表された同時代文献からは，関税の免除，営業の自由，移動の自由といった文言が看取される．経済的自由主義は，膠州湾におけるドイツ植民地政策の根幹をなす理念であったといえよう．

1898年3月6日に締結された膠州湾租借条約では，ドイツの山東経済利権は以下のように記載されていた．第2部第1条では，鉄道建設予定路線が記載

---

7) Denkschrift 1898, in: *SBVR*, 172（1899），S. 560.
8) Wilhelm Schrameier, *Die Grundlagen der wirtschaftlichen Entwicklung in Kiautschou*, Berlin: Reimer, 1903, S. 32.

され，青島から西へ濰県経由でほぼ直線に済南府へと至る路線と，青島からいったん南下し沂州経由で済南府に至る路線の建設が明記され，つづく第2条および第3条では，ドイツ＝中国合弁会社へのその建設および経営の委譲，第4条では，ドイツ企業にその沿線の約15キロメートル内における鉱山採掘権が認められた．さらに第3部では，山東省内で中国外の技術者・資本・材料を必要とした場合に，ドイツ企業を優先させることが規定されていた[9]．これらの条項にはドイツの経済政策の意図が明確に表現されている．それは，（1）山東の地下資源を開発し，それを青島経由で市場に輸出すること，（2）山東での工業化にドイツ資本が優先的に関与し，また山東をドイツ工業製品の販売市場とすることであった．

2　膠州湾経済と青島自由港制度

占領以前の膠州湾経済

山東半島東南部に位置する膠州湾は，黄海に面し，唐・宋時代より中国の南北および朝鮮半島・日本への交通路の要衝として機能してきた．同湾の面積は満潮時には，576平方キロメートルに及ぶ．北宋の時代には市舶司が，金朝下においては交易地として榷場が設置され，さらに元代には山東半島の北岸に位置する萊州湾にいたる膠萊運河が開かれた．明清時代，膠州湾内には塔埠頭，女姑口，青島口などの港が華南の沿岸諸港との交易拠点として発達しており，なかでも行政所在地の膠州より東南へ6キロメートルほど離れた塔埠頭は，1861年に煙台に東海関が設置されるまで，即墨県に属する金家口と並んで，山東省のもっとも重要な港であった．1865年に東海関塔埠頭分関が設置されたことで，塔埠頭はその南北交易の拠点としての機能を保ち続けていた．しか

---

9) ドイツ語版は以下の史料集を参照．Mechthild Leutner（Hrsg.），*„Musterkolonie Kiautschou". Die Expansion des Deutschen Reiches in China. Deutsch-chinesische Beziehungen 1897 bis 1914. Eine Quellensammlung*, Berlin: Akademie Verlag, 1997, S. 164-168. 中国語版は，王鉄崖編『中外旧約章彙編』第1冊，生活・読書・新知三聯書店，1982年第2刷，738-740頁を参照．

し，浅瀬という立地条件のため，大型帆船の入港はできず，改修が必要とみなされていた[10]．

青島口は，明代以後，主に海防の面から重要視されたが，塔埠頭と同様に南北交易の拠点として機能していた．清の乾隆期に，税関（卡(そう)）が，さらに同治期に，東海関の分関が設置された．その後，地理学者リヒトホーフェン（Ferdinand von Richthofen）の地理書のなかで，将来有望な港湾として膠州湾が指摘されたために，中国に関心をもつヨーロッパの政治指導層のなかでも同湾が注目を浴びるようになった．そのために1886年，当時の駐ドイツ公使であった許景澄は，同湾を開発し防備を整えることを上奏している[11]．1891年6月に，李鴻章は山東巡撫とともに膠州湾を視察し，同湾の重要性を認識すると，煙台とともに，膠州に砲台を建築することを進言した．翌年には登州鎮総兵・章高元がその部隊を連れて青島に移駐した．李鴻章は，2つの埠頭を建設し，艦船が接岸可能な設備を整え，さらに3つの砲台を建設する計画を立てていた[12]．

ドイツ統治以前の青島は，植民地支配側の同時代文献ではしばしば「小漁村」と表現されるが，上述から判るようにそれは適切とはいえない[13]．青島は，経済的には南北交易の一拠点として，軍事的には，たとえ建設が頓挫したとはいえ，膠州湾を防備する要としての役割が期待されていた．

自由港制度の導入

1898年9月2日，膠州領総督府は膠州湾租借地全体を「自由港」（Freihafen）として開放する宣言を行った[14]．この自由港宣言は，前節で述べた租借地統治の経済的自由主義をまさに象徴するものであった．本国の政治指導層や現地の

---

10) 膠州湾のドイツ統治期以前の湾内の交易の状況については，以下の文献に詳しい．寿楊賓編『青島海港史（近代部分）』人民交通出版社，1986年1月．本節では，とくに3, 13-25頁を参照．
11) 同上書，19頁および25-27頁を参照．
12) 同上書，29-30頁を参照．
13) たとえば租借地経営の10年を回顧した海軍省編纂の帝国議会資料，Denkschrift 1906/1907, in: *SBVR*, 245 (1907), S. 6 を参照．
14) Denkschrift 1898, in: *SBVR*, 172 (1899), S. 562.

2 膠州湾経済と青島自由港制度

政策担当者は，膠州湾租借地全体を自由港とし，さらに租借地内の青島を近代的な港湾都市に変貌させることによって，中国で経済活動を行う商社を誘致するつもりであった．第Ⅰ章第1節で述べたティルピッツ（Alfred von Tirpitz）の調査報告書に指摘されたように，自由港制度は，膠州湾租借地が商業植民地として成長するための必要条件として考えられていた．

この構想を現地で実行するためには，2つの問題が解決されなければならなかった．第1に，青島港には近代的な港湾設備を建設するために重点的に投資される予定であったが，その青島港に競合しうる商業港が膠州湾内で建設される可能性を排除することである．第2は，自由港制度を導入した際に生じると予想される租借地と，中国沿岸諸港および中国内地との間を越境する商品に課せられる関税の設定である．

第1の問題については，上述のように，これまで膠州湾の商業中心地は，行政所在地膠州の玄関港である塔埠頭であった．総督府が恐れていたのは，中国側がこの塔埠頭かあるいは別の地点を新たに重点的に開発することによって，湾内に青島と競合する交易拠点を建設することであった．したがって，それをあらかじめ阻止するために，膠州湾租借条約第3条第4項で，膠州湾租借地の範囲は満潮時の湾内海面と規定されたのである（図2参照）[15]．

第2の問題は，中国海関との交渉を前提とするものであった．自由港とはある領土に境界線を引き，その境界線内の区域を免税扱いにする制度である[16]．自由港制度では一般的に，国外から輸入される商品は免税扱いになるが，その商品が自由港から境界線を越えて国内に輸送される場合には課税される．膠州湾租借地を自由港とした場合，商品が自由港を越えて中国内地に輸送されるとき，課税する国家行政は当然，中国であり，すなわち中国海関である[17]．原則

---

15) 第3条第4項「膠州湾の現在の満潮時のすべての海面（die gesamte Wasserfläche der Bucht bis zum höchsten derzeitigen Wasserstande 膠澳之内全海面至現在潮平之地）」．BA/MA, RM 3/6695, Bl. 31 では，この条項が挿入されたことをとくに強調している．

16) 当時の自由港の理解については，Brockhaus' Konversations＝Lexikon, Bd. 7, Leipzig 1902, S. 141 の Freihafen の項を参照．

17) 中国海関については，岡本隆司『近代中国と海関』名古屋大学出版会，1999年，

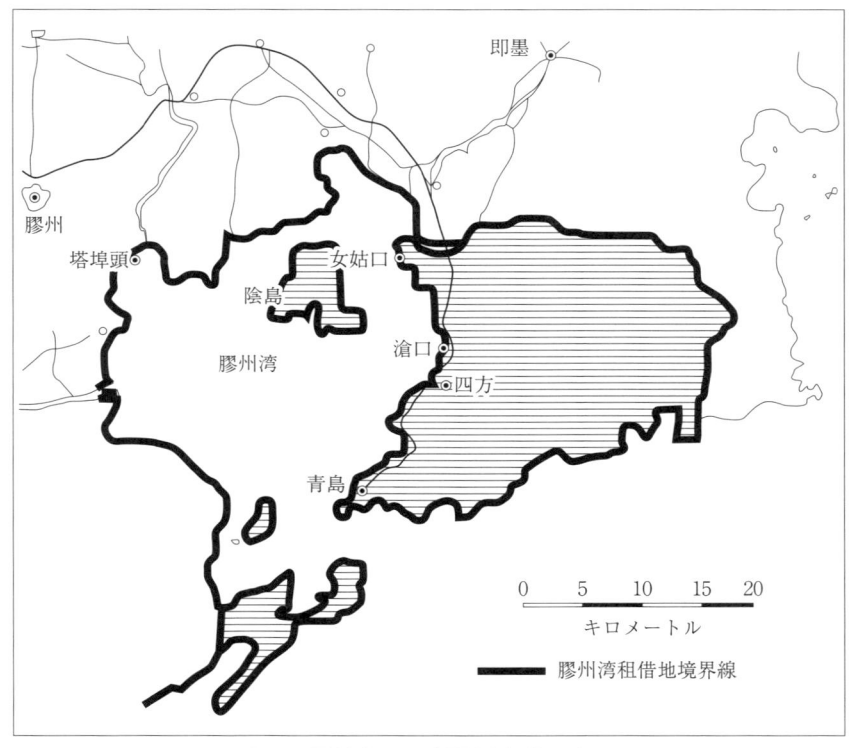

図2 膠州湾および膠州湾租借地略図
出典：Kiautschou, in: *Meyers Großes Konversations-Lexikon*, 6. Aufl., Leipzig: Bibliographisches Institut, 1907 をもとに著者が作成．

として，開港場では商品は，海関に輸出入税5％と通過税（子口半税）2.5％を支払えば，通行証が発行され，国内関税，すなわち釐金を免除されることになっていた．したがって，中国内地との交易を前提とする膠州湾租借地においては，自由港制度を導入する場合でも，中国海関との交渉は不可欠であった．

　後の中華事務担当官となるシュラマイアーと並んで，膠州湾占領後に租借地

　第6章を参照．

行政の制度設計に関与した中心的な人物の一人は，当時の上海総領事シュテューベル（Oskar Stübel）である．彼は，1883年にサモアに領事として派遣され，1884年に同総領事となった人物であり，コペンハーゲン領事を務めた後，1890年より上海総領事として赴任していた．また，1900年より外務省植民地局長を務め，ドイツ植民地行政の拡充をはかった人物である．まさに植民地行政のエキスパートといえよう[18]．1897年12月27日付の彼の報告書は，将来の自由港制度について具体的に論じている．ドイツ本国の植民地政策指導者は，当初，商品が自由港である租借地を越えて中国領内に入るときに，ドイツ当局が課税し，行政諸費用を除いた税収分を中国側に払い戻すことを検討していた．しかし，シュテューベルは，中国当局の通行証をもたない商品が中国内陸部で流通することは難しいと反対した．また，海関税の収入は清朝政府に対する国際借款の担保となっており，ドイツが独自の関税制度を導入することに対して，列強は賛成しないだろうと指摘した．

　代案として，彼は租借地内に中国海関を設置することを提起した．彼は，これによって租借地を中継して中国内地に輸送される商品に課せられる関税問題をすべて解決できるうえに，租借地外に青島に対抗する貿易拠点が設置されることを防ぐこともできると主張した．その理由として，第1に，租借地内に海関があれば，業者は容易に税関に申告することができること，第2に，総督府が中国税関を代行する必要がなくなるので，余分な行政の出費が避けられること，最後に，海関を仲介して租借地の業者が中国内地の業者と商業上の提携をもつきっかけになることを指摘した．加えて，シュテューベルは，租借地内に海関を設置することによって，中国側が租借地付近に税関を設置することはなくなり，また中国商人も租借地に引きつけることができ，それによって租借地付近に競合する商業地が発展することはなくなるだろうと予想した[19]．

---

18) シュテューベルの経歴については，Heinrich Schnee (Hrsg.), *Deutsches Kolonial-Lexikon*, Bd. 3, Leipzig: Quelle & Meyer, 1920 の Oskar Stübel の項を参照．

19) Stübel, Bemerkungen zur Frage der Abgrenzung und Organisation des deutschen Gebiets an der Kiautschou-Bucht, Tsingtau, den 31. 12. 1897, BA/MA, RM 3/6699, Bl. 181-185.

ちなみに，たとえ外国人税務司制が採用されていたとはいえ，膠州領総督府が自らの支配領域内に中国税関の設置を認めたことは，イギリス統治下にあった香港の自由港制度と明らかに異なる点であった．たしかに，膠州領総督府が商業植民地として自由港制度を導入したことはシンガポールや香港をモデルとした選択であった．しかし，ドイツの植民地政策担当者は，香港ではその自由港制度によって，その支配領域が中国税関支局によって包囲され，円滑な流通が阻害されており，膠州湾租借地の場合，そうした「弊害」が生じないように制度を設計する必要があると考えていた．実際，香港においても，そうした「弊害」は認識されており，制度改革の要求が挙げられていたが，その領域内に中国税関が設置されることはなかった[20]．

　もちろん，ドイツ植民地であるはずの膠州湾租借地内で，中国の行政機関である海関が関税の徴収を行うことが，ドイツの主権の侵害にあたるのではないかといった批判も存在した．実際に，ドイツ商人層は，「ドイツの港」に停泊するドイツ船籍に中国海関官吏が立ち入ることに対する懸念を表明していた[21]．しかし，それにもかかわらず，結果として中国海関が租借地内に設置されたことは，そのようなドイツ・清国間の主権行使の対立の可能性よりも，シュテューベルにとっては，新たなドイツ植民地をいかに有利に中国沿岸部の条約体制に参入させるかということが重要であったことを意味している．

　1898年3月6日の租借条約第1部第5条では，関税規定の詳細について中国政府と別途協議することが記されていた．1898年6月16日，本国の海軍省

---

20) Schrameier, *Aus Kiautschou Verwaltung*, S. 154-156. 大戦間期においても，香港の場合，中国税関がイギリス支配領域に設置されることはなかった．当時，1930年代の世界恐慌に直面した際に，香港政庁が組織した委員会は，香港の対外貿易の80％が広東から香港経由で輸出される流通であったことから，香港経済を中国経済の一部とみなして，九龍半島に中国税関を設置することを望んでいた．しかし，対岸の広東では，九龍半島への中国税関の設置が香港と広東の経済的一体化をもたらし，その結果として広東へのダンピング輸出が生じると捉えられ，広東メディアはこの計画を激しく批判した．その結果，この計画は立ち消えになった．この経緯については以下を参照．Paul H. Kratoska, Singapore, Hong Kong and the End of Empire, in: *International Journal of Asian Studies*, 3: 1 (2006), pp. 3-4.

21) Rosendahl an Heyking, Tsingtau, 22. 3. 1899 PAAA, Peking II, 1248, Bl. 188-193.

より自由港として開港するようにとの命令を受けた膠州領総督ローゼンダール（Carl Rosendahl）は，北京公使ハイキングに関税問題について問い合わせた．すでにこの時点で，ローゼンダールはシュテューベルの提案を受けて租借地内に中国海関を設置することに賛成していた[22]．

外相ビューロに宛てられたティルピッツの 6 月 22 日付の書状では，シュテューベルの提案どおりに中国海関を租借地内に設置すること，新たに設置される海関（＝膠海関）の税務司はドイツ国籍とすること，また関税の面で開港場よりも不利にならないこと，さらに租借地内で中国産原料から製造された工業製品が中国へ再輸出される場合にも開港場よりも不利にならないこと，最後にアヘンの密輸は厳禁として管理を徹底することを申し入れるように，と述べられていた[23]．この方針のもとで 1898 年 7 月よりハイキングと海関総税務司ハート（Robert Hart）との間で海関設置に関する協議が開始され，1899 年 4 月 17 日に両者の間で協定が締結された（総理衙門による認可は 26 日）[24]．膠海関税務司には，宜昌関税務司でドイツ国籍のオールマー（Erich Ohlmer）が派遣された[25]．

1899 年 4 月 17 日の協定，すなわち膠州湾租借地の自由港制度は，以下の 4 点にまとめられる[26]．

（1）中国以外の国から租借地に持ち込まれる非中国産品の場合：租借地で消費される場合は免税扱いとされる．さらに，中国以外の国に輸送される場合も免税扱いとされる．租借地から中国内地あるいは開港場に輸送される場合に輸入税（5％）および子口半税（2.5％）がかかる．
（2）中国内地から租借地に持ち込まれる中国産品の場合：租借地にとどま

---

22) Rosendahl an Heyking, Tsingtau, 18. 6. 1898, PAAA, Peking II, 1248, Bl. 69-74.
23) Leutner, „Musterkolonie Kiautschou", S. 353-356.
24) Mühlhahn, Herrschaft und Widerstand, S. 136-137. 王守中『徳国侵略山東史』人民出版社，1988 年，180-181 頁.
25) 青島市档案館編『帝国主義与膠海関』档案出版社，1986 年，9 頁. 以下，書名のみを略記.
26) Leutner, „Musterkolonie Kiautschou", S. 359-361.『帝国主義与膠海関』，3 頁.

るかぎりで免税扱いとされる．さらに，中国以外の国へ輸出される場合，輸出税を払う．開港場に持ち込まれる場合，すでに輸出税を支払っている場合は子口半税を支払う．
（３）開港場から租借地に持ち込まれる中国産品の場合：租借地内にとどまるかぎりで免税扱いとされる．中国内地に輸送される場合には課税対象となる．すでに輸出税・子口半税を払った証明書を所持している場合には，中国内地および中国以外の国のどちらに輸送されても課税対象とはならない．
（４）開港場から租借地に持ち込まれる非中国産品の場合：開港場で支払われた輸入税の払い戻しが行われる．しかし，その場合は租借地にとどまるか，中国以外の国に輸送されるかぎりであり，中国内地および開港場に持ち込まれる場合には，課税対象となる．

このほか，ジャンク船の取り扱いは従来どおりとし，また他の開港場でも懸案とされた問題，すなわち中国産品を原料として租借地内で加工された製品がふたたび中国内地に輸出される場合については，別途規定するとされた．また膠海関税務司はドイツ国籍とし，さらにヨーロッパ系の官吏の任用も原則としてドイツ国籍としていた．

上記の４点により膠州湾租借地は，一方で，中国以外の国との交易は免税扱いにするという自由港制度の特性を確保し，他方で，中国との交易はほかの開港場と同等の扱いを享受することができると見込まれていた．

本章のこれまでの分析から，ドイツ植民地政策担当者が描いていた膠州湾租借地の経済政策構想は，その要点を以下の５点にまとめることができる．（１）大型汽船の航行が可能な港湾施設をもつこと，（２）租借地を自由港として開放することで対中国貿易を営む商社を誘致し，青島港における商業活動を活発化させると同時に，その流通を促進すること，（３）ドイツ資本による設備投資によって山東の地下資源，とくに石炭を採掘し，同時に青島港から内陸部の炭鉱区沿いに鉄道を建設し，山東の石炭をより広域の市場に結びつけること，そしてそのために山東の豊富な労働力を動員すること，（４）鉄道を契機として期待される山東内陸部の工業化にドイツ製品を受注させること，（５）この

港湾施設・鉄道のインフラ設備と自由港制度による比較優位によって，山東経済および華北経済の流通の中心を青島港に移動させること，である．これらの各点を概念的に図示したものが，**図3**である．この経済構想の主軸となるのは，青島経由の石炭を主とした山東地下資源とドイツ工業製品との双方向的な流通戦略であった．しかしながら，この経済政策構想は，現地経済の動態に直面して，大きく変容を迫られることになる．

3　自由港制度への批判

統治初期の青島経済

第Ⅰ章第3節で述べたように，ドイツ占領行政は，膠州湾占領後に現地の住民に対して土地所有権の移動を禁じると同時に，土地所有者から土地の先買権を購入することで土地の独占をはかった．そして，将来の都市部となるべき青島から優先的に，必要な土地をなかば強制的に買い上げた．これは，港湾都市として必要なインフラ設備を整えるための基盤を提供するものであった．そうしたインフラ政策のもっとも重要な事業は，港湾設備と鉄道敷設であった[27]．

山東鉄道の建設は，1899年6月14日に鉄道会社が設立される以前から，すでに始まっていた．1901年春に青島—膠州の区間（74キロメートル）が開通した後，当初の計画どおりに，1902年6月1日に青島—濰県間180キロメートルが，1904年6月1日に青島—済南府間の本線395キロメートル，鉱山地区への支線，張店—博山間40キロメートルの全線が開通した．この鉄道開通にあわせて港湾施設のうち大港の第1埠頭の運営が1904年3月6日に開始された．この埠頭は，汽船から鉄道貨車に貨物を直接に積載することができる最新のクレーンが備えられていた．それまでは暫時的に小港に汽船もジャンク船も発着していたが，以後，汽船は徐々に大港で発着するようになった[28]．

---

27) この経緯については，Leutner, „Musterkolonie Kiautschou", S. 170-171 および S. 173-175. 建設事業については，Klaus Mühlhahn, *Herrschaft und Widerstand in der „Musterkolonie" Kiautschou. Interaktionen zwischen China und Deutschland, 1897-1914*, München: Oldenbourg, 2000, S. 138-142 に詳しい．

山　東

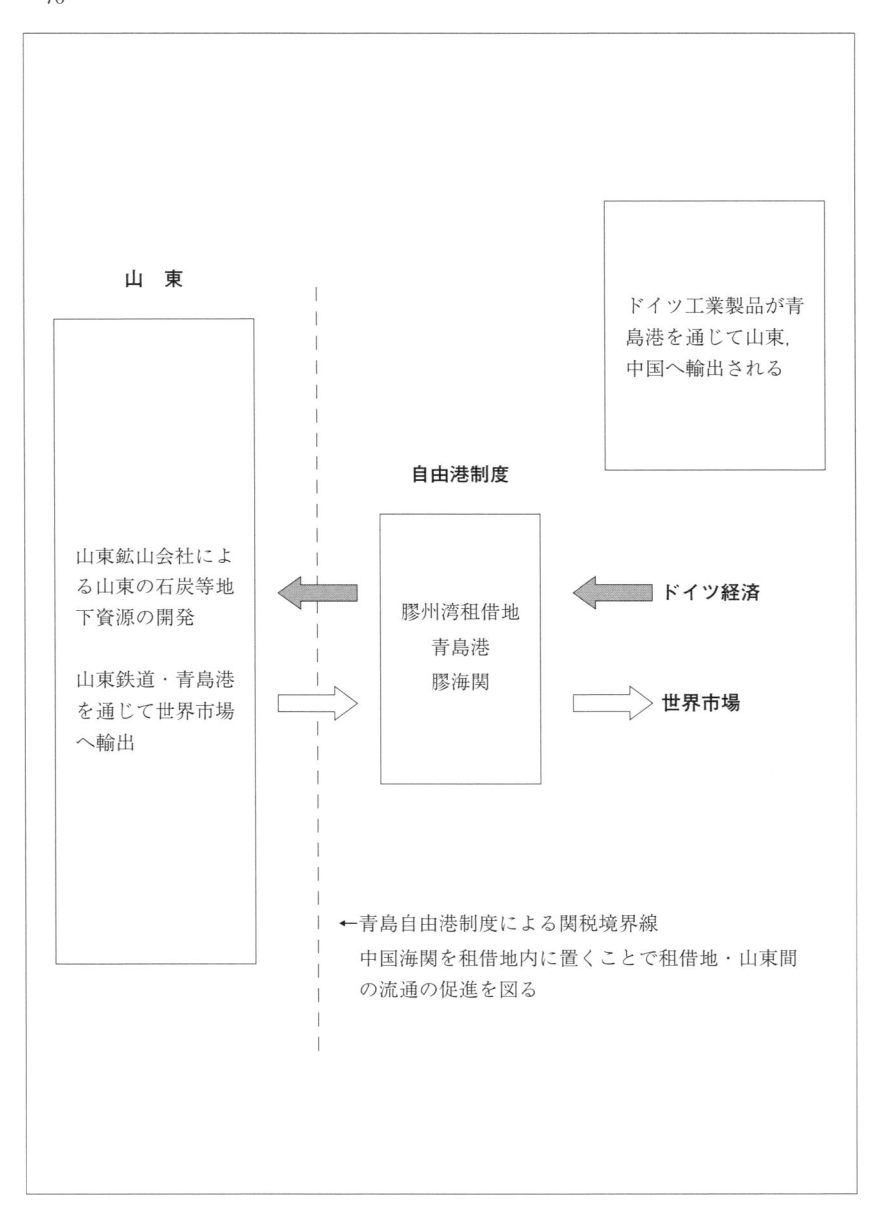

ドイツ工業製品が青島港を通じて山東，中国へ輸出される

自由港制度

山東鉱山会社による山東の石炭等地下資源の開発

山東鉄道・青島港を通じて世界市場へ輸出

膠州湾租借地
青島港
膠海関

←ドイツ経済

⇒世界市場

←青島自由港制度による関税境界線
中国海関を租借地内に置くことで租借地・山東間の流通の促進を図る

図3　ドイツ統治初期の青島経済構想
著者作成.

3 自由港制度への批判　　　　　　　　　　77

　1900年から1904年までの青島を通過する総輸出入額は，972万3000メキシコ・ドルから2486万1262メキシコ・ドルへとおよそ2.5倍に増加している．この額には，鉄道建設と鉱山事業のための資材の輸入額は含まれていない[29]．インフラの整備が不十分な時点としては，統計上は順調な輸出入の伸びを示していると評価できよう．

　しかし，当時の政策担当者は，青島経済の将来的見通しに対してむしろ危機感をあらわにせざるをえなかった．1899年時点で，すでに多くの在中国ドイツ商社が青島に本店ないしは支店を構えていた．たとえば汽船代行業・輸出入業を営んでいた比較的大きなドイツ商社として，煙台や旅順に支店をもっていたジータス・プラムベック社（Sietas, Plambeck & Co. 哈利洋行），国庫助成を受けて上海からの郵便航路を営んでいたディーデリクセン・イェプセン汽船会社（Diederichsen, Jebsen & Co. 捷成洋行），香港に本店をもつ老舗のカルロヴィッツ社（Carlowitz & Co. 礼和洋行）など，商業登記簿に記載されたヨーロッパ系商社は27社を数えていた．ところが，1903年の商業登記簿では，すでにその27社のうちおよそ10社は抹消されていた．また，その年の商業登記簿には，57社の欧米系商社が記載されていたが，そのうち9社はすでに破産の申請を行い，3社は運営を開始していなかった[30]．個々の事例の詳細は明らかではないが，

---

28) Denkschrift 1899/1900, in: *SBVR*, 189（1901）, S. 721; Denkschrift 1901/1902, in: *SBVR*, 196（1903）, S. 5592g; Denkschrift 1903/1904, in: *SBVR*, 222（1906）, S. 3-4, 15.

29) Denkschrift 1903/1904, in: *SBVR*, 222（1906）, S. 11. 周知のとおり，アジアにおける銀取引には多種の外国銀が使用されていた．そのなかでメキシコ・ドルが標準通貨とされ，中国では民間と外国商人との間の取引でもメキシコ・ドルが使用されていた．膠州領総督府の行政報告書でも，マルクかメキシコ・ドル，あるいは海関両の表記が使用されている．ちなみに海関両は虚銀両単位，すなわち重量によって換算するための単位であり，通貨として市場に流通しているわけではない．浜下武志『近代中国の国際的契機――朝貢貿易システムと近代アジア』東京大学出版会，1990年，58-62頁参照．

30) 1899年9月までの商業登記簿については，BA/MA, RM 3/6726, Bl. 186-194, Bl. 203-208, Bl. 236-241, Bl. 280-281 を参照した．また1903年の商業登記簿については，BA/MA, RM 3/6728, Bl. 239-248 を参照した．

中小規模の商社にとって，統治初期の租借地経済を乗り切ることはきわめて困難であったことがうかがえよう．

また，1899／1900年度に帝国議会に提出された報告書では，自由港から中国内地への商品流通のほとんどが青島在住の中国商人によって占められていると指摘されていた[31]．さらに，1900／1901年度の報告書では，ドイツ商人の輸入業はもっぱら租借地内の生活用品，嗜好品，あるいは港湾・鉄道・鉱山建設用資材の輸入に限定されていると報告されている[32]．青島を経由した非中国産品の輸入額のうち，最大の割合を占めていたのは，主に日本からの綿糸・綿製品であった（1903／1904年度の時点では約75％）[33]．当初は，ドイツ商人もこの綿糸・綿製品の輸入業に利益を見込むことができたが，中国商人層がこの事業に参入すると，ドイツ商人はほとんど締め出されるようになった[34]．1900／1901年度の報告書が指摘するように，今後ドイツ商人層が中国商人層と競合できる分野は，中国産品のヨーロッパ向け輸出業しか期待できそうになかった[35]．

義和団戦争の終結とともに，多数の中国商人が租借地に移住するようになり，彼らは租借地経済の実質的な担い手となった．1900／1901年度の租借地の地所購入者数は，ヨーロッパ系購入者が43人に対し，中国系購入者はその倍の83人に及んだ．同年度に帝国議会に提出された報告書では，寧波商人のジャンク船はなお塔埠頭に向かっているものの，青島に山東出身の中国商人が移住するようになったことが指摘されている．そして，その山東商人が会館を建設し，また山東東部向けの金融業を開始したことで，内地との経済的な結びつきが強まることへの期待が表明されていた．また1901年秋には，資本力のある香港商人が青島に移住したことが報告されている[36]．

---

31) Denkschrift 1899/1900, in: *SBVR*, 189 (1901), S. 723-724.
32) Denkschrift 1900/1901, in: *SBVR*, 193 (1902), S. 2886-2887.
33) Denkschrift 1908/1909, in: *SBVR*, 272 (1910), S. 16-17.
34) Denkschrift 1900/1901, in: *SBVR*, 193 (1902), S. 2886-2887.
35) Ebenda, S. 2887.
36) Ebenda, S. 2885.

3 自由港制度への批判　　　　　　　　79

　結局，膠州湾租借地ではドイツ商人は，中国商人の仲介なしには，中国内地と関連する事業を営むことは実質的に不可能であった．実際，総督府は租借地が商業植民地として発展することを望んでおり，その観点からはこうした中国商人の移住は歓迎すべきものであった．しかし同時に，ドイツ商人は，アニリン染料などのドイツ工業製品の輸入以外，中国内地への輸入業では中国商人との競争で先んじることは困難であった．また輸出業の場合も，中国産品を取り扱う中国商人と協力する必要があった．鉄道の開通によって，ますます租借地経済と中国内地の経済との結合が予想されるにつれて，青島経済の発展を阻害する要因として，自由港制度が批判されることになった．

中国商人層による自由港制度批判

　自由港制度が導入される以前から膠州湾租借地で発行されていた官報『ドイチュ・アジアーティッシェ・ヴァルテ』（*Deutsch-Asiatische Warte*）は，1899年6月30日付の記事で，香港が中国の税関に周りを囲まれているのに対し，膠州湾租借地では海関が租借地内に設置されるので，中国内地と流通は自由に行き来ができると，その自由港制度を賞揚していた[37]．1899年7月1日，青島の開港とともに，膠海関の運営が開始された．膠州湾租借地における自由港制度は，膠州湾総督府の経済政策の中心的な位置を占めるものであり，その成功に大きな期待が寄せられていた．

　しかし，自由港制度の導入から1年も経たずに，同制度は多方面から批判されるようになる．既述の『ドイチュ・アジアーティッシェ・ヴァルテ』は，1900年にはすでに官報ではなく一般紙となっており，同紙上で自由港制度に対する多くの批判が掲載された．ドイツ商人層の批判の中心は，「ドイツ植民地」内に中国当局である海関が設置されたことであり，それから派生する問題，たとえば「ドイツ植民地」内で「中国人」海関税吏によってドイツ商人の貨物がチェックされることを屈辱的とみる人種差別的な意見が述べられていた[38]．

---

37) Eröffnung des chinesischen Zollamtes, in: *Deutsch-Asiatische Warte* ［以下 *DAW* と略記］, 30. 6. 1899.

38) Unser Platz an der Sonne, in: *DAW*, 3. 6. 1900; Die Zoll- und Handelsverhält-

もちろん，青島の自由港制度が自由港と開港場の両方の性格を合わせもつものであることを理解した論説もあった[39]．しかし，その結論では，中国内地からの輸入を免税にするように，といったまったく非現実的な提案を掲げるにすぎなかった．この提案が非現実的というのは，もちろん関税を徴収する国家行政は中国海関であり，ドイツ当局ではないからである．さらに言えば，海関収入が国際借款の担保となっている以上，中国内地から租借地への輸入が免税扱いになることはありえなかったであろう．総じて，ドイツ商人層の批判は，中国海関である膠海関に集中し，自由港制度の本来の性格を問うものはほとんどなかった．

　むしろ自由港制度の改編のきっかけを生んだのは，中国商人層からの批判であった[40]．青島の自由港制度は，これまで膠州湾内の諸港，すなわち塔埠頭，女姑口，滄口，青島口へと輸送される商品の買い付けを行っていた膠州・即墨県近辺の山東商人にとって，従来の経済活動を阻害するものでしかなかった．1901年10月9日付の濰県商人の請願によれば，ほかの開港場では荷揚げ前に貨物の申告と関税の支払いを済ませることができるのに対して，青島では荷揚げ後に関税が徴収されているという．なぜなら，青島自由港制度では，商品が租借地を越えて内陸部に輸送される場合に，はじめて課税されるからである．内陸部へ輸送される商品を膠海関で申告する際に，青島・内陸部間の流通がひどく遅滞する事態が生まれていた[41]．また，これとは別の批判として，1903年11月19日付の租借地在住の中国商人の請願では，中国内地に持ち出される際にはじめて課税されるために，卸売業を営むヨーロッパ商社や中国系大商人には課税されず，小売業を営む多数の中国商人に関税がかかっていることが指摘されている[42]．

---

　　　　nisse im Kiautschougebiet, in: *DAW*, 22. 7. 1900; Der chinesische Seezoll in Kiautschou, in: *DAW*, 3. 7. 1901.
39) Das Seezollamt in Tsingtau, in: *DAW*, 24. 7. 1901.
40) Schrameier, *Aus Kiautschous Verwaltung*, S. 205.
41) Ebenda, S. 205-206.
42) Ebenda, S. 206-209.

3 自由港制度への批判

　これらの請願からは，租借地全体を免税区域とした自由港制度が，租借地と中国内地との間に本来存在していた商品流通を遅滞させる原因になったことが読みとれるだろう．膠州湾の占領と租借条約によって，膠州湾租借地と中国領土の間には地図上に境界線が引かれ，実際に標識が置かれた．そして，膠州湾租借地の自由港制度の導入によって，その境界線に沿って関税障壁が生まれ，それを越えようとするヒト・モノの流れが新たに規制されることになったのである．業者が申告する税関として，青島のほか，塔埠頭，女姑口，滄口にそれぞれ支局が設置されたが，流通の阻害を取り除くことにはならなかった．もし，それらの税関に申告せずに，租借地と中国領土の間の境界線を越えて物資が中国内地に輸送されるならば，それは「密輸」扱いになる．当然，中国の税関である膠海関は，租借地と中国領土の間の境界線を警備することになった．しかし申告を済ませようにも，膠海関では多くの小売商人たちが列をなし，物資の流通は停滞した[43]．

　この現象は，青島の自由港制度が自由港制度の本来の性格から逸脱した制度設計であったから生じた訳ではない．自由港制度とは，ある区域に境界線を設定することで後背地から切り離し，その区域を免税扱いとすることで対外的な流通を促進させ，国際商業の結節点に成長させる制度である．したがって，1909年にドイツで刊行された『国家事典』の「自由港」の項目には，「鉄道網の完成とともに国内市場から閉鎖された」自由港制度は，「国内政治上の商業政策と対立する」と説明されている．また，そこには「自由港区域は国内産業と疎遠になる．（……）沿岸と内地の望ましい相互作用はひどい障害に悩まされる」とも記述されている[44]．1902年のブロックハウス百科事典には，ヨーロッパでは国民経済の統合の観点から，多くの自由港制度がすでに撤廃されていることが指摘されている．つまり，当時のドイツでの一般的な理解からすれば，自由港制度は，国民経済統合にとってむしろ否定的に作用する制度として認識されていた．それに対して，シンガポールや香港などの植民地では，むし

---

43) Leunter, *„Musterkolonie Kiautschou"*, S. 362-364.
44) Vgl. Art. Freihafen, in: *Staatslexikon*, 3. neubearbeitete Aufl., Bd. 2, Freiburg i. B. 1909, S. 304.

ろ自由港制度が植民地当局によって積極的に導入されたのであり，青島への自由港制度の導入も植民地政策の先例に依拠したものであった[45]．

たしかに，第2節で指摘したとおり，自由港制度の制度設計に携わったシュテューベルは，自由港制度の導入の結果として膠州湾租借地と中国内地との間の流通が阻害されることを恐れており，またそれを回避するために，膠海関は租借地内に設置された．その点で，膠州湾租借地に導入された自由港制度には，中国の条約体制との調整が試みられていた．しかし，租借地が自由港である以上，同地から中国内地あるいは開港場へと再輸出される場合，ふたたび関税が課せられることになる．そのために，商品を内地に輸送しようとした業者が税関にあふれることになった．国籍を問わない自由な経済活動を謳った膠州湾租借地の自由港制度は，もともと従来の現地の経済流通の実態に十分に配慮されずに設計されたものであった．自由港制度が計画された時点では，青島は山東を世界市場に結びつける中継地となるはずであった．しかし，その結果として，青島の自由港制度は，従来の中国内陸部との流通を停滞させることになったのである．

4 自由港制度の改廃と新たな植民地経済構想の策定

すでに1902年頃に，膠州領総督府は，前節でみた租借地の中国商人層の請願に関して，膠海関税務司オールマーに意見を求めていた．そして，1902年3月に総督府に宛てられたオールマーの回答は，その請願内容をまったくもって正しいものであると評価し，同時に自由港制度を事実上撤廃させる新たな関税構想を提案した[46]．その提案は以下の3点に要約される．

（1）自由港区域を縮小すること．
（2）総督府か2-3の汽船会社によって会社を設立し，埠頭の倉庫を経営さ

---

45) Vgl. Art. Freihafen, in: *Brockhaus' Konversations=Lexikon*, Bd. 7, Leipzig 1902, S. 141.
46) Leutner, „*Musterkolonie Kiautschou*", S. 362-364.

4 自由港制度の改廃と新たな植民地経済構想の策定　83

せること．その際，倉庫区域を免税区域とし，その区域を越えた場合に，輸出入税に加えて子口半税も同時に徴収すること．同時に，租借地の境界線における税関官吏による警備および鉄道警備を撤廃させること．
（3）租借地内で消費される貨物への徴収分として，一定額を4半期ごとに総督府へ納入すること．

　これらの提案は，実質的に青島の関税制度を開港場とほぼ等しくするものであった．倉庫区域のみ免税地域としても，中国内地との取引を介さない場合にしか免税対象にならないので，それ以外の場合，青島は開港場と同じとなると考えてよい．（3）は消費税とみなされ，総督府に納入されることで都市行政に利すると考えられた．オールマーは，これらの提案に，中国商人はおおむね賛同し，またドイツ商人も理解するようになっているとし，（3）の利点から総督府も賛同しているという．しかし，租借地から「自由港」の性格を実質的にとりのぞくこの提案に，海軍省はすぐに同意することはできなかった．海軍省にとって，膠州湾租借地は国内政治のための宣伝の道具であり，そのプロパガンダの柱の1つとして大々的に喧伝された自由港制度の改編はすぐには納得できるものではなかったのである．
　1904年に中国海関より休暇をとったオールマーはドイツに帰国し，4月付で海軍省長官ティルピッツ宛に書状を送り，関税制度改革の必要性を訴えた．彼は現状の膠州湾租借地の経営では，まもなく破綻すると警句を発した．つまり，青島港における輸出入額および山東鉄道の乗客数の増加も，初期の港湾設備投資によるものであり，港湾工事が一段落すれば，青島経済は停滞すると主張したのである．その理由として，（1）青島港における輸出入は，鉄道・鉱山・港湾・都市建設のための資材輸入が中心であり，内陸部から青島を経由した中国産品の輸出はほとんどないこと，（2）山東鉄道の乗客のほとんどは，港湾工事に従事する労働者で，およそ1万人いるが，工事が終われば，その移動は止まること，（3）現在，青島で営業するドイツ商人は，もっぱら租借地に駐留するドイツ軍相手の商売を営んでおり，発展性に乏しいことの3点が指摘されていた[47]．

そして，膠州湾租借地の将来の発展のために，オールマーは，以下の4点を提案した[48]．

(1) 中国沿岸の諸港と遼東半島との汽船による交通を開発すること．とくに遼東半島との汽船の交通については，山東省から東北地方へ出稼ぎにいく契約労働者の移送ルートの中継地として青島を機能させること．
(2) ドイツの工業製品の展示会によってドイツ商品を紹介し，中国内地への輸入を促進すること．
(3) 中国の関税領域により密接に結びつくように関税制度を簡略化すること．すなわち自由港区域を倉庫区域のみに縮小すること．
(4) 青島の中国系住民の社会的地位を向上させること[49]．

さらに，オールマーは，義和団戦争時に総督府が山東省の高密県へ軍隊を派遣し現地住民を殺害したことで，ドイツの山東事業に対する地域社会の不信を生んだことを強く非難した[50]．このようなオールマーの報告書に対して，総督府はこれが旧いデータに基づいており，悲観的すぎると反論するも，オールマーの提言はその後の総督府の経済政策に受け継がれることになった[51]．同年，オールマーの改革の適否を調査すべく商業専門調査官デリウス（Delius）が派

---

47) Erich Ohlmer, Tsingtau, sein Handel und seine Zukunft: eine handelspolitische Betrachtung über Deutschlands Stellung in China vor und nach dem Kriege, in: BA/MA, RM 3/6729, Bl. 64 ff.
48) Ebenda, Bl. 69 ff.
49) 中国系住民，とくに商人層の行政参加については，第III章第2節および第V章第2・3節を参照．
50) Ebenda, S. 79-80. 高密県への派兵については，拙稿「義和団戦争におけるドイツ軍の『懲罰遠征』——山東省高密県の事例から」『季刊戦争責任研究』第63号，2009年3月，29-37頁，96頁参照．
51) 総督府の反論は，Truppel, Vorläufige Kritik zur Denkschrift Ohlmer über Tsingtau, Berlin, 13. 6. 1905, BA/MA, RM 3/6729, Bl. 103-110; Stellungnahme zur Denkschrift des Seezolldirektors Ohlmer, Tsingtau, 17. 11. 1906, BA/MA, RM 3/6730, Bl. 7-16.

遣された．8月付の彼の報告書においても，やはり自由港区域の縮小が支持された[52]．この時点では，ドイツ商人層も中国商人層とオールマーの提案を支持するようになっていた．彼らも中国商人と連名で総督府宛の請願書を提出し，自由港区域の縮小を要請した[53]．

ようやく1905年12月1日に，膠海関の関税規定が改定されることになった[54]．その内容は，（1）免税区域を倉庫地区に限定すること，（2）その代わりに膠海関から海関税収入の20％を，毎年膠州領総督府に支払うこと，（3）租借地内で製造された工業製品は，内陸部に輸出される場合に免税扱いとなること，の3点である．総督府にとって，この改定は，まず（1）によって，租借地の自由港としての性格を表向きは保ちつつ，そのうえで租借地経済が山東経済・中国沿岸経済とより密接に結びつくことが期待できた．そして（2）によって，安定的な収入源を獲得することができ，（3）によって，租借地が将来，工業立地として成長するための有利な条件をえたと評価されたのである．

小　結

　膠州湾租借地の自由港制度は，海軍省にとっては植民地支配を正当化するための道具であり，自由貿易主義を標榜する経済政策の象徴であった．それと同時に，その制度の導入によって，新たな植民地の経済発展が保証されると考えられていた．しかし，その政策は現地経済の実態を考慮に入れたものではなく，結果として，それまで存在した膠州湾経済と山東内地および中国沿岸諸港との間の流通を阻害する要因となった．そもそも租借地経済は，中国内地との密接な流通を保障することなしには，持続的な経済成長を見込むことはできなかった．本国の政治指導層も現地の総督府も，植民地の領域を越えた地域経済の動態に直面して，制度を新たに設計し直さざるをえなかった．

---

52) Bericht des Handelssachverständigen Delius, Shanghai, 9. 8. 1904, in: PAAA, Peking II, 1249, Bl. 302-306.
53) Leutner, „*Musterkolonie Kiautschou*", S. 364-368.
54) Ebenda, S. 368-370.

自由港制度改廃前	自由港制度改廃後
中国条約体制　中国外市場	中国条約体制　中国外市場
青島	青島

――― 中国条約体制の関税境界線

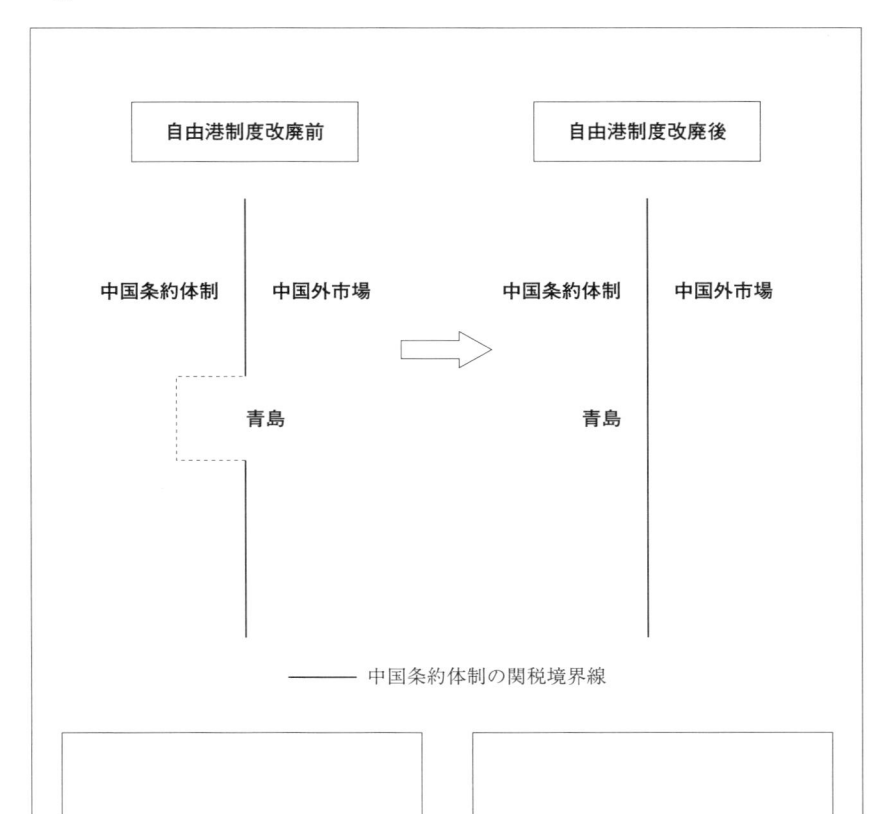

中国海関を租借地内に設置することで，自由港と開港場の両方の利点をえようとしたが，自由港制度によって中国外市場との流通が免税であるために，中国海関は青島と中国内流通の管理を厳密に行うことになった．	中国条約体制に入ることで，他の開港場と同じ条件になった．インフラ整備と輸出加工業地区としての利点を確保することで（第Ⅳ章参照），ほかの開港場より優位性を保つ戦略へと変更された．

図4　自由港制度の改廃による変化
著者作成．

また，膠州湾租借地における経済政策は，当初より中国の条約体制に規定されていた．もしそれに適合したものでなければ，租借地経済は山東経済・中国沿岸諸港の商業ネットワークから切り離されてしまうことは明らかであった．したがって，中国海関との交渉は不可欠であり，自由港制度が事実上撤廃された後の経済政策も条約体制に沿ったものとなった．不平等条約に基づいた条約体制は，当時の中国をめぐる国際環境の産物であり，ドイツ本国政府と膠州領総督府による自由港制度の改廃は，その条約体制の枠内で，地域経済の実態に沿った制度改編であった（図4）．

　これまで膠州湾租借地における植民地統治は，たいていドイツ―中国の二国間関係の枠組みで論じられてきた．この自由港制度をめぐる問題も同様である．その際には，植民地を越えた地域経済の動態や中国をとりまく条約体制がいかにドイツの植民地政策を規定していたのかについては重視されていなかった．しかし，膠州湾租借地が商業植民地として成長するためには，東アジア商業ネットワークに接合するほかなかったのであり，その政策の選択とその変容の過程を明らかにするためには，地域経済と国際環境の2つの視点は不可欠であろう．

　自由港制度の改廃をつうじて，海軍省，そしてとくに膠州領総督府が認識せざるをえなかったのは，中国商人層なしには租借地経済は成り立たないということだった．租借地経済の発展のために，同地を中国経済と密接に結びつけるためには，中国商人層の協力なしにはありえない．総督府は自由港制度の破綻が明らかになるにつれて，植民地行政における中国商人層の位置づけの再検討を迫られることになった（第Ⅴ章参照）．

III 統治初期の青島における社会秩序

　第Ⅱ章で論じたように，青島におけるドイツの経済政策は，経済的自由主義を基盤とするものであり，それは青島経済をより広域の流通ネットワークと結びつけようとするものであった．したがって，青島の植民地行政は，商業植民地として地域経済間のヒト・モノ・カネ・情報の流通を促進するために必要な政策を指向した．だが，それと同時に，植民地行政は，そのような植民地の境界線を越えた人間の流れを確保したうえで植民地社会の秩序を維持することが求められていた．もちろん，そのような流通を高めることと社会秩序を維持することは，必ずしも相反するものではない．つまり，地理的な境界線以外に，社会層別の境界線を創り出し，その境界線を維持しうるような移動が形成されるようにすればよい．その場合，問題はそうした境界線が設定される基準，つまり社会層を区分する基準は何かということである．

　第Ⅰ章第2節で述べたように，膠州湾租借条約締結後，1898年4月27日，ヴィルヘルム2世（Wilhelm II）は，清朝政府の了解なく，一方的に膠州湾租借地をほかのドイツ植民地と同等の法的地位に置くという「保護領」宣言を発した．それによって，膠州湾租借地にも，ほかの植民地と同様に総督府が設置され，また植民地関連法が適用されることになった．そのために，植民地法制に組み込まれた都市部青島においても，支配民としての「ドイツ人」と被支配民としての「中国人」との間には，社会制度上の境界線が引かれることになった．実際に，本章で論じるように，「欧米人」と「中国人」とでは，法制度のみならず，居住空間でも明確な分離が前提とされていた．とくに，中国系住民に対する圧制的な法律は，膠州湾占領から義和団戦争の終結までの間に集中的に施行された．さらに，中国系住民人口が指定された狭隘な居住区に集中したことによって，衛生環境が悪化したため，総督府は中国系住民を商人層，労働

者層，都市雑業層といった社会層ごとに空間的に管理する政策を採用した．

　本章では，まずドイツ植民地統治一般において，「原住民」（Eingeborene）として分類された現地住民が，どのように社会的に位置づけられるべき存在であったのかを，ドイツ植民地法における「原住民」規定を分析することで明らかにする．そのうえで，こうした植民地法が想定した社会秩序が，どのような論理によって，植民地都市青島において表現されたかを論じる．そこでは，上記の空間的差別化の具体的な様相が取り上げられることになる．

　しかし，膠州湾租借地は，条約上はあくまで「租借地」であり，そこに居住した中国系住民を，ドイツ植民地法上の「被保護民」（Schutzgenosse）としてそのまま処遇できた訳ではなかった．とくに，問題となったのは，膠州湾租借地に居住し中国国内を行き来する中国系商人および山東省から膠州湾租借地を経由する移動労働者の法的地位であった．山東地方当局からすれば，膠州湾租借地はあくまで貸与した土地であり，「植民地」などではなかった．したがって，そこに居住する中国系住民に対する主権の所在は中国にあると主張したのである．これに対して，ドイツ側はどのような対応をとったのかが，第3節で分析される．この中国系住民の法的地位をめぐる問題は，人の移動の中継地としての商業植民地であることが期待された青島であればこそ，とくに先鋭化した問題であった．ここに，固定化と流動化の両立を追求した植民地統治の特徴をみることができる．

1　ドイツ植民地法における「原住民」

属人主義と属地主義

　1884年4月，帝国宰相ビスマルク（Otto von Bismarck）は，イギリスの特許会社制度を模範として，特許状にあたる「保護状」（Schutzbrief）を，西アフリカ海岸とアフリカ西南部一帯で交易をしていたブレーメン商人リューデリッツ（Adolf Lüderitz）の会社に与え，同社が獲得したアフリカ西南部の土地の行政権を認めた．これが帝政期ドイツの植民地領有の開始となる[1]．

　植民地領有当初，ドイツ政治指導層が植民地における「保護」（Schutz）の対象と考えていたのは，あくまでドイツ商人であった．そして，ドイツ植民地

はドイツ本国とは異なる法域と解釈され,国内法上は外国とみなされていた.そのため植民地に関する基本法は,領事裁判法に基づいて作成された.なぜなら領事裁判法は,属人主義,すなわちある国籍所有者を,国外でも本国の裁判法に服させるための法であったからである.ところが,多くの植民地法学者は,領事裁判法を植民地に適用することは不適当と考えていた.なぜなら領事裁判法は,国家の主権による領域的な支配を目的とするものではなく,他国にもその国民に領事裁判権を行使する可能性を与え,その結果,植民地内に複数の国家の主権が並存しかねないからである.したがって,植民地法学者は,領事裁判法に準拠せずに,領域内に一元的な権力を確立する属地主義に基づいて植民地法を改定するべきであると主張した[2].

この2つの原則の対立は,当時のドイツ植民地法学者にとって最大のテーマであり,植民地法改革論議ではつねに中心的な位置を占めていた.しかし,結局のところ,その抜本的な改革は実現しなかった.なぜなら,属人主義の場合,ドイツ植民地領内で他国の領事裁判権を認めることになりかねず,かといって属地主義を貫くならば,植民地支配下にあった現地住民を含めた植民地全人口がその意思によってドイツ帝国籍を取得できるように,植民地法は改定されなければならなかった.支配/被支配の法的境界線を維持するには,属人主義を完全に取りのぞくわけにはいかなかったのである.

この問題を解決するために,ドイツ植民地法学者が編み出した植民地の定義とは,「帝国憲法適用範囲外にある特別な法をもつ帝国領土」であった[3].こ

---

1) その保護状に基づいてドイツ西南アフリカ植民地会社が設立されるも,経営難のため結局政府主導の植民地行政機関が設置された.さしあたり以下を参照,Horst Gründer, *Geschichte der deutschen Kolonien*, 4. Aufl., Paderborn: Schöningh, 2000, S. 79-80.
2) 本章では,同時代の植民地法学者の見解については,1902年,1905年,1910年にベルリンで開催されたドイツ植民地会議の植民地法部会の議論を主に参照している.その議事録は,*Verhandlungen des Deutschen Kolonialkongresses 1902 (1905, 1910) zu Berlin*, Berlin: Reimer, 1903 (1906, 1910), として公刊されている.Zorn, Die Grundlagen des deutschen Kolonialrechts, in: *Verhandlungen des Deutschen Kolonialkongresses 1902*, S. 320 ff.; Otto Köbner, Die Reform des Kolonialrechts, in: *Verhandlungen des Deutschen Kolonialkongresses 1910*, S. 386-412.

れは属人主義と属地主義の折衷的な解釈であった．つまり，（1）植民地への帝国憲法の適用の否定は，現地住民にドイツ帝国籍民と同等の法環境を与えることを阻止し，また「特別な法」（＝植民地法）の施行は，ドイツ帝国籍民と現地住民との法環境を差別化し，前者に国内と可能なかぎり同等の法環境を実現することを可能にし（属人主義），さらに，（2）帝国領土と解釈することで，他国に領事裁判権を認めさせず，植民地における国家の主権を保持することを意味した（属地主義）．

ドイツ植民地法では，植民地におけるドイツの国家の主権は，皇帝が帝国（ライヒ）の名のもとで保護権（Schutzgewalt）を行使するという条文によって定義づけられた[4]．植民地法学者は，保護権を国権（Staatsgewalt）とみなし，その国権によって保護領内の全住民へのドイツ主権を正当化したのである[5]．保護権（Schutzgewalt）とは，上述の保護状（Schutzbrief）から発展した法概念である．植民地会社の経営破綻や現地住民の武装蜂起により植民地経営が危うくなると，実効力のある植民地行政機構の設立が要請されるようになり，国家行政に比する行政機構による植民地支配を合法化する解釈が必要になった．その解釈とは国家（Staat）がその領土において暴力（Gewalt）を独占するのと同様に（Staatsgewalt＝国家主権），植民地（Schutzgebiet＝保護領）における国家行政の代行機関である植民地行政機構も，植民地において暴力を独占するというものであった．すなわち，これが保護権（Schutzgewalt）である．この法解釈によって植民地行政機構は，現地住民の抵抗に対する弾圧を国家の主権の行使として正当化しえたのである[6]．

---

3) Zorn, Die Grundlagen des deutschen Kolonialrechts, S. 320 ff.
4) 1886 年保護領法第 1 条「ドイツ保護領における保護権（Schutzgewalt）を皇帝は帝国（Reich）の名で行使する」．ライヒの多義性については，すでに飯田芳弘『指導者なきドイツ帝国——ヴィルヘルム期ライヒ政治の変容と隘路』東京大学出版会，1999 年，19-20 頁で言及されているが，ここではドイツ皇帝の領土の意味で使われていると解釈できるため，本書では Reich を帝国と訳した．
5) Zorn, Die Grundlagen des deutschen Kolonialrechts, S. 320.
6) Ebenda, S. 320-321. ツォルンは植民地行政機構の現地住民に対する直接的な暴力の行使を次のように正当化している．「ドイツ国権（Staatsgewalt）に抵抗しよう

植民地法に内在する属人主義と属地主義の対立は，上記の折衷的な法解釈によってさしあたり解消され，それによって植民地における支配者と被支配者の間の境界線は維持された．しかし，植民地が「特別な法」をもつ「帝国領土」であるなら，その「帝国領土」に居住する現地住民は，いかなる法的地位に置かれるべきなのか．以下，ドイツ植民地法のうち，すべてのドイツ植民地に適用された法（以下，基本法と呼ぶ）における「原住民」規定を分析する．

植民地法上の「原住民」

全ドイツ植民地に適用されるべき基本法として，1886年4月17日付で制定されたドイツ保護領法と1900年11月9日付で公布されたドイツ保護領令がある．ドイツ保護領法は，2度にわたって大幅な改定をみた．最初は，1888年3月15日付の改定であり，19日付で改定が反映された保護領法が公布された．次の大幅な改定は，1900年7月25日付の改定であり，それが反映された保護領法は9月10日付で公布された[7]．以下では，改定にともない，「原住民」（Eingeborene）規定がいかに変遷したのかを分析する．

とした原住民出自の者たちは，主権者であるドイツ国権が必要と思うかぎりで，服従を強制されるのです．国内では判事と警察が行うことは，あちらではしばしば武器でのみ行われるのです」．

7) ドイツ保護領法は，1887年7月7日および1899年7月2日にも部分的に改定が行われているが，本章の課題とは関わらないので，ここでは分析対象に含めない．Gesetz, betreffend die Rechtsverhältnisse der deutschen Schutzgebiete. Vom 17. April 1886, in: *Reichs-Gesetzblatt*, 1886, S. 75-76; Gesetz wegen Abänderung des Gesetzes, betreffend die Rechtsverhältnisse der deutschen Schutzgebiete, vom 17. April 1886. Vom 15. März 1888; Gesetzes, betreffend die Rechtsverhältnisse der deutschen Schutzgebiete. Vom 19. März 1888, in: *Reichs-Gesetzblatt*, 11 (1888), S. 71-79 [以下，1888年第1次改定法と略記]; Gesetz, betreffend Änderung des Gesetzes über die Rechtsverhältnisse der deutschen Schutzgebiete. Vom 25. Juli 1900; Gesetzes, betreffend die Rechtsverhältnisse der deutschen Schutzgebiete. Vom 10. September 1900, in: *Reichs-Gesetzblatt*, 40 (1900), S. 809-817 [以下，1900年第2次改定法と略記]; Verordnung, betreffend die Rechtsverhältnisse in den deutschen Schutzgebieten. Vom 9. November 1900, in: *Reichs-Gesetzblatt*, 52 (1900), S. 1005-1008 [以下，1900年保護領令と略記].

まず，1886年保護領法では「原住民」についての規定は，第3条第4項のみであり，「原住民」が被告となった場合，保護領内の法廷が案件を裁くとされた．つまり，「原住民」が原告となる場合は想定されておらず，また控訴も否定されており，それ以外の規定はまったくなかった．

　次の1888年第1次改定法では，「原住民」に対する保護権行使の可能性が大きく拡大する．まず，第6条で，保護領に移住した「外国人」と同様，「原住民」も帝国宰相の認可次第で，ドイツ帝国籍を取得できると規定した（1900年第2次改定法では第9条）．次に，第7条は，勅令により保護領の「原住民」はドイツ国旗掲揚の権利をもつことを規定した．この第7条は，保護領居住の「原住民」が保護領の境界線を越えて商業活動を行う場合に，植民地行政がその人びとにドイツ国旗を使用する権利を与え，係争が生じた場合，保護権を行使することを想定していた（1900年第2次改定法では第10条）．つまり，これは保護領外において「原住民」をドイツ帝国籍民（Reichsangehörige）とみなすことにより，その者を「保護」する名目で他の地域に軍事的・外交的圧力を及ぼすことを法的に正当化するものだった．

　1900年9月10日第2次改定法は，その第4条で，はじめて「原住民」を法的に規定しようとしている．それによれば，勅令次第で「原住民」はドイツ領事裁判法の適用をえることになるか，あるいは「勅令によって規定される[「原住民」とは]別の住民集団」（durch Kaiserliche Verordnung bestimmte andere Teile der Bevölkerung）と同等の地位をえることになった．この「勅令によって規定される別の住民集団」は，1900年保護領令第2条によって，「外国の有色種族の帰属民」（die Angehörigen fremder farbiger Stämme）と規定された．この規定によって，皮膚の「色」によって保護領内住民の法環境を分離することが制度化されることになった[8]．しかし，「原住民」が同等に扱われるべき「外国の有色種族の帰属民」の法についての言及はなかったので，実際のところ「原住民」が服すべき法の規定は，保護領法にも保護領令にも存在しなかっ

---

8)「第2条，保護領法［1900年第2次改定法］の第4条と第7条について，原住民と有色種族出自の構成員は，総督が帝国宰相の認可でもって特例を規定しないかぎりで，同等に置かれる．日本人は有色種族出自の構成員とはみなされない．」

た[9]．

　これらの規定から，以下の2点が指摘できる．（1）結局，「原住民」が法的に定義されることはなかった．つまり言語，習俗，血縁，土地所有関係などの指標で「原住民」が法的に定義されることはなく，明記されたのは，皮膚の「色」でもってヨーロッパ系住民とそれ以外の人間集団の法環境を分離することだった．（2）「原住民」への保護権行使の可能性は漸次的に大きくなった．しかし「原住民」がドイツ帝国籍民と同権となるかどうかの決定権は，植民地支配側にあり，それも帝国宰相というきわめて高次の行政レベルに委ねられていた[10]．

---

9)「原住民」の法的地位に関して全植民地に効力をもつ共通の規定がないという問題は，当時の植民地法学者にも認識されていた．当時著名な植民地法学者ホフマンは，植民地法学がドイツ保護領に居住する現地住民を「保護領籍民」（Schutzgebietsangehörige）と名づけていることを指摘し，その定義づけを試みている．それによれば，「保護領籍民」とは，ドイツ帝国臣民であり，したがって国家のあらゆる命令に服する義務があるとし，「ドイツ帝国籍民」とは，兵役の有無によって区別されると論じていた．Hermann Hoffmann, *Deutsches Kolonialrecht*, Leipzig: Göschen, 1907, S. 29-30. フィッシャーは，別の植民地法学者による保護領籍の定義を挙げている．それは「一時的な滞在の事実とは関わらずに保護領に定住し保護領の国家的機構に属すること」というものであり，ドイツ以外の植民地に属する現地住民を排除している．また唯一ドイツ領東アフリカでは，1903年10月24日の勅令で，保護領籍と同等のドイツ領東アフリカ籍（Landesangehörigkeit）は総督によって付与されると規定された．その法的地位が「原住民」と同等になるか「ヨーロッパ人」と同等になるかは，総督によって定義されたと指摘している．Hans-Jörg Fischer, *Die deutschen Kolonien. Die koloniale Rechtsordnung und ihre Entwicklung nach dem ersten Weltkrieg*, Berlin: Duncker & Humblot, 2001, S. 76-77.

10) ゴーゼヴィンケルは，ドイツにおける国籍問題を扱った彼の包括的かつ詳細な研究のなかで，1888年第1次改定法でも1900年第2次改定法でも植民地における「原住民」のドイツ帝国籍取得について，「どんな制約も見込んでいなかった」と述べているが，実際の条文は，「帝国宰相によって付与されうる」（kann［……］von dem Reichskanzler verliehen werden）という可能性を示していたにすぎない（1888年第1次改定法第6条，1900年第2次改定法第10条）．また，彼は，1913年に新たに改正・発布された帝国および国籍法を，「『ある保護領の原住民』は直接に帝国籍と完全な国家市民的な同権を付与される」可能性を高めるものと述べてい

法的カテゴリーの越境の可能性とその限界

　ドイツ植民地法の規定によれば，ドイツ植民地の住民は，「ドイツ帝国籍民」，「ドイツ人以外の白人」，「原住民あるいは有色人」と 3 つに区分される．しかしこの 3 つの区分は，法律上絶対的なものではなく，ある者の法的区分が「原住民あるいは有色人」から「ドイツ人以外の白人」，あるいは「原住民あるいは有色人」から「ドイツ帝国籍民」，さらには「ドイツ帝国籍民」から「原住民あるいは有色人」へと変わることがありえた．以下，その可能性について植民地法学者がどのように論じていたのかをみよう．

　第 1 の可能性は，文化的適応である．先述の 1900 年保護領令第 2 条の「有色種族」についての規定は「日本人」を除外していた．その理由は「日本人」がヨーロッパの法に基づく国際体制に加入しうるほどにヨーロッパの法文化に適応したからというものである[11]．つまり，もし「原住民」がヨーロッパの法文化に完全に適応しうるのなら，「皮膚の色」を指標とした人種間の優劣に基づいた法の差別化はその論拠を失うことになる．

　しかし，この文化的適応による植民地社会秩序の転覆の可能性は，同じく文化概念で回避された．植民地法学者の一人ケプナー（Otto Köbner）は，植民地の「安定」のためには，現地住民の法慣行を存続すべきであり，ヨーロッパの近代法はヨーロッパ系住民にのみ適用すべきであると説いた[12]．彼は，現地住

　　るが，彼自身が注記している帝国議会における内務省の説明の原文では，この改正によって何ら変わりはないと述べている上に，帝国議会提出資料の法案説明においても原則的に「人種的に純粋な原住民」への帝国籍付与を否定している（Begründung, zu §30, in: *SBVR*, 306（1912）, S. 33; Erklärung Dr. Lewald, Bd. 290, 1913, S. 5334 を参照）．彼がここで論じるように，法の運用面よりも法の条文に重きを置いて植民地法の性格を論じることには疑問を感じる．Dieter Gosewinkel, *Einbürgern und Ausschließen. Die Nationalisierung der Staatsangehörigekeit vom Deutschen Bund bis zur Bundesrepublik Deutschland*, Göttingen: Vandenhoeck & Ruprecht, 2001, S. 303-309.

11）たとえば，Max Preuss, Die Rechtspflege in gemischten Angelegenheiten, in: *Verhandlungen des Deutschen Kolonialkongresses 1905*, S. 382; Hoffmann, Deutsches Kolonialrecht, S. 26.

12）Otto Köbner, Die Organisation der Rechtspflege in den Kolonien, in: *Verhand-*

民の法慣行の維持によって，現地の法文化とヨーロッパ法文化とが混交する危険を回避し，植民地支配者と被支配者とを差別化する二元的な社会秩序を安定化させることを主張したのである[13]．

　第2の可能性は，異人種間婚姻（Rassenmischehe）である．1888年第1次改正法第4条は，保護領在住のドイツ帝国籍民が婚姻した場合，ドイツ国法が適用されると規定している．ある植民地法学者はこれを次のように解釈している．ドイツ人男性が「有色人」女性と結婚した場合，後者はドイツ人となる．ドイツ人女性が「有色人」男性と結婚した場合，彼女はその国籍を失い，また保護領の「有色人」男性と結婚した場合，ドイツ帝国籍であることは変わらないが，その女性の出自の邦の籍（たとえばプロイセン籍）を失うことになる[14]．これは1900年第2次改正法では第7条となり，「原住民」がドイツ国法の婚姻規定に服すかどうかは，勅令次第という制限がついた．しかし「原住民」と「有色人」を区分する法的規定はそもそも存在しなかったので，上記の植民地法学者の解釈のように，ヨーロッパ系以外の現地住民の女性が婚姻を通じてドイツ帝国籍を取得できる可能性は依然として存在したし，その子も法律上はドイツ帝国籍を取得できるはずであった．

　このことは植民地支配側にとっては脅威以外の何物でもなかった．ドイツ支配に対する武装蜂起が生じた2つのドイツ植民地で，異人種間婚姻がいち早く禁止されたことはきわめて示唆的である．それは，婚姻を通じて被支配者が帝国籍民として行政参加の権利をえるという可能性を絶つためであった．ドイツ

---

　　lungen des Deutschen Kolonialkongresses 1902, S. 331-338. とくに338頁を参照．ケプナーは，ヨーロッパ近代法と植民地の法慣行の相違を，司法と行政の分離にみている．その認識の上で，彼が現地の法慣行の維持を主張したということは，植民地行政機構への一元的な権力集中を承認することを意味したといえよう．

13) もちろん，ヨーロッパ法文化の現地住民への適用を「文明化」と等価とみなし，将来の目標として法的同化を漸進的に進めることを論じる植民地法学者もいた．たとえばSchreiber, Die rechtliche Stellung der Bewohner der deutschen Schutzgebiete, in: *Zeitschrift für Kolonialpolitik, Kolonialrecht und Kolonialwirtschaft*, 6: 10, (1904), S. 766-768. こうした議論については，この漸進論も植民地支配の継続を正当化する性格を持っていたことを指摘するにとどめておく．

14) Preuss, Die Rechtspflege, S. 383.

領西南アフリカでは,1905年に異人種間婚姻が法律で禁止され,また,ドイツ領東アフリカでは1906年以降,総督の同意なしには,異人種間婚姻の登録は認められなくなった[15].

異人種間婚姻が問題になるにつれて,植民地法学者たちのなかには,植民者が強い人種意識をもつように訴える主張が現れた.なかには異人種間婚姻による支配／被支配の越境をさけるために,人種間の空間的分離を法制化する主張さえみられた.この人種意識覚醒論は,さらに階級の問題と結びついた.つまり白人プロレタリアートが植民地で形成されると,異人種間を横断する階級の論理が人種理論を優越しかねないという論理である.階級の論理は,人種を基準にした植民地の社会秩序を危険にさらすものとみなされたのである[16].

これら2つの越境の可能性は,全植民地に共通する基本法のレベルで制限されることはなかった.その代わりに,個々の植民地行政機関によって発布される法令のレベルで,それらの可能性は閉ざされたのである.したがって,この植民地法の2つのレベルは相互補完的であったといえよう.すなわち基本法のレベルでは,帝国宰相の認可あるいは婚姻という手段を通じて,ドイツ帝国籍を取得する可能性を開いておき,個々の植民地では,統治上の都合により,それらの可能性を閉ざす法令を発布していたのである.

2　植民地都市社会の形成

植民地建設と空間的差別化

第II章第1節で述べたように,膠州湾の統治に際してドイツの政策指導層は,(1)膠州湾租借地を国際的な中継貿易地として商業的に発展させること,(2)山東地方の鉱産資源,とくに石炭を採掘し,敷設予定の青島―済南間の山東鉄道(＝膠済鉄道)を通じて,膠州湾租借地に運搬し,世界に輸出するこ

---

15) Franz-Josef Schulte-Althoff, Rassenmischung im Kolonialen System. Zur deutschen Kolonialpolitik im letzten Jahrzehnt vor dem Ersten Weltkrieg, in: *Historisches Jahrbuch*, 105 (1985), S. 52-94. とくに61-62頁参照.

16) Ebenda, S. 69-72.

とを企図していた．膠州湾租借地は，中国内陸部と国際貿易をつなぐ商業植民地として成長することが期待されており，膠州湾に位置する青島は港湾都市として重点的に建設が進められた．

1897年11月14日の膠州湾の占領後，ただちに同地の植民地化が着手された．まず，膠州領総督府は占領地の土地所有権の独占を図った．占領直後と11月20日の2度の布告により，総督府の許可をえない土地の競売が禁止された．同時に，総督府は，占領地の住民から建設予定地の土地先買権の買い取りを進めた[17]．そして，1898年9月2日に土地条令が公布された．その要点は，（1）総督府が購入した土地の競売（第1条），（2）土地の利用計画書の提出（第2条），（3）土地投機の弊害を回避するための規定（第6条）[18]，（4）地価の6％を課税する規定（第8条）であった[19]．土地の独占とその利用の管理は，総督府が統治上望ましい社会秩序を創出するための基盤となるものであった．

1898年10月11日，都市建築暫定規則が公布された[20]．それは青島都市部を，（1）ヨーロッパ系住民の住宅・ビジネス街，（2）ヨーロッパ系住民の郊外住宅地区，（3）中国系住民の居住区の3つに区分し，それぞれの地区での建物の建築規格を定めたものである．これによりヨーロッパ系住民の居住区と中国系住民の居住区は視覚的に区別できるようになった（**図5・図6**参照）．

同規則では，ヨーロッパ系住民の住宅・ビジネス街では，総面積のうち建物の面積が占める割合は10分の6までと規定したのに対し（郊外住宅地区では10分の3），中国系住民の場合，4分の3までとされた．建物の高さについては，

---

17) 総督府の土地政策は，植民地領有を既成事実にするためにも，租借条約締結以前から着手された．以下を参照．Leutner, *„Musterkolonie Kiautschou"*, S. 170-171 u. S. 173-175.

18) その内容は，土地所有者は土地を再売却する際に純益の3分の1を総督府に納めること，そしてその土地の再売却の際には総督府が土地の先買権をもつというものである．Leutner, *„Musterkolonie Kiautschou"*, S. 206-208.

19) Ebenda, S. 206-208.

20) Vorläufige baupolizeliche Vorschriften für die Stadtanlage im Gouvernement Kiautschou, in: *Amtsblatt für das Schutzgebiet Kiautschou* [以下，*Amtsblatt* と略記], 8: 15 (13. 4. 1907), S. 85-87. 1898年10月11日公布の規則を再録したもの．

図5　青島都市図（1912年頃）
出典：BA/MA, RM 3/6724, Bl. 24 より著者が加工.

ヨーロッパ系住民の場合，それに面した通りの幅以上に高くしないこと，また最高でも18メートルまで，人間が常時居住する空間は3階まで，中国系住民の場合2階まで，隣接する建物と建物との間隔は，ヨーロッパ系住民の場合3-6メートル，中国系住民の場合3メートルとされた．そのほか中国系住民の場合，常時居住する空間の床面積を5平方メートル，内法の高さは最低2.7メートルをとること，また藁葺き屋根は禁じられた．

図6 青島および大鮑島の都市建設計画（1901年）
出典：Denkschrift 1901/1902, in: *SBVR*, 196 (1903) の付図をもとに著者が作成．

　同規則は，第1条に明記されたように，「健康・交通・強度・防火」を主眼としており，防火壁の設置規定などもあった．しかし，同規則はヨーロッパ系住民の居住区に比べ，中国系住民の居住区では，（1）土地面積に占める建物の割合がより大きく設定されたため，建築物がより密集しやすく，（2）建築物内の居住空間はより狭隘に，（3）建築物自体の高さはより低くなるように設定されていた．この規定により，一望しただけで，ヨーロッパ系住民の居住区と中国系住民の居住区の境界線は明確となったのである．

この都市建築暫定規則では，ヨーロッパ系住民の居住区と中国系住民の居住区との境界は規定されていなかった．それを規定したのが，1900年6月14日に公布された「華人条令」の第10条である[21]．この第10条によって，都市部におけるヨーロッパ系住民の家屋の建設範囲は，東はイルティス山斜面より海岸線まで，西はフリードリヒ通り，南は総督府の丘の尾根に沿った東の峠道まで，北はホーエンローエ道までを境界としていた．この境界内での中国系住民の家屋建設は制限され，実際には都市部北側の大鮑島地区を中国系住民の居住区とするものであり，同地区の通りには，中国名が付けられ，ヨーロッパ系住民の居住区には，ドイツ名が付けられた．

　こうした居住区の分離政策の結果，大鮑島には，都市建設の開始とともに，多くの中国系労働者が居住するようになった．総督府によって制約された狭隘な空間に突如として大量の労働者が流入したことにより，同地の衛生状況はきわめて悪化した[22]．そして疫病の蔓延を恐れた総督府は，都市周縁部の2ヵ所に労働者用住宅を建築し（台東鎮・台西鎮），大鮑島地区を商業区とした．

　総督府による土地利用の規定・建築規格の設定，そしてヨーロッパ系住民と中国系住民の人口配置は，植民地都市青島の社会秩序を具現するものだった．それはヨーロッパ系住民と中国系住民の居住空間の境界線を可視化し，さらに中国系住民のうち商人層と労働者層の居住区を分離し，中国系労働者の居住区を都市周縁部に配置するものであった．

中国系住民に対する特別法規

　膠州湾租借地では，ヨーロッパ系住民は，他のドイツ植民地と同様，ドイツ法の下に置かれたのに対し，中国系住民には特別な条令が公布された．まず，

---

21) Verordnung, betreffend Chinesenordnung für das Stadtgebiet Tsingtau. Vom 14. Juni 1900, in: *Amtsblatt*, 1:1 (1900)［原資料に頁記載なし］．この条令全体の性格については次項参照．

22) たとえば1899年夏に大鮑島で，発疹チフスの発生が記録されている．Wilhelm Schrameier, *Kiautschou. Seine Entwicklung und Bedeutung. Ein Rückblick*, Berlin: Curtius, 1915, S. 37.

1898年7月1日に「華人の法環境に関する条令」が公布された（1899年4月15日改正）[23]．

これは，中国系住民の裁判手続き・処罰方式を規定するものであった．第6条以下に，刑罰の種類が規定され，それはドイツの刑法ではすでに廃止されていた身体刑を含むものだった（笞刑100回まで，罰金5000ドルまで，禁固刑15年まで，終身刑，死刑があり，笞刑は一度に25回まで，また罰金が払えない場合，笞刑で代用可能なこと，禁固刑は強制労働をともなうことなど）．また，ヨーロッパ系住民の裁判が青島裁判所（1908年以降，上級審も設置．それ以前は2審以降，上海総領事館が管轄）で行われたのに対し，中国系住民の裁判は，行政も担当した地区担当官（Bezirksamtmann 副按察使．都市部青島と郊外の李村の2ヵ所に設置）が処理することになった．これはヨーロッパ系住民には，司法と行政の分離の原則が適用されたのに対し，中国系住民にはその原則が適用されなかったことを意味した．

1900年6月14日に都市部の中国系住民を対象にした「華人条令」が制定された[24]．この条令は，中国系住民の日常生活を植民地行政の統制下に置くことを意図していた．まず，都市部を9区に分け，それぞれの区に区長，徴税人（糧約），董事（区長の下で監督の任にあたる者，土地所有者から区長の推薦で総督によって任命）を置き，中華事務担当官（Kommissar für chinesische Angelegenheiten 中華事宜輔政司）にそれらの役職を監督する権限を与えた（第1条，第2条）．日常生活に関する規定としては，夜9時以降夜明けまでは，灯籠なしに街路に出てはいけないこと（第5条），中華事務担当官の認可なしに中国語の告示を掲示してはならないこと（第6条），そして総督の認可なく宗教的目的以外で集会をすることが禁止された（第7条）．また総督の許可なく婚礼・葬儀以外の行列を

---

23) Leutner, *„Musterkolonie Kiautschou"*, S. 208-210.
24) Verordnung, betreffend Chinesenordnung für das Stadtgebiet Tsingtau, in: *Amtsblatt*, 1:1 (1900). 中国語文にはこの条令に名称は付されていない．膠州領総督府が公布した条令の中国語文では，租借地内の中国系住民は「華人」もしくは「華民」と表記された．この2つの語は明確に使い分けられておらず，本書では混乱を避けるため，「華人」と表記を統一する．

つくること，花火を点火すること，演劇を上演することが禁止された（第8条）．さらに前項で述べた居住空間に関する規定がさらに詳細に記載された（第10条bおよびc）[25]．加えて，病気の発見の際には48時間以内に警察に届け出ること（第11条），動物の養育・植物の栽培について（第12・13条），住居と住居前の通りを清潔にする義務が規定された（第15条）．

1898年の「華人の法環境に関する条令」と1900年の「華人条令」は，相補的なものであった．前者は，行政と司法の権限を地区担当官に集中させ，さらにその改正法第5条で，処罰の対象を「帝国ならびに他人の健康，生命，自由，そして財産」あるいは「公共秩序の利益」を侵すことと大まかに規定し，後者は，衛生上の規定のほか，夜間の外出制限，中国語の告示・集会・行列・演劇などを認可制にするなど日常の細部を統制しようとするものであった．青島高等裁判所の上級判事クルーゼン（Georg Crusen）は，中国系住民への処罰について次のように述べている．「膠州領の中国人がいつ処罰されるかと問われれば，正しくも，いかなるときでも，と答えられるだろう」[26]．

中国系住民の行政参加

膠州湾租借地の植民地行政機構は，総督を頂点とした一元的な行政機構であった．総督府の最高位に立つ総督は，民政部と軍政部を統括し，さらに条令公布権を有した．海軍省長官の指揮下にあった総督は，条令公布の際には，海軍省長官の副署を必要とし，さらに，総督は，毎月大部にわたる報告書を作成し

---

25)「（b）青島地区と大鮑島地区では使用人部屋を例外として以下のとおりに空間が保障されなければならない．10歳以上の華人1人につき6平方メートルの床面積に25立方メートル，10歳以上の華人2人につきそれぞれ床面積4平方メートルに20立方メートル，20歳以上の華人若干数にはそれぞれ4平方メートルにつき16.5立方メートル，10歳未満が2人の場合については，10歳以上の1人と同じ扱いにする．（c）残り全ての地区並びに青島と大鮑島の使用人部屋に対しては，10歳以上の華人1人に床面積2.5平方メートルに8立方メートルの空間を備えた住居が設置されなければならない．」

26) Georg Crusen, Die rechtliche Stellung der Chinesen in Kiautschou, in: *Zeitschrift für Kolonialrecht*, 15: 2 (1913), S. 4-17. とくに16頁を参照．

海軍省に提出しなければならなかった[27]．これによって，本国政府との関係では，総督の権限は大きく制限されていたといえよう．しかしながら，中国系住民にとっては，総督の権限に抗する法的手段を持たないという意味で，総督は絶対的な権力者であった．

総督の下には総督府参事会（Gouvernementsrat）が置かれた．その参事会は，総督が議長を務める審議機関であり，その総督に植民地行政について諮問する権限を有したが，議決権は総督にあった．これは総督と総督府の各部局長によって構成されており，行政官僚主導の機関であったが，ヨーロッパ系住民から3人の代表も参加していた（第V章参照）．そのヨーロッパ系住民の代表は，1899年3月15日に公布された地区代表選挙に関する法律に基づいて，総督によって1名が選ばれ，あとの2人は商人層と土地所有者の代表として，それぞれ1名が選挙によって選ばれた[28]．

中国系住民の植民地行政への参加を担ったのは，中華商務公局であった．この機関は，1902年4月15日付で公布された暫行設立中華商務公局章程に基づいて設立された[29]．中華商務公局は12人の委員によって構成されており，山東省出身の商人から6人，他省出身の商人から3人[30]，買辦商人から3人が選ばれた．この商務公局の任務は，青島と大鮑島の中国系住民の住居登録，中国系住民間の商業上の係争の処理，中国系住民の家族法・相続法上の係争への介

---

27) Leutner, „*Musterkolonie Kiautschou*", S. 171.
28) Klaus Mühlhahn, *Herrschaft und Widerstand in der „Musterkolonie" Kiautschou. Interaktionen zwischen China und Deutschland, 1897-1914*, München: Oldenbourg, 2000, S. 210; Denkschrift 1898/1899, in: *SBVR*, 175 (1900), S. 2830; Denkschrift 1906/1907, in: *SBVR*, 245 (1907), S. 8.
29) Verordnung betreffend die provisorische Errichtung eines chinesischen Kommittees, in: *Amtsblatt*, 3: 18 (1902), S. 59-61.
30) 膠州湾租借地が商業的に発達するにつれて，隣接する山東省のほか，とくに華南からの中国系商人が大鮑島地区に支店を構えるようになった．ここでの「他省」とはとくに江蘇・広東などの中国南部の諸省を指している．ちなみに，最初に選出された12名の氏名は，傅炳昭，董永生，王作護，梁雲浦，金香孫，厳徳祥，徐錫三，邱六斎，朱子興，張少坡，柴竹蓀，李承恩．注29）の史料の中国文布告のなかに，氏名がすでに記載されていた．

入，中国系住民の経済問題・福祉施設についての総督府への請願などであった．

この中華商務公局の設立は，都市部の中国系住民間の民事訴訟を中国系住民のうち資産・名望のある商人層の手に極力委ねることを意味していた．膠州領総督府は，海軍省に対する報告書のなかで，すでに以前から中国商人層から中国系住民のみに関係する事案について行政への参加を認めるように要請されていたと記している．そのうえで，試験的に「中国人の有益な協力」をえるための制度として，この機関を導入したと説明していた[31]．義和団戦争までは，膠州領総督府は，先述の「華人の法環境に関する条令」および「華人条令」のように，中国系住民に対して植民地統治に抵抗する潜在的な敵として統制する政策に重点を置いていた．しかし，第Ⅱ章第3節ですでに論じたように，膠州領総督府は，植民地経済にとっての中国商人層の役割の大きさを認識するようになっていた．そのために，どのように有力中国商人層の「協力」をえるかが総督府にとっての課題になっており，それがこの機関の設置に現れている．しかし，これを中国商人層の立場からみれば，中国系住民の自治的な権限の獲得を意味しており，中華商務公局の設立はその制度的な保障を表すものといえよう[32]．

この中華商務公局は，1910年8月18日に解散し，その役割は以下の新たな機関によって担われた．1つは，その前日の布告で認可された青島華商商務総会と名づけられた中国商人の商業会議所であり，これは中国商人間の民事の係争を処理する課題を担った．もう1つは，同日公布された公挙参議督署董事章程によって規定された4人の中国系住民代表（＝董事）である．これら代表は，総督府参事会に出席し，中国系住民に関わる問題への発言が認められた[33]．こ

---

31) Truppel an Tirpitz, Tsingtau, 28. 4. 1902, BA/MA, RM 3/6711, Bl. 71-72. 本史料については，拙稿「ドイツの進出と青島の形成（1897-1903年）」歴史学研究会編『世界史史料 9 帝国主義と各地の抵抗Ⅱ』岩波書店，2008年，138-139頁も参照．
32) この点は，久保亨「近代山東経済とドイツ及び日本」本庄比佐子編『日本の青島占領と山東の社会経済――1914-22年』東洋文庫，2006年，63頁の示唆を受けたものである．
33) Satzungen für die Chinesische Handelskammer in Tsingtau. Vom 17. August 1910, in: *Amtsblatt*, 11:33 (19. 8. 1910), S. 213-222; Verordnung betreffend Auflö-

れ以前には，総督府参事会に参加した住民代表はドイツ帝国籍民に限られており，中国系住民は一定以上の土地所有者にのみ選挙権が与えられていたにすぎなかった[34]．上記の章程は，その4人の代表が総督府参事会において直接自らの利益を発言する権利を認めるものであった．この中華商務公局の解散と総督府参事会での中国系住民代表の議席獲得の経緯については，第V章でより詳細に論じることになるだろう．

社会下層に対する空間管理

しかし，上述の行政参加の形式は，法令上「華人」と表記された中国系住民全体から「工人」や「跟役」と表記された中国系労働者・使用人を考慮の対象外としている．中国系住民のなかで，行政参加の可能性をえることができたのは，財産と土地をもつ富裕な社会層に限定されていた．植民地支配者からみれば，「工人」や「跟役」は規律化される客体にすぎなかった[35]．これらの人びとは，「苦力」とよばれ，賃金獲得の機会を求めて移住してきた人びとを指す．それらの人びとは，植民地社会の下層に位置し，港湾・建設労働者，各工場労働者，人力車夫など多様な職種から構成されていた[36]．

青島における労働人口の地理的分布をより詳細に考えれば，以下のようになる．1910年〔（ ）内は1913年の数値〕に，大鮑島の10歳以上の中国系男性の数

---

sung des chinesischen Kommittees. Vom 18. August 1910, in: *Amtsblatt*, 11: 34（26. August 1910), S. 227; Bekanntmachung, betreffend Ernennung chinesischer Vertrauensleute, in: *Amtsblatt*, 11: 34（26. 8. 1910), S. 228.

34) Mühlhahn, *Herrschaft und Widerstand*, S. 210.
35) 中華事務担当官シュラマイアーは，膠州湾租借地の工業化のために農民を労働者に転用することを急ぐことを戒めて，当時の上海総領事シュテューベル（Oskar Stübel, 1900年から1905年まで外務省植民地局長）が「金の卵を産むニワトリを殺すな」と表現したことに言及している．Wilhelm Schrameier, Wie die Landordnung von Kiautschou entstand? in: *Soziale Streitfragen. Beiträge zu den Kämpfen der Gegenwart*, 14（1903), S. 1-14. 引用は7頁．
36) ドイツ統治下の青島における中国系住民の社会層別の分析として，Fu-teh Huang, *Qingdao. Chinesen unter deutscher Herrschaft 1897-1914*, Bochum: Projekt-Verlag, 1999を参照．

は 2 万 303（3 万 2341）人，台東鎮では 7096（6371）人，台西鎮では 728（1403）人であった[37]．1910 年に青島には単純労働者およそ 1 万 600 人に加えて，工場労働者 5000-6950 人がいたと推定されており，台東鎮・台西鎮をあわせても推定される労働者の数に満たないことから，残りの労働者は大鮑島に居住していたと考えられている[38]．

　造船所・発電所・屠獣場・煉瓦工場といった工場は大港および小港付近に集中しており，日常生活のうえではヨーロッパ系住民と接することはほとんどなかったであろう．日常生活でヨーロッパ系住民と接触する機会が多かった人力車夫に対しては，1909 年に鉄道駅付近に人力車夫およそ 800 人が宿泊可能な施設（Rikschadepot）が設立されている[39]．これも，ある職業集団を一定空間に囲い込むという意味では，居住区の分離の延長線上にある政策とみることができるだろう．その意味で，雇用主の家の小部屋に宿泊した家事使用人たちは例外的な存在であるが，その人びとも大鮑島で宿泊することがしばしばあったと報告されている[40]．このようなある種の囲い込みに加えて，総督府は，1898 年 7 月 1 日に公布された中国系労働者・使用人の職務違反に関する条令にみられるように，罰金・身体刑・禁固などの罰則を科して管理下に置こうとし，さらに総督府造船所で工場労働者向けの職業教育課程を設けるなど，労働者として規律化することを試みた（第 IV 章第 4 節）[41]．

　これまでの議論をまとめよう．（1）1910 年以前には，中国系住民は総督府参議会から排除され，商人層主導の中華商務公局に民事係争・福祉厚生の問題を委ねていた．（2）1910 年以降，商人層の代表が総督府参事会に参加することになったが，その発言権は中国系住民に関わる問題のみに限られていた．（3）この行政参加の形式は，法令上「華人」と表記された中国系住民全体から「工人」「跟役」と表記された中国系労働者・使用人を考慮の対象外として

---

37) Bevölkerung im Schutzgebiete, in: *TNN*, 3. 8. 1913. また**付録 1 参照**.
38) Huang, *Qingdao*, S. 119.
39) Ebenda, S. 124.
40) Ebenda, S. 134.
41) Denkschrift 1901/1902, in: *SBVR*, 196（1903）, S. 5592f-5592g.

いた．中国系住民のなかで，行政参加の可能性をえることができたのは，財産と土地をもつ富裕な社会層に限定されており，植民地統治機関にとって，工場労働者・港湾労働者・都市雑業層は，規律化される客体か，あるいは管理の対象でしかありえなかった．

3　「華人」と「青島人」

租借地在住の中国系住民に対する主権の所在

8ヵ国連合軍による義和団の鎮圧以後，山東省政府の重要な課題の1つは，膠州湾租借地を統治するドイツ総督府との交渉であった．山東鉄道が徐々に開通するにつれ，租借地と後背地との間の人・物資の流通が盛んになると，山東巡撫・周馥は，租借地内の中国系住民の処遇について，膠州領総督府との協議の必要性を認識していた．

1902年12月7日から11日まで周馥は，山東巡撫としてはじめて膠州湾租借地に滞在し，膠州領総督と会談した．滞在期間中，彼と膠州領総督トルッペル（Oskar von Truppel）との間で争われた最大のテーマは，租借地在住の中国系住民は，中国とドイツとどちらの国家の主権に属するのかという問題であった．そもそも中国との条約では，膠州湾租借地内の国家主権を租借期間中移譲したとはいえ，中国側からすれば，同地はあくまで「租借地」であり「植民地」とは異なるという認識をもっていた（第I章第2節）．そして周馥は，領土主権とは別に，その「租借地」に住む中国系住民に行使されるべき国家の主権の所在は中国にあると考えていた．

したがって，到着した翌日の12月8日の晩餐会で，周馥が，その演説で，青島は租借されたが今なお山東省に属していると述べたのも不思議ではない[42]．それに対し，総督府は，租借条約第3条に記載されている租借期間中の主権のドイツへの移譲は属地主義に基づいており，いかなる場合でも租借地内でドイツ主権以外の国家の主権は存在しないという立場をとっていた[43]．しかし，総

---

42) Truppel an Tirpitz, 30. 12. 1902, PAAA, Peking II, 1239, Bl. 14.

督府自身も,「租借」という概念に懸念をもっていたのは疑いない．実際にドイツ総督府は，周馥が膠州湾租借地に到着した際に，租借地内の中国系住民が中国を暗示させる国旗・装飾を中国系住民の家屋に施すことを禁止し，官庁の建物にはできるかぎりドイツ国旗を掲げるようにさせた[44]．

しかし，周馥は，中国系住民に対する国家の主権は中国当局にあるべきという見解を崩さなかった．彼は，青島滞在期間中に中華商務公局を訪問した際，膠州湾租借地と後背地との間の経済的交流を活性化させるため，膠州湾租借地内に清国領事館を設置することを提案した[45]．この提案は，ドイツ植民地支配の前提を覆しかねず，総督府にとって絶対に容認できないものであった．なぜなら膠州湾租借地における清国領事館の設置は，同地在住の中国系住民に国家権力を行使する主体が，ドイツ総督府以外にもう1つ発生することになるからである．総督府とドイツの外交代表は，青島への領事館設置の回避で意見の一致をみていた[46]．青島が商業植民地として成長し，ヨーロッパやアメリカ合州国の商社の支店が同地に設置されるようになると，各国の外交代表が青島に領事館の設置を要求したが，ドイツ本国政府・外務省ともに，清国領事館の設置は論外という立場をとっていた[47]．

租借地在住の中国系住民は，ドイツ主権下でドイツ植民地法に属すこと．それが，周馥の問いに対する総督府側の見解であり，この点では総督府と中国に駐在する外交官たちは一致していた．しかしこの結論は，租借地在住の中国系

---

43) Ansprache des Gouverneurs Truppel an den Shantung-Gouverneur Choufu und das Chinesencomité am Vormittag des 10. Dezember 1902 im Strandlager, PAAA, Peking II, 1239, Bl. 19-20.

44) Gouvernement Kiautschou, Hauptbericht über den Besuch Tschoufu. 24. 12. 1902, PAAA, Peking II, 1239, Bl. 7-8.

45) Truppel an Tirpitz, 30. 12. 1902, PAAA, Peking II, 1239, Bl. 14-15.

46) Gesandtschaft in Peking, Besuch des Gouverneur Choufu in Tsingtau, PAAA, Peking II, 1239, Bl. 21-22. 帝国宰相宛の意見書の草稿で，北京公使館は，ドイツ側が済南領事館を設置する際，交換条件として，山東巡撫が在青島清国領事館設置を要求するかもしれないので，そのような山東巡撫の出先機関は，青島にではなく租借地外の膠州に設置するようにと述べている．

47) Mumm an Knappe, 24. 5. 1904, PAAA, Peking II, 1240, Bl. 73.

住民がどちらの国籍を有するのかという問題に答えるものではなかった．そもそも租借地で施行された法令に表記された「華人」がドイツ植民地法上の「原住民」（Eingeborene）なのかどうかは，不問にされていたのである．

租借地外での租借地在住の中国系住民に対する主権の所在

租借地在住の中国系住民は，植民地法の法的範疇である「原住民」に属すのか否か．この問題は，租借地在住の中国商人にドイツ国旗の使用を認めるかどうかという問題とともに論議されるようになる．1903年6月，シンガポール在住のある中国商人は，ドイツのシンガポール領事に青島に支店を設置した場合，ドイツ国旗を掲げて商業活動ができるかどうかを問い合わせた．膠州領総督府はこの提案に以下の2つの理由で同意した．（1）ドイツ商船の中国沿岸交易における影響力は，日本商人の勢力伸張とともにきわめて弱まったので，ドイツ国旗の使用を認めることによってドイツの経済勢力をふたたび活性化させられるのではないかということ，（2）ドイツ国旗使用の認可は，総督府の収入源になりうるかもしれないこと，である[48]．

このシンガポール在住の中国商人の問い合わせは，同時に，たんに中国出自の移住者が支店を設置し住民登録するだけで，その者を植民地法でいう「原住民」と認めてよいものかどうか，という問題を引き起こした．この問いに対して，膠州領総督は，ドイツ植民地法では「原住民」はきちんと定義されていない，だからこそ自らの利益になるように実際的に政策を決定するべき，と主張したのである[49]．

こうした総督府の見解に真っ向から反論したのは，上海総領事クナッペ

---

48) Kiautschou Gouvernement, Denkschrift betreffend das Recht der Eingeborenen zur Führung der Reichsflagge im Kiautschou-Gebiete, 21. 9. 1903, PAAA, Peking II, 1239, Bl. 296; Truppel an Tirpitz, 21. 9. 1903, PAAA, Peking II, 1239, Bl. 302 u. 309; Gumprecht an Gouvernement Kiautschou, 18. 8. 1903, PAAA, Peking II, 1239, Bl. 305.

49) Kiautschou Gouvernement, Denkschrift betreffend das Recht der Eingeborenen zur Führung der Reichsflagge im Kiautschou-Gebiete, 21. 9. 1903, PAAA, Peking II, 1239, Bl. 294-295.

（Wilhelm Knappe）であった．1904年8月の北京公使ムンム（Philipp Alfons Mumm von Schwarzenstein）宛の報告書で，彼は，中国商人に対するドイツ国旗使用の認可の問題は，植民地の「原住民」への保護権行使の問題と結びついていることを指摘したうえで，以下の2点から，総督府の主張に反論した．（1）中国商人へのドイツ国旗使用の認可が，1880年3月31日にドイツ政府と清朝政府の間で結ばれた続修条約善後章程第5款の1で禁止されていること，（2）保護権の行使が中国におけるドイツの経済勢力の伸張に，むしろ悪影響を及ぼしかねないことである[50]．

ドイツ本国では，1904年の時点で海軍省は，膠州領総督府の見解に全面的に賛成し，国旗使用の認可による中国でのドイツ勢力の伸張を主張した[51]．帝国宰相ビューロ（Bernhard von Bülow）も憂慮を表明しながらも，乱用を避けるため1年ごとに許認可更新という条件付きで，海軍省の意見に同調した[52]．膠州領総督府は，1898年4月27日の保護領宣言により，膠州湾租借地はドイツ保護領であり，その領域の国家としての主権はドイツにあるのだから，ドイツ植民地法にある「原住民」の国旗使用の権利付与はなんら問題がないと述べ，結局のところ，北京公使館もこの意見に賛同した[53]．この時点で総督府は，租借地在住の中国系住民を「原住民」と認識したわけである．したがって，ドイツ本国の政治指導層も在中国の外交代表も，「原住民」とは誰かという定義を検討するよりも，総督府の意見のように，その曖昧さを利用して勢力伸張の方針を採ったといえよう．

もちろん，租借地在住の中国商人層は，自らをドイツ植民地の「原住民」と認識していたわけではない．1905年1月6日青島の中華商務公局は，青島在

---

50) Knappe an Mumm, 13. 8. 1904, PAAA, Peking II, 1240, Bl. 178-180. 上記の続修条約善後章程は，王鉄崖編『中外旧約章彙編』第1冊，生活・読書・新知三聯書店，1982年第2刷，375-376頁参照．
51) RMA an AA, PAAA, Peking II, 1240, Bl. 205.
52) Reichskanzler an Mumm, 26. 9. 1904, PAAA, Peking II, 1240, Bl. 201.
53) Truppel an Gesandtschaft in Peking, PAAA, Peking II, 1240, Bl. 211; Mumm, Recht der Eingeborenen zur Führung der Reichsflagge im Kiautschou Gebiete, 9. 11. 1904, PAAA, Peking II, 1240, Bl. 215.

住の中国商人が租借地外で商業上の係争に遭ったとき，総督府が青島の中国商人のために介入することを請願した．総督府は北京公使館宛の文書で，この請願以前より青島在住の中国商人を「原住民」であるとみなし，山東省政府に圧力をかけていたことを明らかにしている[54]．しかし，この場合，青島の中国商人たちは，自らの利害関心に沿って行動していたにすぎないだろう．なぜなら，中華商務公局は，周馥が租借地に来訪したとき，彼を招待し良好な関係を維持することに腐心していたからである[55]．総督府が実際的な法の運用を企図・実施していたように，租借地の中国商人たちもきわめて実利的な行動をとっていたといえよう．

中国ナショナリズムと政策の転換

租借地に在住する中国系住民の国旗使用の認可は，総督府の思惑どおり，帝国宰相，ドイツ総督府，海軍省，さらには北京公使館までもが実施の方針で一致していた．ところが結局は，それは法令として公布されることはなかった．その原因は，中国知識人層が新たに新聞という媒体を通じて中国ナショナリズムを積極的に表現し，反帝国主義を唱えたことによる[56]．

上海総領事クナッペは，1905年4月12日付の北京公使ムンム宛の報告書で次のように主張した．

> 現時点は，青島人（Tsingtauchinesen）［＝租借地に住民登録をした中国系住民の意］が，とくに中国に対して，どのような国法上の地位をもつかという問題を解決するのに，まったくもって不都合であると思われます．私た

---

54) Gouvernement Kiautschou an Gesandtschaft in Peking, 16. 1. 1905, PAAA, Peking II, 1241, Bl. 5-7.
55) Truppel an Tirpitz, 30. 12. 1902, PAAA, Peking II, 1239, Bl. 14-15.
56) 中国のナショナリズム研究として最近の成果に，西村成雄編『現代中国の構造変動 3 ナショナリズム――歴史からの接近』東京大学出版会，2000年．また吉澤誠一郎『愛国主義の創成――ナショナリズムから近代中国をみる』岩波書店，2003年では，清末の世論形成におけるジャーナリズムの役割とその政治運動との関連が動態的に描かれている．

ちは現在，イギリス，アメリカ，そして日本の新聞によって，彼らのいうわれわれの山東への意図のために，絶えず攻撃されています．(……) ここでも，私が青島の将来を信じていることを繰り返し述べますが，しかしわれわれは，戦いのときの声を上げる軍人政策から距離を置かなければなりません．青島におけるわれわれの合言葉は，中国に敵対することではありません．そうではなく中国と協力することです．戦いのときの声は，今ではつねに「中国人のための中国」です．われわれは，今はそれに従わなければなりません．(……) しかし，われわれは，数少ない親ドイツ派のために，領土ないし法の拡張という野心と解釈されかねないことは，避けなければなりません．

そして，香港・シンガポールの例を挙げ，イギリス植民地行政機関がその中国系住民を植民地の領域を越えて法的に保護したことはないと述べ，中国系住民を植民地法上の「原住民」として法的に扱うことを承認するようにとの総督府の要求を斥けようとした[57]．

義和団鎮圧以後，清朝政府は，変法運動で失敗した内政改革の試みをふたたび開始していた．そして，中国各地で新聞というメディアが情報の伝達を速めると同時に，その媒体を通じて，留学生を中心とした新たな知識人層が中国ナショナリズムを表現するようになった．ドイツの膠州湾租借地統治・山東経済利権も，その新知識人層の格好の攻撃の的であった．同時に，帝国主義列強は，こうした内政改革に影響力をもつことがその後の中国市場における経済的優越を確保することになると考えていた．さらにイギリス，アメリカ合州国，そしてドイツなどは，日清戦争以後の日本の中国進出に脅威を感じていた．とくに，留学生・日本人教師の文化的交流は，政治・経済部門での影響力拡大と密接に結びついていると考えられ，それぞれ中国政府に対して大規模な文化政策を計画・実施するようになった．ドイツ外務省が推進する対中国文化政策は，中国の中央政府との「協力」を前提としており，したがって中国に在勤していたド

---

57) Knappe an Mumm, 23. 4. 1905, PAAA, Peking II, 1241, Bl. 149-151.

イツ公使・領事たちにとって，中国での反ドイツ感情の拡大は最大の脅威であったといえよう[58]．

済南領事ベッツ（Heinrich Betz）も総督府の見解に反論を加えた．彼は，1905年2月15日の北京公使ムンム宛ての報告書で，1872年5月1日のオスマン帝国，中国，日本等における領事館保護に関する帝国宰相の訓示，および1900年10月27日の被保護民に関する領事裁判法についての指令に照らせば，保護領内の中国系住民は「被保護民」（Schutzgenosse）とみなすことはできないとし，また仮にその者たちをドイツ保護領籍民とみなしたとしても，領事の権限で保護する必要はないとし，総督府の考えを否定した[59]．そして，北京公使館も，以前の意見を撤回し，上海総領事・済南領事の意見に同調した[60]．結局，この問題は，公使館・領事館レベルで棚上げされたままになった．1908年に再燃するも，済南領事ベッツは，上述の1905年2月15日の報告書と同様の理由で，総督府の考えを否定している[61]．

しかし，興味深いことに，1908年5月の済南領事ベッツの報告書によれば，この問題についての帝国宰相の最終的な決定は下りていなかった[62]．上述のとおり，総督府もドイツ外交代表も，租借地内の中国系住民はドイツ主権下にあることについては一致していた．もし租借地に在住する「華人」が清国籍民であれば，すなわち外国人となる[63]．その場合，総督府は，山東巡撫・周馥が望

---

58) Mühlhahn, *Herrschaft und Widerstand*, S. 237-241. 光緒新政と日本との関係については，Douglas R. Reynolds, *China, 1898-1912. The Xinzheng Revolution and Japan*, Cambridge, Mass.: Harvard University Press, 1993.
59) Betz an Mumm, 15. 2. 1905, PAAA, Peking II, 1241, Bl. 152-156.
60) Mumm an den stellvertretenden Gouverneur Kiautschou, 27. 4. 1905, PAAA, Peking II, 1241, Bl. 157.
61) Betz an Rex, 26. 5. 1908, PAAA, Peking II, 1244, Bl. 209-210.
62) Ebenda.
63) 清朝政府が国籍法を制定したのは1909年のことである．したがって，それ以前に清国籍民を規定する法はなかった（田中恭子「第三部 「華僑華人」全体解説」若林正丈・谷垣真理子・田中恭子編『原典中国現代史 7 台湾・香港・華僑華人』岩波書店，1995年，256-262頁）．しかし日本政府が台湾領有に際し，現地住民に日本国籍取得か台湾島を去るかの選択を強要したように，東アジアの国際関係が国

んでいた租借地内の中国領事館の設置を拒否する根拠を失う危険性があった．租借地内の清国領事館の設置は，租借地在住の中国系住民に国家としての主権を行使する主体が2つ存在することを意味する．それは，支配領域内の一元的な権力を志向する植民地支配にとって避けなければならない事態であった．

まさにこれは，本章第1節で論じた，植民地法の属人主義／属地主義の対立が実際の政策レベルで顕在化した問題であった．この問題に対して，ドイツ植民地政策側の回答は，中国系住民の法的地位を常に未定義のままにしておくことだった．租借地在住の中国系住民は，租借地の条令では「華人」と表記された．この「華人」は，対中国政策上は清国籍民，また植民地政策上は「青島人」＝「原住民」というように使い分けられたのである．その結果，租借地在住の中国商人層は，法的な権利をもつ主体としての行為を否定され，本節で指摘したように，自らの法的な保護を求める場合には，総督府・省政府両方に要求するほかなかったのである．

中国系労働者移送の中継地としての膠州湾租借地

中国系住民に対してその法的主体としての存在を否定することは，植民地統治機関にとって，中国地方当局の介入を排除し，かつ中国系住民の主権者としての権利を否定したという意味で，植民地領域内での統治を容易にしただけではない．それは，膠州湾租借地が資本主義市場における流通の中継地である商業植民地として機能するために，ほかの流通拠点と比して有利な条件を創出した．具体的には，この否定の論理は，山東省内の他の沿岸諸港に比して，青島港を労働力移動の中継地として優位な地位を占めることに寄与するものであった．

元来，山東省は，中国東北地方への出稼ぎ労働者の送り出し地域であった[64]．

民国家体系に移行するにしたがい，国籍は，とくに国際間を移動する人びとにとって具体的な問題となっていっただろう．台湾籍民については，戴国煇「日本の植民地支配と台湾籍民」『日本近現代史研究』第3号，1981年1月，105-146頁．とくに108-110頁．

64) 松浦章「清代における山東・盛京間の海上交通について」『東方学』第70輯，

すでに膠州湾占領の前後に，山東をめぐるドイツの植民地政策論のなかで，石炭などの鉱物資源とならんで，その豊富な人口を将来有望な労働力としてみる議論は存在した．しかし，その議論のなかでは，山東住民は鉄道・鉱山事業の際の労働者として論じられており，新しいドイツ植民地を労働力移動の中継地として発展させる意図はなかった（第Ⅰ章第1節）．山東移民が膠州領総督府の政策目標として言及されるようになったのは，まさに自由港制度改編にともなって，新たな植民地経済のあり方が構想された1904年半ば以降である．

第Ⅱ章第4節で触れたように，1904年4月，膠海関税務司オールマー（Erich Ohlmer）は，帝国海軍省長官ティルピッツに宛てた意見書のなかで，山東移民の青島経由のルートを開発することを提言していた．オールマーは，毎年，山東から満洲へ20万人以上の移民が渡航すると指摘し，とくにその移民の主たる経由地が煙台であることに注目した．彼によれば，1903年の煙台・牛荘間を往復した移民は3万8600人，ウラジオストクとは2万2100人，旅順とは14万6000人，大連とは5万6000人を数えた．オールマーにとって問題は，煙台での滞在費・渡航費の安さのために，膠州湾周辺の住民も中国東北地方へ渡航する場合に，青島港からではなく煙台に向かうということであった．たしかに山東鉄道を利用して青島に到着する山東移民は1902年に7万99人，1903年に8万6919人を数えた．しかし，そのほとんどは青島の建設事業に従事する労働者であった．青島で都市建設に従事する労働者は1万人ほどで，鉄道を利用して居住地と租借地の間を往復していた．オールマーは，初期のインフラ建設が終われば，この移動の流れは終わり，その結果，青島経済が停滞すると考えていた．予測される停滞の到来を回避するために，彼は，煙台を経由して中国東北地方に向かう移民の流れの一部を青島に引きつけることを提案した．それは，具体的には，青島港と遼東半島を直接の汽船航路によって結びつけるというものであった[65]．

1985年7月，91-104頁．荒武達朗『近代満洲の開発と移民——渤海を渡った人びと』汲古書院，2008年の第2章，第6章，第7章参照．

65) Tsingtau, sein Handel und seine Zukunft. Eine handelspolitische Betrachtung über Deutschlands Stellung in China vor und nach dem Kriege, in: BA/MA, RM

オールマーの意見書は総督府の政策を厳しく非難していたために，総督府はこの意見書自体に対して批判的な回答を寄せていた．しかし，中国東北地方へ向かう移民の流れを青島に引きつけるという提案に対しては，総督府はむしろ積極的に受け入れていた．ただし，総督府の回答では，植民地行政自体が汽船航路に助成することは望ましいことではなく，それは中国商人自身によって行われるべきと述べられていた．だが，この問題を重視した総督府は，海軍省宛の報告書のなかで，済南府の富裕な商人層と連絡をとり，青島での移民斡旋事業に関して好感触をえたと伝えている[66]．

遅くとも 1907 年にはすでに青島に山東の契約労働者の斡旋に関わる業者が存在していた．1907 年にある業者は，総督府にウラジオストクへ向けて山東の契約労働者を輸送する際に，個々の労働者に旅証を発行するのではなく，まとめて発行するように依頼し，総督府は業者の要請に応じて特別な旅証を発行した．しかし，ロシア側から今後の旅証の発行は個々の労働者に個別に行うようにとの要請があったため，ドイツ総督府は，煙台との競合を考慮して，これらの移民に向けた旅証発行の費用を一時的に引き下げる措置をとって，業者に便宜を図った．さらに，総督府は，ウラジオストクに渡航する際に必要なビザを取得することを容易にするために，青島にロシア領事を赴任させるようにドイツの北京公使館に打診した[67]．これにより，ロシア領事館は翌 1908 年に設置され，ロシア商人が副領事を務めることになった[68]．

また，ドイツ公使館も中国の労働力に関心を寄せていた．1907 年 11 月，ドイツ資本主導のシンジケートがメキシコにおける鉄道建設の際に，2000 人の中国系労働者を膠州湾租借地経由で募集したいとの問い合わせがあった際，ドイツ公使館はとくに政治的な問題はないとしながらも，もし中国側がこれを禁じた場合には，その代償要求として，ドイツ植民地への中国系労働者の移送を

3/6729, Bl. 69-70.
66) Gouvernement Kiautschou, Stellungnahme zur Denkschrift des Seezolldirektors Ohlmer, 17. November 1905, BA/MA, RM 3/6730, Bl. 7-8.
67) Behring an Rex, 29. 11. 1907, PAAA, Peking II, 1244, Bl. 29-30.
68) Denkschrift 1907/1908, in: *SBVR*, 253 (1909), S. 10.

阻害しないことを伝える意図を明らかにしていた[69]．

1908年以降，青島経由の労働力移動は次第に規模が大きくなっていく．総督府によれば1908／1909年度に43隻の汽船が山東の契約労働者をのせて，ウラジオストクに向かっていた．また，1912年には青島港から中国東北地方に向けて3万7000人の契約労働者が出発し，1万6000人が戻ったと記録されている．さらに，総督府がドイツ海軍省に提出する毎月の報告書のなかにも，移民の項目が設けられ，そこでは，たとえば1913年4月から6月の間には，鉄道を利用して青島に到着した中国系移民は3万1464人，青島から汽船で中国東北地方に向かった人数は2万2222人と報告されている[70]．膠州領総督府は，決して目立った形でこの労働力移動に対する政策を行ったわけではないが，民間業者への間接的な支援を通じて，青島経由という新たな山東移民のルートを開発したといえよう．

第一次世界大戦が勃発し，膠州湾租借地が日本統治下に置かれたとき，イギリス・フランスは租借地内の滄口に収容施設を設置し，契約労働者を募集した．青島守備軍の調査によれば，1917年4月から1918年2月までの間に，この募集によりおよそ5万4748人がヨーロッパに向かって出航した[71]．さらに，日本統治期にも青島は，引き続き煙台・龍口と並んで山東労働移動の主要な拠点として機能することになった[72]．

小　結

青島在住の中国系住民の法的地位は，ドイツ植民地法上の「原住民」でもなく，清国籍民でもなく，規定されないままに置かれた．これは，同地の中国系

---

69) Behring an Rex, 29. 11. 1907, PAAA, Peking II, 1244, Bl. 108-110; Gesandtschaft in Peking an Gouvernement Kiautschou, 17. 12. 1907, PAAA, Peking II, 1244, Bl. 111.
70) Denkschrift 1907/1908, in: *SBVR*, 253（1909），S. 10.
71) 青島守備軍陸軍参謀部『英仏露国ノ山東苦力募集状況』1918年．数値は96頁より引用．
72) 青島守備軍民政部『山東ノ労働者』1921年，62頁，235-240頁．

住民が，主権国家から構成される国際体制における国籍の枠組みの外に置かれたことを意味した．それによって，膠州領総督府は，領域内で一元的な権力の基盤を確保し，総督府が構想した植民地社会秩序に中国系住民を組み込むことを自己正当化した．その秩序とは，植民地社会を人種の論理によってヨーロッパ系住民と中国系住民を区分し，かつ階級の論理によって個別の社会層をより分けたうえで，それぞれを空間的に配置する，いわば隔離政策に基づくものであった．中国系住民に対する行政を委任された中華商務公局は，中国系住民に関わる限りでの行政参加を要請されたのであり，その意味ではいわゆる漸進的な法的同権化を謳った内地延長主義のような同化政策イデオロギーとは根本的に内容を異にする[73]．

さらに，このような社会層の空間的固定化と同時に，膠州領総督府は，膠州湾租借地を商業植民地として機能させるべく，同地を非熟練労働力としての山東移民の中継地へと発展させた．ある特定の社会層の移動の促進と空間的区分は表裏一体のものであり，だからこそヨーロッパ系住民の居住区への中国系住民の居住規制が維持されなければならなかった．しかし，植民地経済の実質的な担い手であった中国系商人層と中国系労働者は，ボイコットやストライキを通じて植民地行政に対する発言力を高めるように試みた．これに対し，植民地統治機関は，植民地社会秩序の再編を迫られるようになる（第Ⅴ章参照）．

---

[73] これに関して，後藤新平の特別統治論と原敬の内地延長主義論の相克について分析した，春山明哲「明治憲法体制と台湾統治」『岩波講座　近代日本と植民地　4　統合と支配の論理』岩波書店，1993年3月，31-51頁を参照．また，小熊英二『〈日本人〉の境界——沖縄・アイヌ・台湾・朝鮮　植民地支配から復帰運動まで』新曜社，1998年参照．

IV 植民地経済の再調整

　本章では，青島自由港制度改廃後の膠州領総督府の経済政策について分析する．第II章で述べたとおり，自由港制度の事実上の撤廃は，青島を中国の条約体制に組み込むことを意味し，それによって山東経済を関税上，一体化させることを目的としたものであった．このことは，同時に，青島の関税制度が基本的に他の中国沿岸の開港場と同じ制度になったことを意味し，また青島と中国沿岸の商業ネットワークとの結びつきが強まることが期待された．しかし，自由港制度の利点を失っても，当然，商業植民地として青島は，山東省においては煙台，華北においては天津との流通競争に屈せずに，自己の優位性をつくりださなければならなかった．そのための方策として，既述のインフラ整備のほかに，入超状態にあった青島経済の輸出入バランスを，青島港経由の輸出を促す政策によって均衡させることが目指された．

　先行研究では，青島でのドイツ経済政策は，一方で植民地行政による統制経済として特徴づけられるか，あるいは当時の自由港制度の改廃の議論を検討せずにその自由主義的な性格が強調されてきた[1]．これに対して，本章の主張は，膠州領総督府の新たな輸出指向の経済政策が，経済的自由主義からの逸脱ではなく，むしろそれを促すような介入主義的な政策であったというものである．

---

1) 統制的な性格に力点を置く研究としては，Klaus Mühlhahn, *Herrschaft und Widerstand in der „Musterkolonie" Kiautschou. Interaktionen zwischen China und Deutschland, 1897–1914*, München: Oldenbourg, 2000, S. 135 f. これに対して，自由港制度によって青島でのドイツ経済政策を代表させ，当時の総督府行政内部での議論を視野に入れて検討していない問題は，田原天南『膠州湾』（満洲日日新聞社，1914年）のような同時代文献をはじめとして，John E. Schrecker や最近では欒玉璽の諸論考にも共通している．

つまり，当時の中国における自由主義的な経済秩序に沿う形で青島が中国市場に積極的に包摂されることで，その経済の規模の拡大を目指すものであったと考えている．

以下では，まず，膠州領総督府の輸出指向の経済政策への転換をめぐる議論を取り上げる．その議論の帰結として，膠州領総督府は青島を山東農畜産物の輸出加工区として再編する経済政策を採用したが，第1節ではその内容が分析される．第2節では，とくに期待された輸出品に対して，総督府がどのような政策的介入を行ったかを個別に検討する．第3節では，そのような青島の輸出経済を支えた流通網がどのように形成されたかを分析し，ドイツ統治期の青島貿易の特徴を明らかにする．青島に輸出加工業を確立するためには，それを支える技能労働者が必要となるだろう．最後の第4節では，総督府工場での技能労働者の育成プログラムを検討し，それがどのような政策的な意図をもって実施されていたかを明らかする．

1　自由港制度の改廃と輸出経済への転換を目指して

ドイツ帝国議会に提出された1900／1901年度の行政報告書のなかで，すでに膠州領総督府は，租借地在住のドイツ商人層の危機的状況に警句を発し，今後の経済政策の方向性について指針を示していた．すなわち，それが輸出経済の促進であった．同報告書では，輸入業については，山東の住民にさしあたりドイツ製品の需要を求めることはできないものの，それでもヨーロッパからの定期航路が青島に直接往来するようになれば，ドイツ製品の中国市場の拡大が期待できると展望が述べられている．しかし，実際に総督府が期待をかけていたのは，むしろ輸出の拡大であった．なぜなら，中国外の，より広域的な市場で競争する輸出業であれば，ドイツ商人層が中国商人層との競争に打ち勝つ可能性があると考えられていたからである．そこでは，正確な商品知識と収益性のある販売先をもつこと，それに中国商人と付き合う能力が必要であると付言されていたが，それでも総督府は輸入業よりも輸出業に将来の可能性をみていた[2]．たしかにドイツ商人層にとっては，山東内陸部へ販路を見つけるよりも，山東産品を欧米に輸出する事業の方が販路を見出す可能性があっただろう．

この輸出経済の促進と関連して実施された政策が，第Ⅱ章で論じた自由港制度の事実上の廃止であった．自由港制度の導入は，中国沿岸諸港と比較して商業地としての優位を確保するためであったが，実際には，租借地経済と山東経済との間の流通の遅滞をもたらしていた．もともと自由港は，その本質は，設定区域を隣接する内陸部から関税障壁によって切り離す制度である．開港場あるいは中国外から青島経由でふたたび開港場ないし中国外に輸出される場合には，免税扱いになるが，租借地と山東内陸部間の流通には関税がかかるため，膠海関に申告しなければならない．オールマー（Erich Ohlmer）は，青島に来た商人，とくに中国商人が関税申告のために膠海関で列をなしており，そのために流通が阻害されていると指摘し，自由港制度の改革の必要性を訴えていた（第Ⅱ章第4節参照）．

　1905年12月1日，在北京ドイツ公使ムンム（Philipp Alfons Mumm von Schwarzenstein）と総税務司ハート（Robert Hart）の間で膠海関の税関規則の改定が成立し，翌日，膠州領総督府は，その改定の細目を公布した（発効は1906年6月1日）[3]．これにより，自由港区域は，これまでの租借地全域から大港の倉庫地区を含めた港湾施設に限定されることになった．総督府は，この制度改編の主眼を「ドイツ膠州領を中国の関税領域に統合」することであると説明しており，当時の新聞も，この改編によって膠州湾租借地が「中国との関税同盟に入った」と評した[4]．膠州領総督府は，青島港からの山東産品の輸出量を増加させるために，租借地経済と山東経済を一体化させる方向を選んだのである．

　この制度改編には，さらにもう1つの目的があった．それは租借地を輸出加工区に成長させることであった．自由港の事実上の撤廃によって，山東内陸部からの原料を租借地内に持ち込む場合に関税が課せられなくなった．さらに租借地内で加工された工業製品が内陸部に輸送される場合も免税扱いになった．

---

2) Denkschrift 1900/1901, in: *SBVR*, 193 (1902), S. 2887.
3) 第Ⅱ章第4節参照．公布された税関規則のドイツ語版・英語版は，*Amtsblatt*, 49 (1905), S. 265-272，中国語版は，*Amtsblatt*, 51 (1905), S. 285-291.
4) Denkschrift 1904/1905, in: *SBVR*, 222 (1906), S. 6; Das Zollabkommen des Schutzgebietes mit China. I, in: *TNN*, 5. 12. 1905.

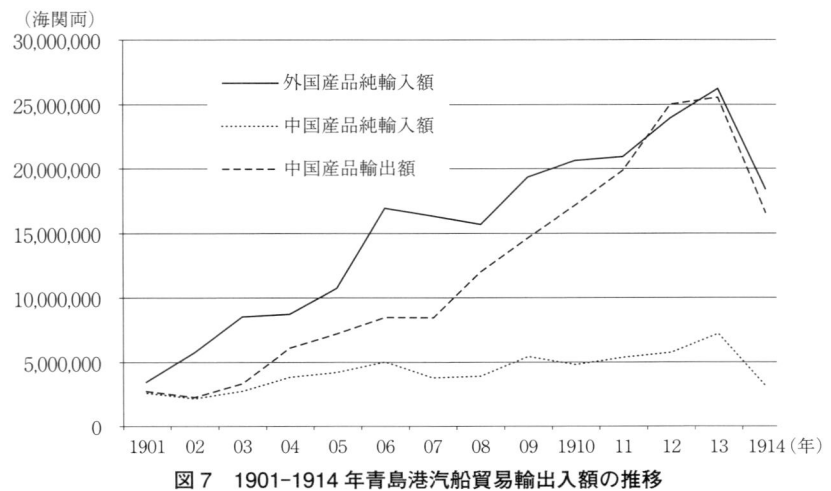

図7　1901-1914年青島港汽船貿易輸出入額の推移

出典：交通部煙台港務管理局編『近代山東沿海通商口岸貿易統計資料 (1859-1949)』対外貿易教育出版社，1986年，10-13頁．各年の輸出入額の実数は**付録2**を参照．

　また外国から原料が輸入された場合には，輸入税が徴収されたが，その加工品が内陸部に輸出された場合にも免税扱いとなった．外国に輸出する場合には，輸出税が課せられたが，その税率は品目ごとに設定された[5]．

　これらは，膠州湾租借地が関税制度のうえで中国と一体化したのであれば，論理的には当然であった．総督府は，当初，自由港制度によって地域間流通の中継地としての地位を確保し，山東鉄道によって，山東の地下資源を青島からより広域の市場に輸出することを構想していた．しかし，青島港の貿易量はたしかに増加していたが，1907年まで大幅な入超の状態が続いていた（**図7**および**付表2**参照）．しかも，その輸入業へのドイツ商人層の関与は少なく，かつその後も輸入業でそのシェアを広げる見込みが乏しかった．また，総督府は，対外貿易における山東経済の流通の中心地としての地位を，煙台から青島へ移さ

　5）注3）の官報に記載の税関規則第14条を参照．その解釈として，Das Zollabkommen des Schutzgebietes mit China. II, in: *TNN*, 6. 12. 1905.

せることを企図していたが，煙台の輸出入額は1905年までむしろ増加傾向にあった[6]．このような中国沿岸諸港間の競争のなかで，商業植民地として膠州湾租借地の地位を向上させるために，新たに調整した経済政策路線が，山東産品の輸出促進であり，それも石炭といった1品目ではなく，より多角的な輸出戦略を指向したものであった．当初，総督府は，後背地である山東経済を青島経由で世界市場と結びつける構想を抱いていたが，中継地としての機能を高めるはずの自由港制度は，その意図に反して地域経済の流通を阻害することになった．1905年12月の税関制度の改定は，自由港制度の事実上の廃止と租借地経済の山東経済との一体化を図るものであり，それが新たな輸出指向の経済政策の基盤となった．

2 輸出経済指向の介入政策

インフラ整備が一段落した1904年から1913年までの間，青島港に寄港した汽船の外国産品純輸入額は，874万6768海関両から2620万7915海関両へと，およそ3倍に増加したのに対し，同時期に中国産品輸出額は，624万9071海関両から2569万2373海関両へと，およそ4倍の増加を示した（**付表2参照**）．1901-1912年の期間については，総督府によって公刊された議会報告書および未公刊の報告書を参照することで，主要な品目の輸出入額の推移についてかなり正確に知ることができる（**表1，表2**）．まず，外国製品の主要な輸入品は，綿製品・綿糸，石油，金属類，アニリン染料・合成インディゴ，針，石炭，マッチ，砂糖であり，なかでも綿製品・綿糸は1911／1912年度に主要輸入品目総額の67.6％を占めていた．その他の品目の主要輸入品目に占める割合は，石油が9％，アニリン染料・合成インディゴおよびマッチ，砂糖がそれぞれ6-7％ほどであった．同時期の中国産品の主要な輸出品として，麦稈真田，絹

---

6) 交通部煙台港務管理局編『近代山東沿海通商口岸貿易統計資料（1859-1949）』対外貿易教育出版社，1986年，15頁．同書の表によれば，煙台の貿易額は1899-1905年の間，年によって若干の増減があるものの，全体としては，2815万3956海関両から3913万1384海関両へと39％増加した．

表1 青島港中国産主要品別輸出額の推移

	1901/02	1902/03	1903/04	1904/05	1905/06
豚　毛	31,663	53,855	69,977	54,849	105,080
麦稈真田	712,571	861,519	1,853,839	2,786,421	4,410,029
山東絹布	39,565	7,934	75,006	105,917	124,807
絹　糸	—	274,646	1,368,270	979,462	556,252
豆　油	288,006	735,780	865,499	1,274,103	1,000,386
落花生油	736,214	1,086,668	1,118,998	900,366	1,029,568
落花生実	—	—	—	—	—
落花生殻付	—	—	—	—	—
牛　皮	32,227	64,284	238,642	280,410	105,953
原　綿	—	—	—	—	—
鮮　卵	—	—	—	—	—
卵　黄	—	—	—	—	—
卵　白	—	—	—	—	—
その他	804,254	1,369,582	1,784,103	3,609,944	3,053,300
総　計	2,644,500	4,454,268	7,374,334	9,991,472	10,385,375

注：1）「その他」は中国産品だけではなく，再輸出される外国産品も含めた上記品目以外の輸出額を示す．
　　2）「総計」は青島港総輸出額を示す．
　　3）「総計」の1901/02年の数値は，原資料にしたがって概算を示す．
出典：Denkschrift 1908/1909, in: *SBVR*, 272（1910），S. 16-19; BA/MA, RM 3/6818, Bl. 29; BA/MA, RM 3, 6819, Bl. 25 より著者作成．

布・絹糸，豆油，落花生油，落花生，牛皮，原綿を挙げることができる．1911／1912年度における主要輸出品額に占める割合では，麦稈真田が47％，落花生・落花生油が25％，絹布・絹糸で15％であった．**表1・表2**のデータから1912年までの青島港の主要な品目の輸出入の状況はおおよそ理解できよう．

(1901/02-1911/12 年度) (単位：銀元)

1906/07	1907/08	1908/09	1909/10	1910/1911	1911/12
107,445	84,018	161,476	188,995	198,443	380,859
4,609,125	6,644,100	10,089,824	11,125,011	7,186,444	15,390,712
916,001	1,937,265	1,902,322	2,813,974	3,051,979	1,870,200
2,159,766	2,364,248	1,861,380	2,203,875	2,174,175	2,985,840
1,165,003	169,314	686,350	865,687	1,849,708	1,101,630
1,333,034	2,370,296	3,065,211	1,868,423	1,984,235	3,234,180
73,384	33,684	2,465,512	4,379,376	5,329,725	4,782,741
—	—	127,456	117,426	351,415	215,914
450,300	256,938	542,562	708,514	258,977	815,832
—	—	—	—	1,846,646	1,578,030
—	—	97,996	240,564	227,100	218,904
—	—	—	36,583	319,935	115,200
—	—	—	48,417	80,962	102,942
4,329,789	4,556,685	5,449,337	4,671,434	7,448,791	4,209,472
15,143,847	18,416,548	26,449,426	29,268,279	32,308,535	37,002,456

さらに，図7（および付表2）をみると，1910-1913年の間に青島港の輸出額は49.6％の増加を示し，外国産品輸入額に肉薄していることがわかる．

本節では，当時の新聞に掲載された1910-1913年の間の青島港の輸出額についての膠州領総督府，青島商業会議所，膠海関などの報告から，ドイツの植民

表2 青島港外国産主要品別輸入額の推移

	1901/02	1902/03	1903/04	1904/05	1905/06
綿製品	1,275,573	1,882,377	4,545,827	6,695,308	8,105,352
綿　糸	2,445,120	5,171,496	4,552,147	4,686,227	6,592,897
石　油	約110,000	210,210	511,238	477,156	689,378
金属類	32,690	71,754	175,571	1,036,291	884,469
アニリン染料	25,362	68,598	110,616	137,892	186,746
針	10,575	33,237	83,626	112,341	132,473
石　炭	42,922	27,640	24,816	17,868	47,025
マッチ	104,184	219,956	419,424	553,856	794,311
砂　糖	51,105	65,679	212,877	286,113	863,841
その他	119,469	569,122	1,348,899	2,336,426	3,972,575
総　計	4,217,000	8,320,069	11,985,041	16,339,478	22,269,067

注：1）アニリン染料は合成インディゴも含む．
　　2）鉄道・鉱山資材を除く．
　　3）「総計」は青島港外国産品総輸入額を示す．
　　4）「総計」の1901/02年の数値は概算を示す．
出典：Denkschrift 1908/1909, in: *SBVR*, 272 (1910), S. 16-17; BA/MA, RM 3/6818, Bl. 27; BA/MA, RM 3, 6819, Bl. 25 より著者作成．

地行政が輸出の促進にむけてどのような取り組みを行っていたかについて説明する．膠州領総督府が，青島港の中国産輸出品目のなかで政策的意図をもって輸出増加を図った品目には，麦稈真田，絹布・絹糸，落花生・落花生油，家畜・食肉加工品が挙げられる．以下，それぞれの品目について検討する．

麦稈真田

　19世紀末から20世紀初頭にかけて，中国の重要な輸出品であった麦稈真田は，膠州領総督府により早くから注目されていた．すでに，1899／1900年度の行政報告書のなかで，麦稈真田の輸出ルートを青島経由に移動させるように

(1901/02-1911/12 年度)　　　　　　　　　　　　　　　　　（単位：銀元）

1906/07	1907/08	1908/09	1909/10	1910/1911	1911/12
7,092,756	5,354,474	6,364,669	6,185,133	7,275,431	11,355,124
8,095,637	5,726,499	6,764,406	7,578,409	6,798,876	7,734,457
1,538,783	1,798,956	2,276,647	1,437,890	2,844,968	2,541,992
2,188,496	434,678	632,133	1,956,806	1,607,437	1,143,067
258,528	1,388,528	1,373,381	1,380,966	1,740,486	1,746,146
139,145	88,650	207,152	195,386	163,343	89,236
130,473	200,724	39,351	20,946	4,781	3,980
768,630	989,160	1,237,698	1,327,608	1,423,194	1,929,573
1,372,380	1,011,950	1,281,232	1,183,811	1,362,415	1,699,264
5,655,115	4,455,891	5,287,011	4,613,217	5,448,946	2,659,380
27,239,943	21,449,510	25,463,680	25,880,172	28,669,877	30,902,219

図ることが述べられていた[7]．とくにドイツ商人層が輸入業の分野で競争困難であることが明らかになると，この麦稈真田の輸出業はますます重要視された．

当時，山東省は麦稈真田の最大の産地であり，中国の麦稈真田輸出額の6割を生産していたという[8]．山東省各地で麦稈真田は生産されていたが，山東半島東部の濰県以東の集散地は莱州府沙河であり，そこから煙台・青島へと運ば

---

7) Denkschrift 1899/1900, in: *SBVR*, 189 (1901), S. 723-724.
8) 青島軍政署「麦稈真田」『山東之物産』1916年，1頁.

れ，海外に輸出された．山東地方官僚や中国商人も，この麦稈真田の海外需要の拡大に対して，事業機会を見出していた．たとえば，1904年に諸城県知県朱子佩は麦稈真田製造養成機関として草帽辮局を設立し，教員を雇い生徒を募集した．また，1907年には県立の麦稈真田製造会社が設立された．同様の事例は，山東半島東北部の地域で広くみられた[9]．麦稈真田の編製は，主として農家の女性の労働によって担われており，通年にわたって製造が行われているが，とくに盛んな時期は小麦・大麦など麦類の収穫後の9月・10月から翌年3月までであった[10]．

もとは山東省で生産された麦稈真田の海外輸出港は煙台であったが，膠州領総督府による青島経由での輸出奨励によって，第一次世界大戦以前に，青島港は麦稈真田の中国最大の輸出港となった．青島港は中国における同品目輸出総額のおよそ8割を占めるにいたったとされている[11]．青島での麦稈真田輸出業に参入したのは，ドイツ商社だけではなかった．1906年に煙台からイギリス商社，1907年には上海からフランス商社が青島に支店を構え，さらに日本商社も加わった[12]．総督府もこの輸出をさらに促進させるために，1911年には，膠州湾租借地内での麦稈真田の生産を企図して，李村行政署は付近の住民に生産を働きかけていた．くわえて同年に，中国商社以外で麦稈真田の輸出業に14社が関与しており，中国商人層と競争するために，その輸出業者の間で協定が結ばれていたことが報告されている[13]．

麦稈真田は主に麦わら帽子製造に用いられ，直接ないし日本・上海経由で欧米市場向けに輸出されていた．1913年時点で，全輸出額418万4714海関両の

---

9) 張玉法『中国現代化的区域研究——山東省（1860-1916)』中央研究院近代史研究所，1987年再版，561-562頁．
10) 青島軍政署「麦稈真田」『山東之物産』1916年，5-6頁．
11) 同上，1-2頁．
12) Denkschrift 1905/1906, in: *SBVR*, 241 (1907), S. 7; Denkschrift 1906/1907, in: *SBVR*, 245 (1908), S. 25.
13) Der Bericht der Handelskammer zu Tsingtau über das Jahr 1911. I, in: *TNN*, 28. 6. 1912; IV, in: *TNN*, 2. 7. 1912; Die Entwicklung des Kiautschougebietes vom Oktober 1911 bis Oktober 1912, in: *TNN*, 27. 3. 1913.

うち，フランス向けの輸出額が最大で，146万5378海関両でおよそ35％を占めていた．上海・日本経由の輸出額は，84万4482海関両であり，それはほとんど欧米市場向けに再輸出され，多くはドイツ商社が取り扱っていたという．そのほか，対ドイツ向け輸出額が42万6753海関両，対ベルギー向け輸出額29万2733海関両と続いた[14]．

絹布・絹糸

絹製品も，総督府が統治初期から輸出品の主力として期待した品目であった．もともと山東省は絹産業の発達した地域であったが，とくに1900年以後，地方行政側の奨励によって，製糸業は煙台およびその近隣の棲霞県・牟平県などで多くの製糸工場が設立され，活況を呈した．また絹織物業も，昌邑県・牟平県・棲霞県などで多くの工場が設立された．絹布の大部分は煙台から輸出されたが，昌邑県は他の生産地と異なり煙台より距離が離れていたため，同地の絹布は青島を輸出港とした．山東鉄道の開通によって，青島港経由の絹布・絹糸の輸出量は，1901／1902年度から1903／1904年度にかけて，大幅に増加したが，昌邑産の絹布が主であったと思われる（**表1**）[15]．

この製糸業に参入するために，1903年2月に滄口付近にドイツ経営の製糸工場が建設された（企業名はDeutsch-Chinesische Seidenindustrie Gesellschaft，德華繰絲公司）．それは，5000平方メートルの敷地に最新の機械設備，工場用水・飲料水の給水設備，照明設備が整えられ，さらに中国人監督官の宿泊施設および650人を収容できる労働者用の住宅を建設する計画をもった大規模な事業であった．その他にも，工場から2キロメートルほど離れた土地に労働者用住宅地を建設する予定であった[16]．

---

14) 青島軍政署「麦稈真田」『山東之物産』1916年，45頁．
15) 正確には「山東絹紬」と記すべきだが，ここでは便宜上，「絹布」で表記を統一している．1900年以後の山東省の製糸業，とくに煙台については，張玉法，前掲書，554-555頁．絹織物業については，青島守備軍民政部「柞蚕糸及絹紬」『山東之物産』第2編，1921年を参照．
16) Denkschrift 1904/1905, in: *SBVR*, 222 (1906), S. 12.

しかし，これほどの大規模な事業を進めていたにもかかわらず，青島港の絹製品の輸出量は期待どおりに伸びなかった．総督府の行政報告書によれば，1907年秋よりアメリカ市場から発生した経済不況が東アジア市場にもおよび，中国では銀・銅の相場が下落した．その結果，絹製品も40-50％近く価格が下落し，輸出先の欧米市場でその損失を補塡するだけの購入者を見つけることができず，煙台や上海での売却に努めたと記載されている[17]．表1から1905／1906年度から1911／1912年度にかけて青島港からの絹布・絹糸の輸出は，景気の変動を受けながらも，1905年以前と比較すれば，顕著な増加を示していたことが読み取れるが，この製糸工場は，大規模な投資に見合った収益を上げる見込みがなく，1909年に操業を停止した[18]．

落花生・落花生油

　上記の2つの品目に比べて，当初，落花生・落花生油に対する膠州領総督府の政策的な関与は大きくなかったが，1908年・1909年に落花生油・落花生の輸出が増加すると，総督府は将来の主力の輸出品として，これらに大きな期待を寄せるようになった．この時期に輸出量が増加した理由は，南フランスとイタリアにおけるオリーブ油の不作により，その代替品として落花生油が輸出されたためであった．その後もヨーロッパへの輸出は増加しており，その最大の販路は南フランス向けであり，そのほかドイツ・オランダなどへ輸出された．1910年には租借地の隣接地区で，ケシ栽培から落花生栽培に転換させる試みが成功し，それによって落花生の輸出が倍加したと報告されている．また，1911年にはドイツ商社が搾油工場を建設し，落花生油・大豆油の欧米輸出の拡大を目指していた[19]．欧米市場へ輸出された落花生実は，豆を煎ってコーヒ

---

17) Denkschrift 1907/1908, in: *SBVR*, 253 (1909), S. 8.
18) Verzeichnis der Ende 1909 im Handelsregister eingetragenen Firmen unter Angabe des Geschäftszweiges, in: BA/MA, RM 3/6731, Bl. 117-127. 後に，この製糸工場施設は周学熙によって買収され，日独戦争後に青島に進出した日系企業の在華紡と激しく競争することになる華新紡の工場となった．久保亨『戦間期中国の綿業と企業経営』汲古書院，2005年，57-58，82頁参照．
19) Denkschrift 1908/1909, in: *SBVR*, 272 (1910), S. 14; Der Bericht der Handels-

一代用品としたり，あるいはココア・ビスケット・チョコレートなどに混ぜ加えるための菓子の原料となった．落花生油は，マーガリン製造，オリーブ油代用，灯火，缶詰，グリセリン製造，石鹼製造など多方面に利用された[20]．

　山東の土壌は落花生栽培にきわめて適しており，20世紀初頭には中国最大の生産地となっていた．第一次世界大戦の直前までに，青島はその山東省の落花生の輸出港としての地位を確立し，同時に中国沿岸諸港のなかでも最大の輸出港となっていた．1913年に殻付落花生の青島港からの輸出額は511万6403海関両であり，第2位の天津の166万6488海関両を大きく離していた．1914年の数値となるが，無殻の落花生の場合，374万6019海関両であり第2位の漢口の155万5389海関両を大きく離している．落花生油では，1913年に青島から181万2543海関両が輸出され，第2位の上海の115万9698海関両を上回っていた[21]．

　落花生の生産は山東省各地で行われていたが，とくに最大の産地は，山東省西南地方であり，また最大の集散市場は済南であった．山東鉄道が開通し，また青島港から欧米市場への販路が確立すると，その輸出額は大きく増加したが，そうした状況は決して安定的であった訳ではなかった．その契機が，1910年10月に天津と浦口間の中国南北を結ぶ津浦鉄道の北区間，すなわち天津と済南間の北区間の開通であった．津浦鉄道北区間の開通によって，済南に集荷された落花生が山東鉄道を経由して青島へ輸送されるのではなく，天津へと輸送

---

　　　kammer zu Tsingtau über das Jahr 1911, in: *TNN*, 29. 6. 1912; Schluss, in: *TNN*, 3. 7. 1912.
　20) 青島軍政署「落花生」『山東之物産』第1編，1916年，3頁および青島守備軍民政部「落花生」『山東之物産』第1編，1922年，59頁．中国からドイツへの油脂加工品輸出の重要性については，黒田明伸『中華帝国の構造と世界経済』名古屋大学出版会，1994年，236-240頁および同「『周辺』からみた国際金本位制の特質——中国貿易を比較基準として」中村哲編『東アジア資本主義の形成——比較史の視点から』青木書店，1994年，134-139頁を参照．ドイツの満洲大豆輸入については，熊野直樹「バター・マーガリン・満州大豆——世界大恐慌期におけるドイツ通商政策の史的展開」熊野直樹・柴尾健一・山田良介・中島琢磨・北村厚・金哲『政治史への問い／政治史からの問い』法律文化社，2009年，147-174頁参照．
　21) 青島守備軍民政部「落花生」『山東之物産』第1編，1922年，208-224頁．

され,山東産落花生の輸出港としての青島の地位が脅かされる可能性が生まれたのである.それは,天津―済南間の距離は350キロメートルであり,青島―済南間の395キロメートルと比較して,天津港の方がより近かったために大きな現実味を帯びていた.したがって,青島および済南のドイツ商社の請願を受けた山東鉄道会社は,落花生の貨物運賃を大幅に引き下げ,落花生輸出港としての青島港の優位を維持することに協力した.この事例は,たんに交通・港湾インフラ投資によって青島が輸出港としての優位を維持したのではなかったことを端的に示していよう[22].

家畜・食肉加工品

その他に総督府が輸出に積極的に関与した品目として,青島からウラジオストクへの家畜・食肉加工品がある.1906年6月に官営の屠獣場が完成するとともに,租借地の畜産業が本格化した.1905/1906年度には6621頭が青島に輸送され,租借地内で消費されたほか,加工肉が主にウラジオストクへ輸出された.輸送されたのは,主に肉牛で,その事業年度には5144頭を数えた.翌年度には,鉄道会社を通じて,現地住民の家畜所有者に青島経由で家畜をウラジオストクへ輸出するように働きかけたことが報告されている.総督府は,このウラジオストク経由の流通促進によって,青島港からの対ヨーロッパ輸出が増加することを期待していた.ウラジオストクからシベリア鉄道を利用した場合には,上海経由よりもヨーロッパへ14日間も日数を短縮することができたからである[23].

しかし,この総督府主導による山東牛および加工肉の輸出増は,山東農村経済にとって,農業生産における畜力の低下という深刻な影響を及ぼしかねなかった.したがって,山東地方行政が畜牛の輸出頭数を規制したことは,当然の

---

22) この山東鉄道と津浦鉄道間の物流をめぐる競争については,別稿を予定しているが,さしあたり,青島軍政署「落花生」『山東之物産』第1編,1916年,5頁および青島守備軍参謀部『津浦鉄道カ山東ノ独逸商業ニ及ス影響』1919年参照.

23) Denkschrift 1905/1906, in: *SBVR*, 241 (1907), S. 25; Denkschrift 1906/1907, in: *SBVR*, 245 (1908), S. 36-38.

成り行きであった．1911 年の報告によれば，輸出規制の撤廃を求める青島商業会議所の請願を受け，総督府は在済南ドイツ領事や在青島ロシア領事に働きかけ，その規制が解除されたという．1913 年の報告では，青島商業会議所はこの畜牛と冷凍加工肉の輸出に関連して，膠州湾租借地には最新の衛生設備を整えた屠獣場があるので，東アジアでは青島港に競合する相手はいないと自負していた[24]．

これらのほか，青島で営まれた輸出加工業には，ビール工場や将来の主要な輸出品として期待されていた鶏卵加工業があった[25]．また，青島港の輸出品のうち，山東地方行政の主導で新たに加わった品目として原綿があった．山東北西部で綿花栽培地が拡大され，1910 年には青島から上海・日本へ向けておよそ 933 トンが輸出され，それが 1912 年には，およそ 4174 トンに増加した．1912 年の膠海関報告では，もはや麦稈真田，落花生とならぶ主要な輸出品になったと記載している[26]．

1910-1913 年の青島港からの輸出量の増加は，麦稈真田，落花生・落花生油，畜産業に加えて，新たに原綿，鶏卵加工業などの輸出品目が加わったことによ

---

24) Der Bericht der Handelskammer zu Tsingtau über das Jahr 1911. I, in: *TNN*, 28. 6. 1912; Tsingtaus wirtschaftliche Entwicklung im Jahre 1912, in: *TNN*, 30. 4. 1913. また，森紀子「山東開港と土産交易の変貌」森時彦編『20 世紀中国の社会システム』(京都大学人文科学研究所附属現代中国研究センター研究報告)，京都大学人文科学研究所，2009 年，503-512 頁に詳しい．

25) ビール醸造事業については，The Anglo-German Brewery Company Limited が 1903 年に商業登記簿に登録され，その後 1906 年に Carl Gomoll 社が白ビールの醸造を開始し，1909 年に登録されている．Columbia GmbH は，資本金 10 万マルクをもって設立され，1908 年 10 月に商業登記簿に登録され，Karl Ebers は，ハンブルクの支店として 1911 年 10 月に登録されている．それぞれの商業登記簿は，以下，BA/MA, RM 3/6728, Bl. 239-248; RM 3/6730, Bl. 145-155; RM3/6731, Bl. 117-127; RM3/6732, Bl. 226-232 を参照．また，青島の鶏卵加工業については，日本占領期まで扱った，吉田建一郎「占領期前後における山東タマゴの対外輸出」本庄比佐子編『日本の青島占領と山東の社会経済　1914-22 年』東洋文庫，2006 年，297-324 頁を参照．

26) Tsingtaus Handel im Jahre 1910. I, in: *TNN*, 25. 7. 1911; Tsingtaus Handel 1912, in: *TNN*, 15. 8. 1913.

る．もちろん総督府のイニシアチブだけでこのような変化が起きたわけではない．しかし，上記の分析から膠州領総督府の経済政策が，当初の石炭輸出とドイツ製品の輸入を主軸にした流通戦略から，山東経済と一体化した，輸出加工業中心の多角的な流通戦略へと転換したことが，青島港の輸出量増加の基盤となったことを看取できるだろう．

3　東アジア流通ネットワークへの参入

それでは，ドイツ統治期の青島港を経由した山東産品は，どのようなルートを経由してどこへ輸出されたのか．

青島港を経由する汽船交通の流通網は，青島―上海間の交通を軸に拡張していった．開港当初，政府より助成されていたイェプセン汽船会社（Rhederei M. Jebsen）が上海―青島―煙台―天津間の路線を4日か6日おきに運行し，さらに週に1度上海―青島間を往復するチャイナ＝ナビゲーション会社（China Navigation Co.）が運行した．1901年，政府助成航路をハンブルク＝アメリカ郵船会社（Hamburg-Amerika-Linie）に委譲され，同社は週に1度上海―青島間の便を増設した．その後，表3にあるように，1907年までには，上海―青島間の流通を軸に，青島から煙台―天津―牛荘の定期航路，さらには神戸，仁川，ウラジオストクと結ばれることで，青島港が東アジア商業ネットワークと緊密に結ばれていったことが把握できる．

1908年以降，P&O汽船会社（Peninsular & Oriental Steam Navigation Co.）と日本郵船会社は，麦稈真田，落花生，皮革製品をヨーロッパに輸送するために，青島経由の直行便を運行するようになった．1910年に，北ドイツ＝ロイド社（Norddeutscher Lloyd）も月に1度，青島に定期運行するようになり，さらに3社の外洋汽船会社が青島に寄港し，従来のハンブルク＝アメリカ郵船会社，P&O汽船会社，日本郵船会社を加えて7社が，日本・欧米への積荷をめぐって青島港で競合することになった．青島港は，1907年末までの間に形成された中国沿岸諸港・神戸・ウラジオストク間の東アジア商業ネットワークを基盤に，1908年以後は，さらに欧米向けの輸出の販路を拡大していったことが窺える[27]．

表3 青島港への汽船定期航路運航会社一覧

会 社 名	経 由	開 設 年
Rhederei M. Jebsen	上海―青島―煙台―天津	開港以来．ドイツ政府より助成を受ける．1901年にHamburg-Amerika-Linieに委譲．
Hamburg-Amerika-Linie	香港―青島―煙台―牛荘	1902/03年度．
	上海―青島―煙台―天津	ドイツ政府より助成を受けた定期航路．1901年にJebsenより引き継ぐ．
	上海―青島	1901年．
	ドイツ―青島	1903/04年度．月に1度貨物船を運航．経由地は不詳．
	神戸―青島	1903/04年度．
	香港―上海―青島―仁川	1903/04年度．定期ではなく需要に応じて青島に寄港．
	青島―ウラジオストク	1904/05年度．
大阪商船会社	神戸―青島―煙台―神戸	1902/03年度．3週間に1度．
China Navigation Co.	上海―青島―煙台―天津―牛荘	開港当初は上海―青島間のみ．1903/04年に路線拡張．
Indo-China-Steam-Navigation Co.	上海―青島	1903/04年度．
Peninsular & Oriental Steam Navigation Co.	ヨーロッパ―青島	1908年．経由地は不詳．
日本郵船会社	神戸―青島―ヨーロッパ	1908年．経由地は不詳．
Norddeutscher Lloyd	ヨーロッパ―青島	1910年．経由地は不詳．

出典：本表は，Denkschrift, 1898/1899-1908/1909 および Tsingtaus Handel im Jahre 1910. I, in: TNN, 25. 7. 1911 を参照して著者が作成した．なお，東亜同文会調査編纂部『山東及膠州湾』博文館，1914年，72-78頁にはより詳細な情報が記載されている．しかし，上記の表とは異なる情報も多く，また開設年度に従って流通網の形成を把握する目的により，同書の記載情報は上記の表には加えていない．上記の表はなお不確定情報を多く含むが，おおよその目安として作成した．

膠州領総督府が発行している官報には，青島に寄港した船の出発地と次の目的地が記載されている．それをもとに，1906年と1913年の青島を発着した船の出発地と次の目的地を比較しよう．**図8・図9**に示すように，1906年には上海・煙台発青島着の汽船トン数で全体の60%を，また青島発上海・煙台着の汽船トン数も全体の67%を占めている（実際の数値は，**付表3・付表4**を参照）．これより，1906年時点では，華南経済とは青島―上海間の流通を軸として，華北経済とは青島―煙台間の流通を軸とし，それに香港・神戸・ウラジオストクとの流通が補完する構造になっていることが判る．

ところが1913年になると，**図10・図11**が示すように，青島に寄港する汽船の出港地において神戸の比重が高まっており，また華北沿岸の大連・牛荘やウラジオストクからの汽船が増加し，相対的に煙台の重要性が低くなっている．同年の青島を出港した汽船の目的地については，トン数別でみれば上海との流通が圧倒的に大きくなっている．それに対して，煙台の比重が相対的に低くなり，ウラジオストク，神戸，大連，牛荘行きの汽船トン数が増加している．上海行きの汽船トン数の増加は，欧米向けの輸出品がおおよそ上海を経由したからである．また，ウラジオストクのトン数の増加も，シベリア鉄道経由のヨーロッパ向け輸出品が増えたことに起因する．さらに，大連・牛荘間の流通量の増加は，日露戦争後の日本の大陸進出と密接に関連したものとみることができよう．神戸発青島行きの汽船トン数の増加は，綿糸を中心とした日本の工業製品の流通拡大を意味している．なお，煙台間の汽船隻数は，全体に対して大きな割合を占めているものの，トン数の比重が低下していることは，煙台が地域経済外との大規模取引の通過港としてではなく，地域経済内流通の中継地として機能していることを意味している（**付表5・付表6**参照）．

最後に，青島港の対外貿易について検討しよう．**表4**は，膠海関貿易報告に記載された1910-1911年の対外直接貿易の輸出入額比較表である．ここに記載された輸出入額は，物資の最終目的地を示したものではなく，物資が経由地で荷揚げされることなく直接輸送された相手国での貿易額であり，したがって実

---

27) Tsingtaus Handel im Jahre 1910. I, in: *TNN*, 25. 7. 1911.

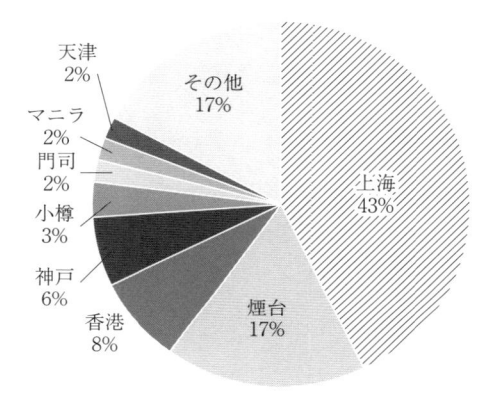

図 8　1906 年出港地別青島寄港汽船トン数割合
出典：*Amtsblatt*, 1906 に掲載された出港地の情報より著者が算出したもの．
実際の数値は**付表 3** を参照．

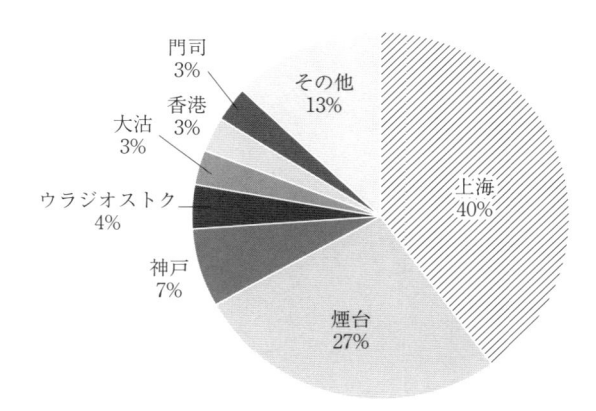

図 9　1906 年目的地別青島出港汽船トン数割合
出典：*Amtsblatt*, 1906 に掲載された目的地の情報より著者が算出したもの．
この場合の目的地は最終目的地ではない．実際の数値は**付表 4** を参照．

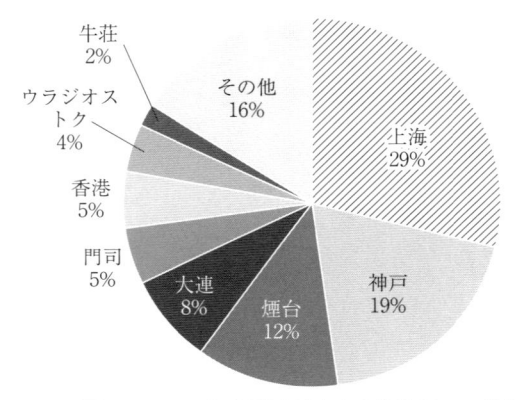

図10　1913年出港地別青島寄港汽船トン数割合
出典：*Amtsblatt*, 1913 に掲載された出港地の情報より著者が算出したもの.
実際の数値は，**付表5**を参照.

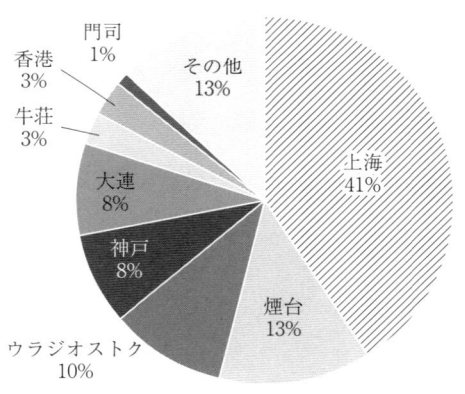

図11　1913年目的地別青島出港汽船トン数割合
出典：*Amtsblatt*, 1913 に掲載された目的地の情報より著者が算出したもの.
この場合の目的地は最終目的地ではなく，次の寄港地を指す.
実際の数値は，**付表6**を参照.

際にその地で消費されたとは限らない．しかし，青島港の対外貿易の情勢をおおよそ理解することができるだろう．

まず，輸入については，1910年・1911年ともに，ドイツと日本が大きな割合を占めており，ドイツと日本を合せて，1910年に75.5％，1911年に68.0％であった．アメリカ合州国からの輸入額が，1910年と比較して1911年に80％の増加を示している．これは石油の輸入量の増加分と報告された．次に輸出については，フランスが最大の貿易相手国であり，それも1910年と比較して1911年には，54％の増加を示している．その理由としてマルセイユ向けの落花生の輸出が増加したことが指摘されている[28]．そしてドイツ，イギリス，日本と続いている．1911年のアメリカ合州国の輸出額が12万4000海関両と記載されているが，同国向けの輸出の大部分は上海を経由しており，上海から同国向けの輸出総額は，およそ150万海関両と推定されている[29]．

1912年の青島港貿易に関する膠海関報告によれば，日本からの輸入は670万海関両であり，これは日本からの綿製品の増加による．それに対し，ドイツからの輸入は280万海関両であり，大幅に減少した．これは津浦鉄道の建設が一段落したことによると推測され，ドイツからの輸入においてなお建設資材が大きな割合を占めていたことを示していよう．輸出については，フランスがなお最大の貿易相手国であり，それも480万海関両と増加を記録している．そのほか，ウラジオストクなどのロシア領太平洋沿岸諸港向けの家畜・食肉輸出の増加により，輸出額も94万4000海関両と倍加した[30]．

図7および**付表2**によれば，1910年・1911年の青島港の中国産品輸出額はそれぞれ1717万1415海関両，1985万3669海関両であったので，対外直接貿易の輸出額が占める割合はそれぞれ49.7％，52.7％となる．これらのデータからも，1910年前後には，緊密化した東アジア流通ネットワークを基盤に，青島港が欧米向けの対外輸出を増加させていったことを確認することができるだろう．

---

28) Ebenda.
29) Der Handel Tsingtaus im Jahre 1911. II, in: *TNN*, 7. 8. 1912.
30) Tsingtaus Handel 1912, in: *TNN*, 15. 8. 1913.

表4 1910年・1911年対外直接貿易輸出入額比較表

	1910	
	輸　入	輸　出
ドイツ	4,570,000	1,807,000
日　本	4,515,000	853,000
フランス	12,000	2,810,000
イギリス	132,000	1,205,000
アメリカ合衆国	711,000	57,000
ベルギー	440,000	299,000
オランダ	10,000	358,000
イタリア	2,000	138,000
スペイン	—	85,000
オーストリア＝ハンガリー	—	49,000
香　港	1,170,000	409,000
ロシア（太平洋岸諸港）	45,000	464,000
オランダ領インドネシア	288,000	—
シンガポール，海峡植民地	94,000	—
その他	43,000	6,000
計	12,032,000	8,540,000

出典：Der Handel Tsingtaus im Jahre 1911, in: *TNN*, 6. 8. 1912 より著者作成．
総計の数値は若干修正した．

4　技能労働者の育成

「死活問題」としての技能労働者

　1905／1906年度以降の山東農畜産物を原材料とした輸出加工区への転換は，もちろんそこで働く工場労働者を必要とした．しかも，官営・民営問わず，ドイツの事業体が経営する工場の水準・方式に適した技能労働者を，である．この場合，「苦力」と呼ばれた単純労働者ではなく，ドイツ製の製造機械の取り扱いや修繕にも習熟した技能労働者が問題となった．

　実際には，艦船の修理に投入できる技能労働者をいかに調達するかという問題は，膠州湾占領当時より，植民地行政のなかで大きな懸念となっていた．

(単位：海関両)

			1911	
総　計	輸　入	輸　出	総　計	
6,377,000	4,665,000	1,596,000	6,261,000	
5,368,000	4,809,000	1,174,000	5,983,000	
2,822,000	8,000	4,329,000	4,337,000	
1,337,000	199,000	1,551,000	1,750,000	
768,000	1,282,000	124,000	1,406,000	
739,000	522,000	393,000	915,000	
368,000	168,000	278,000	446,000	
140,000	3,000	237,000	240,000	
85,000	—	44,000	44,000	
49,000	2,000	56,000	58,000	
1,579,000	1,214,000	139,000	1,353,000	
509,000	74,000	544,000	618,000	
288,000	282,000	—	282,000	
94,000	417,000	—	417,000	
49,000	281,000	2,000	283,000	
20,572,000	13,926,000	10,467,000	24,393,000	

1900年に，巡洋艦の修理を目的とした総督府工場（Gouvernementswerkstätte，1908年以降，官営のまま青島造船所 Tsingtauer Werft に改編）が設立されたが，その当時，山東省では造船業に不可欠な手工業者を雇うことができず，華南諸省，とくに上海から手工業者を雇い入れざるをえなかった[31]．

---

31) Breymann, Ausbildung chinesischer Handwerker auf der Tsingtauer Werft, am 20. September 1910, BA/MA, RM 3/6893, Bl. 178-192. 引用は Bl. 178. 1910年9月20日付のこの内部資料は，以下で紹介する総督府工場（後に官営の青島造船所）内の見習工養成学校について，設立時点にまでさかのぼって詳細に記述したものである．本節は，主として本資料に依拠して書かれている．

しかし，上海から雇用された手工業者に対して，総督府は，その賃金・技能ともに不満をもっていた．使用者側からみれば，彼らは「ドイツの概念に即して必要な入念さと精密さを欠いて」おり，また賃金も「80セントから2ドル」（ここではメキシコ・ドル，以下同様）で，個々の例では日当で2ドル以上となり，その「業績と青島での通例の賃金とまったく釣り合うものではなかった」のである．さらに，懸念されたのは，わずかに雇用した山東出身の手工業者も，上海などの華南出身の手工業者と同水準の賃金を要求するようになったことであった[32]．

　このような動きに対抗するために，使用者側，すなわち総督府工場側は，華南からの手工業者の雇用を止め，現地で新たに自ら必要な技能労働者を育成することを始めた．1900年当時には，山東の住民の大多数は農民であり，工場労働者には不適とみなされており，総督府にとって，この育成事業はまさに実験であった．この実験，つまり，山東農民から，「高すぎる賃金要求をせずに好ましい業績」を上げる一定の技能労働者層を生み出すことに成功するかどうかは，総督府工場の「死活問題」と位置づけられていた[33]．

見習工養成学校の設立と見習工の募集

　1902年10月に，総督府は山東省内で発行されていた中国語新聞に広告を載せ，総督府工場内にこれから設立される見習工養成学校（Lehrlingsschule）への入学希望者を募集した．その採用基準は，この取り組みがいかに「実験」を意識したものであったかを如実に示していた．採用された若者は，これまでにヨーロッパ系の事業所での勤務経験者や，大都市出身の事業経験者ではなく，「これまでに手工業から縁遠い農民の息子」であった．その理由は，「一度成果を上げた者」からふたたび新たに成果を上げることが「困難」と考えられたからであり，「育成のためにできるかぎり影響を受けていない材料」をえるためであった．したがって，見習工は山東出身で，年齢は16歳以上19歳以下とさ

---

32) Ebenda, Bl. 179.
33) Ebenda, Bl. 180.

れ、身体壮健で、ある程度の中国語の読み書き能力を持ち、教育修了・契約義務の履行のための保証金を支払う能力をもつこととされた[34]．

1902年4月の募集では，76名の見習工を，以降，1903年10月に102名，1905年4月に79名，1906年10月に114名，1908年10月に119名，あわせて490名を採用した．彼らには，総督府工場に暫定的に併設された2棟の木造宿舎のなかで，12人部屋があてがわれた．また，別に食堂と医務室が設置された．見習工の人数の増加にともない，彼らに新たな宿舎が建設されたのは，ようやく1908年のことであった．これは大港への工場の移設にともなう措置であり，見習工用の「居住区」（Lehrlings = Ansiedlung）もその付近に設置された．それは，校舎，食堂，3部屋と中庭を備えた26の家屋から構成される複合的な居住区域であった．その居住施設は，かつての見習工の要望を聞いて建設されたという[35]．

見習工の育成プログラムとその帰結

見習工のカリキュラムは，きわめて厳格に定められていた．当時の報告書によれば，見習期間の4年間のうち，最初の2年間は，毎朝7時から8時半までドイツ語での読み書き計算，技術実習，その後，午前9時から午後5時半まで1時間の昼食を含めて工場もしくは事務所での作業，夕方7時から8時まで中国語で授業が課されていた．残りの2年間は，朝6時半から1時間の昼食を含めて午後5時半まで，工場もしくは事務所での実習が課されていた．この説明とは若干異なるが，同じ報告書に添付されていた基本となる作業表を掲げておく（**表5参照**）．見習工にも賃金が支払われており，1年目は日給20セント，2年目は25セント，3年目に30セント，そして4年目に35セントであった．見習工は，4年間の見習期間の修了後，「職人」として，その業績ごとに40セントか60セントを，さらに2年の「職人」期間後は，最大80セントまで受け取ることができた[36]．

---

34) Ebenda, Bl. 180-181. Bl. 187 に募集の際の告知の写しが掲載されている．
35) Ebenda, Bl. 183-184.
36) Ebenda, Bl. 182 u. 185.

表5　総督府工場見習工作業表

午前6時	起床
6時～6時半	洗濯，部屋の片づけ，服の清掃・修繕他
6時半～7時	ドイツ語練習
7時～7時半	朝食他
7時半～9時	ドイツ語での授業
9時～12時	工場での作業
12時～午後1時半	昼食・休憩
1時半～6時	工場での作業
6時～6時半	夕食
6時半～7時半	自由時間
7時半～8時	中国語での授業

この作業表は平日用で，1日10時間労働が義務づけられ，10時間以上従事する場合には，それに見合うだけの体力と熟練を持ち合わせていることが要件とされた．また日曜日には，見習工はドイツ語での授業の履修と身体鍛錬および職業に必要な自習に取り組むように指示されている．
出典：Breymann, Ausbildung chinesischer Handwerker auf der Tsingtauer Werft, 20. September 1910, BA/MA, RM 3/6893, Bl. 188 より作成．

　総督府工場の内部資料によれば，採用された見習工が4年の訓練期間を修了し，その後総督府工場で経営側と2年間の「職人契約」を締結する割合は，採用年度でかなりの違いが見受けられた（表6）．1902年に採用された第1期生は95%が「職人契約」を締結したが，次の1903年の第2期生は70%へと大幅に割合が低下した．1905年の第3期生は81%と落ち込みを取り戻している．1906年に採用された第4期生は，この内部資料が作成された1910年の時点で，まだ見習期間中であり，この時点で，見習工は76%しか残っていない．また，1908年採用の第5期生も1910年時点ですでに74%しか残っていなかった．

　したがって，第1期生を例外として，採用された見習工のうち，2割から3割は「職人」として不採用，あるいは自ら契約を締結せずにいたか，見習期間

表6 総督府工場における見習工採用人数およびその後の経歴

	見習工採用人数	修了生中の職人契約の人数	職人契約終了後,造船所で雇用
1902年4月採用	76	72	48
1903年10月採用	102	72	58
1905年4月採用	79	64	1911年4月まで契約継続
1906年10月採用	114	見習期間は1910年10月まで. 現在, 87名の見習工	1914年10月まで契約継続
1908年10月採用	119	見習期間は1912年10月まで. 現在89名の見習工	1918年10月まで契約継続

出典：Breymann, Ausbildung chinesischer Handwerker auf der Tsingtauer Werft, 20. September 1910, BA/MA, RM 3/6893, Bl. 184 より作成.

中に見習契約を破棄したことになる．ここで取り扱っている内部資料は，この状況を問題視しておらず，見習契約を破棄した者の動機についての言及がない．しかし，前記のように，早朝から晩にまで及ぶ作業プログラムと宿舎における全面的な生活管理は，見習工たちにとって肉体的にも精神的にもきわめて厳しい環境であったと推測される．さらに，「職人契約」終了後に造船所に継続雇用された者の割合では，1902年の第1期生で67％，1903年の第2期生で80％となっており，見習工として採用された最初の人数と比較すれば，それぞれ63％と57％となり，一段と採用人数が絞り込まれている．

それでは，この育成結果を制度設計者はどのように評価していたのだろうか．本節冒頭で示したように，この「実験」の意図は，「ドイツの概念に即して必要な入念さと精密さ」を有し，「高すぎる賃金要求」を掲げない，山東出身の技能労働者を育成できるかどうか，ということであった．これは，たんに造船技術に限られるものではなかった．総督府工場に期待された艦船の修理・維持に必要な専門技術は，ボイラー製造，銅板金加工，鋳型製作・鋳造，機械製

造・組立・修繕，船大工，家具製作，塗装，さらにドイツ語での事務作業および通訳までも含むきわめて幅広い業種におよんでいた．したがって，この総督府工場の見習工養成学校の育成プログラムは，青島に拠点を構えた他の私企業にとっても有能な労働者を提供することも意味した．

　実際に，この養成学校を修了した技能労働者たちは，修了証を持って，山東鉄道会社・山東鉱山会社をはじめとした私企業によって，職工長あるいは通訳として雇用されることになった．また，彼ら自身が習得した専門技術を活かして小規模の工場を設立する事例もあったという．したがって，修了生たちは，「かりに造船所［総督府工場の後身］に直接的に役立つのではないとしても，広い意味で植民地とドイツ勢力に役立っている」と評価されていた[37]．

　それでは，もう1つの目的であった賃金抑制の意図はどうであったのか．それについても，内部資料によれば，「現在［1910年9月時点］の平均賃金は，なお造船所で就業している上海出身の手工業者が1日1ドル4セント，山東出身手工業者の平均賃金は，なお養成中の見習工を除外して，58セント，そして全手工業者の平均賃金は70セントであり，下働きなども含めた，全中国人労働者の平均賃金は，52セント」であった．本節冒頭で紹介したとおり，この見習工育成「実験」開始以前に，総督府工場で基幹労働者であった上海出身技能労働者の賃金は，80セントから2ドル，個々の例では2ドルを超えていたと言及されているので，1910年時点の全手工業者の平均賃金70セントと比較すれば，賃金水準は低位の80セントに対して12.5％の下落，また高位の2ドルと1910年時点の上海出身技能労働者の平均賃金1ドル4セントとを比較すれば，およそ半分にまで下落したことになる．したがって，「有能で信頼でき，適正な賃金を受け取る中国人手工業者を引き寄せることを追求した目的は，見習工養成によって部分的にすでに達成できた」と評価された[38]．

　しかし，この育成プログラムによって新たに生じた問題点についても指摘されている．それは，見習工および修了して継続的に雇用されている者たちが，

---

37) Ebenda, Bl. 185.
38) Ebenda.

4 技能労働者の育成

他の中国系労働者よりも「いくぶん上回っていると考え，しっかりと団結し，集会を開催し，その一致した行動によって自分たちの要望を認めさせよう」と試みているということである[39]．つまり，集団生活のなか，厳しい訓練を経て，技術を獲得した新しい技能労働者たちが，それ以外の工場労働者たちより上位意識を持ち，団結意識を高め，労働条件・待遇改善の要求を掲げることになったというのである．

先述のとおり，当初の上海出身労働者たちの賃金を抑制するために導入された見習工たちの賃金は，1年目の20セントから始まり，4年目で35セントへ，そして修了して継続的に雇用された者でも最大80セントまでに抑えられていた．上海出身労働者と比較して低賃金に抑えられていた彼らが賃上げを要求するのは当然ともいえよう．このような動きに対して，どのような対策が採られたのか．それは，既存の上海出身の労働者層を完全に排除するのではなく一定数を維持し，かつ新たに単純労働者から別の低賃金の技能労働者層を育成する試みであった．内部報告書によれば，見習工たちの「影響が強くなりすぎないようにするために，最近2年間，見習工とならんで，彼らから自立した，適当な造船所の苦力も手工業者に養成し，またさしあたり華南の中国人の一定の層を，釣り合いをとるための重しとして維持」していた[40]．

ここには，労働者を分断し，異なる集団間を競争させることによって，賃金水準を維持させようとする経営戦略をはっきりと見出すことができるだろう．華南，とくに上海出身と山東出身という地域的な区分に，賃金水準の区分を重ね合わせることによる分断に，また別の新しい分断が創出されている．当初の見習工の募集は，課程修了を見込むことができる一定の所得をもった農家の男子に限定されていた．「苦力」と呼ばれた単純労働者を技能労働者へと育成することは，この当初の見習工たちが持っていた「苦力」への蔑視感を利用するものであった．工場経営側は，優越意識をもっていた彼らが，「苦力」出身の新しい技能労働者集団と容易に連帯しえないと考えたからこそ，新たな競合集

---

39) Ebenda, Bl. 185-186.
40) Ebenda.

団が形成しうると考え，「苦力」と呼ばれた単純労働者たちの養成を開始したのである．まさに，地域間・社会階層間の集団帰属意識の差異を利用した分断の政治によって，賃金を低い水準において均衡させていく試みであった．それは，総督府工場という実験の場を超えて，植民地都市・青島の労働市場全般に影響を及ぼすことが期待されていたと考えられよう．

小　結

　膠州湾租借地を対象とした植民地経済論では，いかに同地を商業植民地として地域経済間の流通の拠点とし，さらにその流通の拡大を基盤に，広域的な商業ネットワークを形成するかが問われていた．膠州領総督府は，山東の開発／開放のリベラルな経済政策を推進すると同時に，物資・労働力の流通が青島を経由して山東地域外への輸出に向かうように介入的な経済政策を推進した．そのような政策の下では，膠州湾租借地における近代化の成果の度合いを測る指標とされてきた流通量の増加そのものが，同地での植民地支配を正当化するものであり，植民地政策と不可分の関係にあった．

　当初，ドイツ植民地政策担当者たちは，膠州湾租借地では，自由港制度を基盤に石炭輸出とドイツ工業製品の輸入という双方向的な経済戦略を軸とした植民地経済を想定していたが，その戦略は山東経済との密接な流通を築くことに失敗した．その代わりに新たに推進されたのが，麦稈真田のような家内工業製品，落花生や原綿などの換金作物，落花生油・牛皮・食肉・卵などの加工業などによる多角的な輸出戦略であった．それを実現するために，税関制度の改編による山東経済との関税上の一体化と中国沿岸商業ルートとの緊密化を企図した．1907 年末までには，青島港は，定期航路を中心に上海および華北沿岸諸港と密接に結びつき，1908 年以降はさらに欧米への輸出ルートを開拓し，それを基盤に輸出が顕著に増加することになった（図 12 参照）．

　その多角的な輸出戦略のなかで，将来の青島経済の基幹産業とみなされた山東農畜産物の加工業では，製造機械の取り扱い・修繕が可能な技能労働者を必要としていた．その育成モデルを提供したのが総督府工場，1908 年以降の青島造船所での見習工制度であった．その試みは，山東農村出身の若年層のなか

華北沿岸諸港：
煙台・大連・牛荘

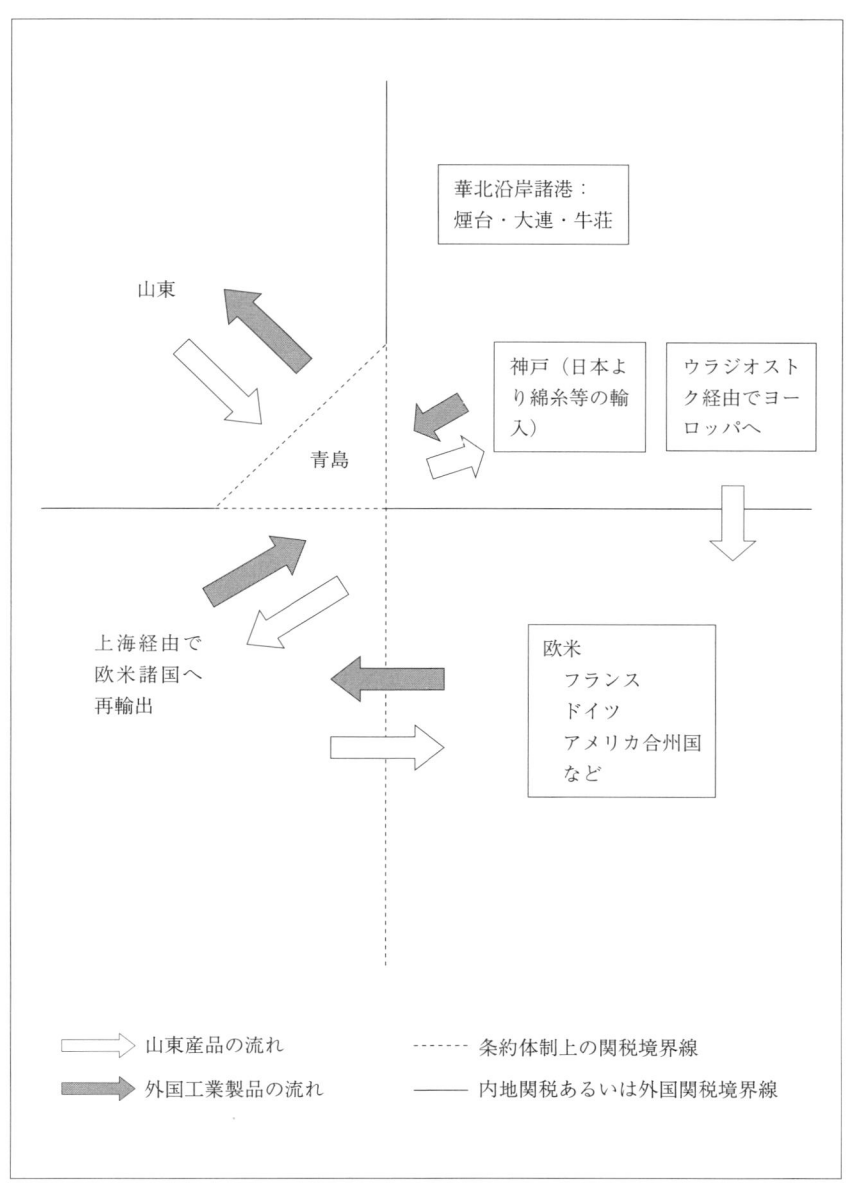

山東

神戸（日本より綿糸等の輸入）

ウラジオストク経由でヨーロッパへ

青島

上海経由で欧米諸国へ再輸出

欧米
　フランス
　ドイツ
　アメリカ合州国
　など

⇨ 山東産品の流れ　　　------ 条約体制上の関税境界線
⇨ 外国工業製品の流れ　―― 内地関税あるいは外国関税境界線

図12　1911年頃の青島港の流通
著者作成.

から，「適正」価格で労働を提供するドイツ式の「有能な」技術を持った技能労働者を育成することを意図したものであった．本章で明らかにしたように，それは，地域間・社会階層間での分断を図りながら，技能労働者の賃金水準を低位に維持する経営戦略であった．

V 植民地社会秩序の再調整

　1905年末の自由港制度の事実上の廃止は，たんに経済政策路線の問題にとどまらず，総督府が中国商人層を租借地経済の実質的担い手として認識せざるをえなくなったことを意味していた．そして，租借地経済における中国商人層の重要性が高まれば高まるほど，植民地社会におけるその位置づけが問題になった．1907年から翌1908年にかけて，ドイツ本国においても中国においても，青島におけるドイツ植民地統治が批判されるようになった．ドイツ本国では，青島が経済成長を実現したとしても，それ自体がドイツ経済に貢献するかどうかが疑問視されるようになった．それゆえに，ドイツ帝国議会のなかで，多額の国庫補助金の助成をするだけの意義が青島にあるのかをめぐって，討論が繰り広げられた．

　このようなドイツ本国からの批判に対抗するために，青島のドイツ系住民は，本国および植民地行政に対して植民地「自治」を要求するようになる．行論で示すように，この自治の内実は，本質的には植民地社会秩序の構成原理から逸脱するものではなかった．しかし，その秩序のなかに，どのように中国系住民，とくに中国商人層を位置づけるかが問われることになったのである．総督府は，租借地財政の収支を均衡させるために，行政改革に着手したが，その際，租借地経済の実質的な担い手であった中国商人層との合意が必要になった．統治初期に想定されていた植民地社会秩序には，そのような合意を調達するための政治システムは存在しなかったために，既存のシステムをいかに調整し，そのなかにどのように中国商人層を組み込むかが問題になったのである．この議論の背景には，同時期の中国での利権回収運動の高まりがあった．膠州領総督府は，その政治潮流に対応した植民地社会秩序を新たに構想することが求められていた．1908年11月に中国商人層が行ったボイコットによって，総督府はその課

題をもはやなおざりにすることができなくなる．植民地統治の継続にあたって，中国商人層との「協同」のあり方が制度的にも実際にも問い直されざるをえなかったのである．

　本章では，まず第1節で，ドイツ国内・中国におけるドイツ総督府の租借地統治に対する批判について述べる．次に第2節で，そのような批判に対抗して現れた膠州湾租借地在住のドイツ系住民の「自治」論と，その根幹である総督府参事会の改革をめぐる議論を分析する．その際に，中国系住民の社会的位置づけがどのように議論されたのかについて明らかにする．続いて，第3節で，総督府の租借地行政の収入を高めるために試みた埠頭行政改革とそれに対する中国商人層のボイコット運動を取り上げる．そして，そのボイコット運動の帰結として中国系住民代表が総督府参事会の議席を獲得することになったが，その帰結が植民地社会秩序にとってどのような意味合いを持っていたかについて論じる．最後に，第4節では，ボイコット運動を契機に，ドイツ系住民と中国系住民の「協同」が謳われたが，その「協同」が最初に試されることになった1910年・1911年の肺ペスト対策を分析する．そこでの防疫体制の構築と中国系住民の「協力」の様相から，青島における植民地社会秩序が実際にどのように機能したかを検討する．

1　青島統治への批判

青島経済と世界経済の連関

　山東農畜産物の輸出加工区として，対外輸出の規模を拡大した青島経済は，第IV章でみたように，東アジア商業ネットワーク，さらには世界経済との結びつきをいっそう強めることになった．ひるがえって，そのことは青島経済が世界経済の景気動向にきわめて左右されやすい経済に変質することを意味した．それを直接に反映したのが1907年末から1908年初頭にかけての経済的な後退であった．

　1907／1908年度の膠州領総督府の行政報告書によれば，1907年秋からアメリカ合州国で発生した経済危機が，中国，日本そしてシンガポール，さらには東アジア全体にまで波及した[1]．1906年の時点では，青島は，当時の東アジア

経済が全般的に不況下にあったとしても,ほとんど影響を受けずに済んでいた.その不況の原因は,当時の中国の対外貿易向けの決済通貨であったメキシコ・ドル相場の不安定性にあったが,青島の経済動向は全体として増加傾向にあり,総貿易額は1904/1905年度と比較して1905/1906年度は21% も増加した[2].

しかし,1907年秋にアメリカ合州国より波及した東アジア全体の経済危機は,青島経済に大きな打撃をもたらすものであった.通貨レートに関していえば,1906年には1メキシコ・ドルに対するライヒスマルクの相場は2.25マルクであったのが,1908年5月には1.75マルクに下落し,1908年9月末にも1.77マルクで推移していた.メキシコ・ドルの下落は,輸入品価格の高騰を導き,青島在住の中国商人は対応に苦慮することになった.また,輸出品については,絹布・絹糸製品および皮革製品はおよそ40~50% もの価格の下落を経験した.これらの輸出製品は,欧米市場の動向に大きく左右されるようになっていた.青島の輸出業者は,欧米市場のみでは価格の下落による損失を補填できず,上海や煙台などで販路を探さざるをえなかった.中国海関収入についていえば,1906/1907年度が97万3352海関両であったのが,1907/1908年度は87万7727海関両へと9.8% 減少し,同年度の比較で青島港に発着した汽船数についていえば,499隻(54万6843トン)から432隻(51万9292トン)へと減少し,さらに総督府収入も163万4354マルクから143万4076マルクへと12.2% も減少した[3].

ただし,青島港における貿易輸出入額の長期的な推移を考慮すれば,実際にはこの不況は,青島経済にとって大した意味をもたなかったようにみえる.たしかに,1907年の不況の影響によって,1907年・1908年の外国産品純輸入額は,1906年の1694万667海関両から1907年には1641万6053海関両,1908年には1571万8278海関両へと減少したものの,1909年には1942万2133海関両へと回復した.中国産品純輸入額も,1906年に510万800海関両であったのが,1907年には374万3511海関両,1908年には390万2310海関両へと

---

1) Denkschrift 1907/1908, in: *SBVR*, 253(1909), S. 8.
2) Denkschrift 1906/1907, in: *SBVR*, 245(1907), S. 25.
3) Denkschrift 1907/1908, in: *SBVR*, 253(1909), S. 8-9.

減少し，1909 年に 554 万 6322 海関両へと回復した．これに対して，中国産品輸出額は，1906 年の 847 万 914 海関両から 1907 年に 847 万 8325 海関両と微増した後，1908 年には 1203 万 3307 海関両へと顕著に増加した（数値については，**付表 2** 参照）．

このようにより長期的にみれば，この 1907 年の不況によるメキシコ・ドルの対外通貨に対する価値の下落は，青島貿易における中国産輸出品の割合を強化することになったともいえよう．海関貿易統計によれば，1911 年になると，青島港は中国沿岸の開港場のなかで，上海，天津，漢口，広州，汕頭に次いで 6 番目の貿易量を記録することになる[4]．したがって，この不況は，青島港と中国沿岸諸港との流通を増加させ，またその後に，山東産品輸出を通じて世界経済と緊密に結びつく契機となったとも理解できよう．

しかしながら，1907 年の経済不況は，膠州湾租借地においてのみならず，ドイツ本国においても膠州湾租借地全体にとっての経済危機として認識されることになった．ほかの植民地と比較して，膠州湾租借地へ投資された国庫助成金の額は突出していたにもかかわらず，当初の膠州湾租借地における統治の目標であった経済成長が後退したことは，たとえ一時的であったにせよ，ドイツ帝国の植民地政策全体にとっての膠州湾租借地の意義が問い直される契機をもたらしたのである[5]．

---

4) China. The Maritime Customs, *Decennial Reports on the Trade, Industries, etc., of the Ports Open to Foreign Commerce, and on the Conditions and Development of the Treaty Port Provinces, 1902-11*, vol. 1, Shanghai: Statistical Department of the Inspectorate General of Customs, 1913, p. 238.

5) 1903 年度の膠州領総督府の予算額は 1280 万マルクであり，同年度のドイツ植民地予算額のなかで最大の額である．しかもそのうち 1235 万マルクを国庫補助金が占めていた（**表 7** 参照）．同年度でドイツ領東アフリカが予算額 846 万マルク，ドイツ領西南アフリカが 843 万マルクであった．膠州湾租借地の面積が約 515 平方キロメートル，人口 1 万 8000 人と推計されたのに対して，ドイツ領東アフリカの面積は約 99 万平方キロメートル，人口約 684 万 7000 人，ドイツ領西南アフリカの面積は約 83 万平方キロメートル，人口 20 万人と見積もられており，膠州湾租借地への補助金額の突出ぶりが理解できるだろう．東アフリカおよび西南アフリカで植民地戦争終結後にあたる 1909 年度の場合には，膠州湾租借地への国庫補助金が 854

青島統治への批判

　冒頭で述べたように，世界経済とより密接に連動することによって膠州湾租借地が経験した経済不況は，ドイツ国内においてはドイツ植民地政策全般に対する批判の高揚，中国においては沿岸開港場を中心に諸列強の経済利権に対する批判の高揚がみられた時期と重なった．まず，ドイツ国内においては，1904年および1905年にそれぞれドイツ領西南アフリカとドイツ領東アフリカで勃発した植民地戦争を契機に，ドイツ植民地政策の再編がドイツ国内で議論されるようになった．これは1906年の帝国議会解散をもたらし，1907年の選挙の主たる争点となった[6]．膠州湾租借地に関していえば，1906年まではドイツ帝国議会では，アフリカでのドイツ植民地政策の方式が批判されていたのに対し

　　万マルクで，東アフリカの357万マルクをはるかに上回るが，西南アフリカには1712万マルクと倍近く離されている．しかし，面積・人口を考慮すれば，それでも膠州湾租借地への補助金額は突出していると評価できるだろう．Vgl. *SJfDR*, 1903（1904），S. 256；*SJfDR*, 1909（1910），S. 410.

6）この時期の植民地政策の再編をめぐる議論については，Wolfgang Reinhard, „Sozialimperialismus" oder „Entkolonialisierung der Historie"? Kolonialkrise und „Hottentottenwahlen" 1904-1907, in: *Historisches Jahrbuch*, 97/98（1978），S. 384-417; Franz-Josef Schulte-Althoff, Koloniale Krise und Reformprojekte. Zur Diskussion über eine Kurskorrektur in der deutschen Kolonialpolitik nach der Jahrhundertwende, in: Heinz Dollinger/Horst Gründer/Alwin Hanschmidt (Hrsg.), *Weltpolitik, Europagedanke, Regionalismus. Festschrift für Heinz Gollwitzer zum 65. Geburtstag am 30. Januar 1982*, Münster/Westf.: Aschendorff, 1982, S. 407-425 を参照．また，永原陽子「ドイツ帝国主義と植民地支配――『デルンブルク時代』の植民地政策」『歴史学研究』第496号，1981年9月，19-35頁も参照．最近の研究としては，Bradley D. Naranch, "Colonized Body", "Oriental Machine". Debating Race, Railroads, and the Politics of Reconstruction in Germany and East Africa, 1906-1910, in: *Central European History*, 33: 3 (2001), pp. 299-338. ドイツ領西南アフリカおよび東アフリカにおける植民地戦争に関する最近の研究として，永原陽子「『人種戦争』と『人種の純粋性』をめぐる攻防」歴史学研究会編『帝国への新たな視座――歴史研究の地平から』青木書店，2005年，323-370頁，Susanne Kuß, Kriegführung ohne hemmende Kulturschranke: Die deutschen Kolonialkriege in Südwestafrika (1904-1907) und Ostafrika (1905-1908), in: Thoralf Klein/Frank Schumacher (Hrsg.), *Kolonialkriege. Militärische Gewalt im Zeichen des Imperialismus*, Hamburg: Hamburger Edition, 2006, S. 208-247.

て，海軍省による膠州湾租借地の統治は成功例として賞揚されていた[7]．しかし，1907年の経済的な後退と同時に，膠州湾租借地もその批判の対象にされるようになる．

1907年4月15日付の『ケルニッシェ・フォルクスツァイトゥング』（*Kölnische Volkszeitung*）紙の社説では，総督府への多額の国庫助成額と比べて，ドイツの対中国貿易額に目立った変化が現れていないことが指摘された．その理由として，鉄道資材などのほかに，ドイツ工業製品が中国住民に普及していない点を挙げたうえで，「膠州湾を日本に再租借させるか，あるいは中国に返還する」という提案を真剣に問わなければならないと結んでいた[8]．

さらに，同年，当時ベルリンのドイツ教養層に広く読まれた『プロイセン年報』（*Preußische Jahrbücher*）にメンゲ（August Menge）が論説「膠州領」を発表し，そこで膠州湾租借地の放棄を主張した．メンゲは，膠州湾におけるドイツ支配が中国側に憤激をもたらしていることは疑いないとし，膠州湾租借地の放棄によって，ドイツの対中国政策が経済的な利益の追求しか持たないことを明確にすべきだと述べたのである．彼は，決してドイツ植民地支配そのものを批判していたわけではない．彼は，アフリカおよび南太平洋におけるドイツ植民地については，それらを絶対に保持すべきことを主張していた．しかし，中国ではドイツの利益は貿易による経済拡張にあるとし，市場開放政策を採用し，膠州湾租借地を上海のような共同租界にすることを提案した[9]．くわえて，このような批判を念頭に置いて，翌1908年には帝国議会でも，中央党のエルツベルガー（Mathias Erzberger）が膠州湾租借地への国庫補助金額の高さを指摘して，その植民地統治の継続の必要性を問いただした[10]．

また中国では，現地の新聞を媒体として，膠州湾租借地におけるドイツ統治

---

7) John E. Schrecker, *Imperialism and Chinese Nationalism. Germany in Shantung*, Cambridge, Mass.: Harvard University Press, 1971, pp. 217-218.
8) Die Kosten der ostasiatischen Politik, in: *Kölnische Volkszeitung*, 15. 4. 1907. この社説は，北京駐在ドイツ公使館に伝えられた．PAAA, Peking II, 1244, Bl. 39-40.
9) A. Menge, Kiautschou, in: *Preußische Jahrbücher*, 11 (1907), S. 292, 298-299.
10) Schrecker, *Imperialism and Chinese Nationalism*, pp. 219-220.

表7 膠州領総督府財政変遷（1898-1914年）（単位：ライヒスマルク）

年　度	総予算額	国庫補助金	総督府収入
1898		5,000,000	
1899/1900		8,500,000	
1900/1901	9,993,000	9,780,000	213,000
1901/1902	11,050,000	10,750,000	300,000
1902/1903	12,404,000	12,044,000	360,000
1903/1904	12,808,142	12,353,142	455,000
1904/1905	13,088,000	12,583,000	505,000
1905/1906	15,296,000	14,660,000	636,000
1906/1907	14,198,000	13,150,000	1,048,000
1907/1908	13,278,200	11,735,500	1,542,700
1908/1909	11,465,753	9,739,953	1,725,800
1909/1910	12,165,602	8,545,005	3,620,597
1910/1911	12,715,884	8,131,016	4,584,868
1911/1912	13,538,610	7,703,940	5,834,670
1912/1913	14,639,725	8,297,565	6,342,160
1913/1914	16,787,524	9,507,780	7,279,744

出典：Leutner, „*Musterkolonie Kiautschou*", S. 239-240.

に対する批判が展開された．その背景には，1905年5月に上海で始まったアメリカ合州国における移民制限に反対した反米ボイコットがあり，そのボイコット運動は，同年8月に膠州湾租借地にも波及していた[11]．このボイコット運動は，中国における列強の利権回収運動と結びついており，膠州湾租借地に関していえば，同地でのドイツ軍の駐留が敵視されていた．義和団戦争時に，膠

---

11) Lokalnachrichten, in: *TNN*, 13. 8. 1905. 同記事によれば，大鮑島で会社経営者と買辦が多数参加した集会で文書による声明でボイコット運動への参加を呼びかけ，ボイコット運動への参加を拒もうとした商人も参加を強いられたという．また，この呼びかけのきっかけは，煙台の中国商人層の書状であったとされている．

州領総督府は，山東鉄道建設の保護のために，租借地外の行政所在地膠州と高密に軍隊を派遣し，その後もこの 2 都市での駐留を続けていた．このドイツ駐留軍は，山東におけるドイツの勢力拡張政策の象徴としてみられていた[12]．

　義和団戦争後，清朝政府は，変法運動の挫折以後，頓挫していた内政改革に着手した．列強は，この制度改革に対して影響を及ぼすことが，その後の中国市場における経済的優越を確保することになると考えており，その方策として中国国内における教育・文化事業を推進していた．ドイツ外務省も，同様の意図から対中国文化政策に取り組んでおり，こうした動きは，列強間の対中国文化政策をめぐる競争状態を生み出していた[13]．この対中国文化政策は，列強の一方的な思惑によって達成できるものではなく，ドイツ外務省は，むしろ清朝政府の「協力」を必要としていた．そのために，在中国ドイツ外交代表は，中国政府側に反ドイツ感情を高める可能性をできるかぎり排除することを望んでいた．このような政策上の配慮から，膠州領総督府も 1905 年末に膠州および高密県のドイツ軍隊を撤退させることになった[14]．中国現地の外交代表は，さらに膠州湾租借地における軍政そのものを問題視し始めていた．海軍省が容認

---

12) ドイツ北京公使館には，当時現地で発行されていた，ドイツに関する新聞記事の情報が，中国各地の領事館から寄せられていた．1905 年 3 月 7 日付の北京公使館宛の報告書のなかで，済南領事ベッツ（Heinrich Betz）は，山東巡撫・胡廷幹と会談し，反ドイツの扇動的な記事の事実誤認に対して，訂正記事を掲載するように協力を求めたことを記している．Betz an Gesantschaft, Abschrift, Tsinanfu, den 7. 3. 1905, in: PAAA, China II, 1241, Bl. 36-37.

13) ドイツの対中国文化政策については，第 VI 章注 4) の文献を参照．また，日本の対中国文化政策について，栗田尚弥「引き裂かれたアイデンティティ――東亜同文書院の精神史的考察」ピーター・ドウス／小林英夫編『帝国という幻想――「大東亜共栄圏」の思想と現実』青木書店，1998 年，95-119 頁および翟新『東亜同文会と中国――近代日本における対外理念とその実践』慶應義塾大学出版会，2001 年を参照．

14) 膠州・高密からの撤兵については，Hans-Christian Stichler, Die Orte Gaomi und Jiaozhou während der deutschen Kolonialherrschaft in China. Über einen wichtigen Abschnitt der Geschichte imperialistischer deutscher Chinapolitik Anfang des 20. Jahrhunderts, in: *Wissenschaftliche Zeitschrift der Humboldt-Universität zu Berlin. Gesellschaftswissenschaftliche Reihe*, 37 : 2 (1988), S. 109-120.

するはずはないと承知しながらも，1908年12月に，在北京ドイツ公使館は，膠州湾租借地でのドイツ総督府による軍政が中国側の憤激を引き起こしているうえに，行政への負担が過大となっているとし，帝国宰相に民政への移行を提言さえしていたのである[15]．

以上のように，膠州湾租借地における植民地統治は，ドイツ国内および中国での批判にさらされることで，その存在意義そのものが揺らぐようになっていた．これに対して，ドイツ国内および中国に対しては，これまでの経済成長を重視した政策理念に加えて，青島を対中国文化政策の中心地として成長させることを謳うようになった[16]．また，租借地在住のドイツ系住民は，多額の国庫補助金の投資に見合ったドイツ経済への貢献が乏しいという本国からの批判に対して，「自治」の論理を展開することで対抗しようとした．ドイツ系住民は，一方では，植民地経済の成長により植民地財政を「自弁」することで，ドイツ本国に対する自治を要求し，他方では，総督府に対して，その植民地自治を体現する総督府参事会での政策決定への自己の権限を強めるように要求した．

2　植民地自治論と総督府参事会改革

ドイツ系住民の植民地自治論と総督府参事会改革案

膠州領総督府は，当初から，その統治方針として，「本国当局に対する総督府の最大限の自立性」と，経済活動に対する行政介入の「最大限の自制」および「保護領の発展にしたがって，自治の拡大に顧慮して国家行政が縮小」することを謳っていた（第Ⅱ章第1節）．すなわち，膠州領総督府は，2とおりの

---

15) Rex an Bülow, 24. 12. 1908, in: PAAA, China II, 1245, Bl. 67-78. ここには，民政移行の提言の根拠となった公使館参事官ムティウス（Mutius）の調査報告書が資料として添付されている．

16) Mechthild Leutner/Klaus Mühlhahn, Die „Musterkolonie". Die Perzeption des Schutzgebietes Jiaozhou in Deutschland, in: Kuo Heng-yü/Mechthild Leutner (Hrsg.), *Deutschland und China: Beiträge des Zweiten Internationalen Symposiums zur Geschichte der deutsch-chinesischen Beziehungen, Berlin 1991*, München: Minerva, 1994, S. 413-414.

「自治」を掲げていたことになる．前者は本国行政からの「自治」であり，後者は植民地社会における「自治」の拡大であった．しかし，後者の自治とは何か．これが青島在住のドイツ系住民にとっての問題になる．

租借地における「自治」を体現したのは，総督府の下に置かれた総督府参事会であった[17]．総督府にとって，この総督府参事会は，ドイツ本国行政からの自立性の基盤となるべき総督の諮問機関であり，最終決定権を保持した総督を頂点とする総督府官僚と経済市民層の合議システムであった．総督府官僚については，定数はなく，各部局長が出席することとされ，ドイツ系住民代表は，総督が直接任命する代表，商社代表，土地所有者代表の3名から構成された（第III章第2節参照）．このシステムについて，膠州領総督府の行政報告書では，諮問の際に，「責任ある議決の場合に，目的にふさわしい統一的な意志」にまとまる「合議制」（Kollegialsystem）の利点がえられると宣伝されていた（傍点は原文ママ）[18]．ドイツ系住民にとっての「自治」とは，本国からの自治だけではなく，植民地官僚に対して総督府参事会における自らの政治的決定権を強化することを意味していた．

それでは，ドイツ系住民は，どのようにして自らが望む「自治」を達成しようとしたのか．まず，本国からの批判に対しては「自弁自治」（Selbsterhaltung,

---

17) Gouvernementsrat は，1900年から1905年まで外務省植民地局長の地位にあったシュテューベル（Oskar Stübel）が，1903年12月24日の帝国宰相令によって導入したものである．ハウゼンによれば，その意図は，中央から植民地行政へのより集中的な管理と連絡によって総督の恣意的な支配を抑制し，同時に植民地行政の分権化を促すことにあった．そのモデルは，英仏植民地での事例とプロイセンの地方行政にあったという．Vgl. Karin Hausen, *Deutsche Kolonialherrschaft in Afrika. Wirtschaftsinteressen und Kolonialverwaltung in Kamerun von 1914*, Zürich: Atlantis, 1970, S. 29 u. S. 240. 一般に Rat は「評議会」と訳されるが，本書では，行論に示されるように膠州湾租借地の場合，「自治」がキーワードとなっており，市参事会をモデルとしていたと思われるので「総督府参事会」と訳語を統一した．ちなみにシュテューベルは膠州湾占領時に上海総領事の職にあり，占領直後にシュラマイアー（Wilhelm Schrameier）とともに同湾に派遣され，植民地支配の制度設計に携わった．したがって，膠州湾租借地での総督府参事会の設置が他のドイツ植民地での Gouvernementsrat 導入のモデルとなった可能性もあるだろう．

18) Denkschrift（1898/1899), in: *SBVR*, 175（1900), S. 2830.

Selbstverwaltung）の論理を展開した．1905年末の自由港制度の事実上の撤廃と同時に，膠州領総督府は，中国海関との交渉を通じて，自らの財政基盤の強化を図った．1905年12月1日に改定された関税規定によって，膠海関の関税収入の20％が膠州領総督府に支払われることになった．この歳入増によって，膠州湾租借地のドイツ系住民は，植民地行政における現地社会の「自治」（Selbstverwaltung）をえる根拠ができたと主張したのである．

その主張は，1906年8月31日付の『青島新報』（*Tsingtauer Neueste Nachrichten*）に，「現地行政の新法令」と題された社説のなかで展開された．そこでは，この関税収入の20％が総督府収入に加わることで，軍事費を除外すれば，植民地は「自弁」可能になると説明されていた．その内訳としては，まず支出にあたる1906／1907年度の民政費は，106万6628マルクであり，軍民共同費のうち，民政費用分は18万マルクにすぎず，あわせて125万マルクとなる．次に，収入としては，これまでの収入額に，40万マルクと算出された関税収入20％分を加えると121万8000マルクとなり，わずかにマイナスとなるが，ほとんど自弁できる範囲内であると説明されていた[19]．ちなみに，資料源は異なるものの，膠州湾租借地の歳出表と上述の膠州湾租借地財政変遷表とを対照させると，1908年以降，総督府収入は民政費を上回っていた．1906年以降，この「自弁」の論理をもって，ドイツ系住民は，本国に対する「自治」を主張するようになった[20]．

次に，ドイツ系住民は，植民地社会における「自治」の拡大を目指すようになった．つまり，植民地官僚に対して，総督府参事会改革を要求し，そこでの自らの権限強化を要求したのである．1906年9月1日，『青島新報』にドイツ系住民による総督府参事会改革案が提示された．それは，以下の点からなる[21]．

---

19) Neuordnung der Lokalverwaltung I, in: *TNN*, 31. 8. 1906.
20)「自弁自治」の標語が『青島新報』の社説の表題として現れるのは，1908年5月1日付の記事が初出だが，本文で示したように1906年にはその論理がすでに明示的に現れていた．Selbsterhaltung, Selbstverwaltung I, in: *TNN*, 1. 5. 1908.
21) Neuordnung des Gouvernementsrates, in: *TNN*, 1. 9. 1906.

表 8 膠州領総督府歳出表（1900-1913 年） （単位：1000 ライヒスマルク）

年　度	軍事費	民政費	軍民共同費	臨時費	官営事業費	恩給基金
1900	1,864	784	1,326	5,925		
1901	2,257	723	1,404	6,575		
1902	2,369	799	1,791	7,375		
1903	2,435	907	1,936	7,470		
1904	2,403	984	1,974	7,697		
1905	2,712	1,102	2,193	9,257		
1906	3,207	1,182	2,377	7,375		
1907	3,339	1,247	2,426	6,230		
1908	3,411	1,370	2,614	4,037		
1909	3,556	1,301	2,769	2,661	1,802	75
1910	6,517	1,775	—	1,775	2,532	115
1911	4,010	1,263	3,787	2,075	2,854	148
1912	4,040	1,309	3,956	2,033	3,935	163
1913	4,917	1,366	3,897	1,853	4,554	200

出典：趙琪修，袁榮搜纂『膠澳志』成文出版社，1968 年［1928 年鉛本の影印］，1262-1263 頁．

（1）総督府参事会の全ての審議は公開すること．発言がそのまま記録され，発言者に承認された議事録はできるかぎり速やかに（おおよそ 3 日以内に）公表すること．

（2）総督府は 5 人の官職者と 5 人の民間代表から構成される．

（3）官職者は，海軍幕僚長，ドイツ事務担当官，中華事務担当官，主計監，建設局長から構成されること．

（4）5 名のドイツ系住民代表は，従来どおりの手続きに従って，総督任命の代表者，商業会議所の代表者，商社登記簿に登録している中国系以外の商社の選挙による代表者，最低 50 マルクの納税義務を有する中国系および中国系以外の土地所有者の選挙による代表者，そして最後に，官吏も含めたドイツの選挙法にしたがった全住民選挙による代表

者から構成されること．
（5）これらの代表者選挙はすべて秘密投票によるものとし，2年を任期とすること．
（6）総督府参事会に提出された全法案に投票できることとし，それによって異なる意見を明確にさせること．
（7）総督府参事会と個々の代表は，発議権と質疑権が認められること．
（8）予算案の作成は，毎年，総督府参事会と協同で行われること．
（9）民間が後に関与することが望ましい新たな投資についてはすべて総督府参事会で審議されるべきこと．

　この9項目からなる要求のうち，とくに争点になったのは，最初の2項目である．つまり，1つには，すべての審議を公開するかどうかという政策決定過程における「公開性」の問題であり，もう1つには，総督府参事会を構成するメンバーの「官僚」対「市民」の比率を同数とするかどうかという問題であった．ここでは，住民代表による法案・予算案の議決権を要求しておらず，この社説のなかでは，むしろそうした要求を掲げること自体，現時点での実現可能なものが何かについて無知であるとさえ指摘されていた．議決権はあくまで総督がもつべきものであり，総督は例外的にのみ参事会での多数意見に抗することが想定されていた．つまり，住民代表が想定していた政治秩序は，例外的な状況において総督に政治的判断を委任することを前提としており，改革案の柱は「官僚」対「市民」の間の権力均衡に置かれていた．総督に決定権を委ねること自体は，植民地行政が総督府参事会を設置した当初の支配秩序の枠内にあったといえよう．

総督府参事会の再編と中国系住民代表の行政参加問題

　上記の提案を受けた膠州領総督府は，1907年3月11日に総督府参事会を開催した．このときには，膠州領総督トルッペル（Oskar von Truppel）のほか，中華事務担当官シュラマイアーをはじめ総督府の官吏が8人，民間代表として2人の商人ゲッケ（Goecke）とアウグステーゼン（Hans Augustesen）が出席した．トルッペルは，これまで「自由選択的」（fakultativ）であった総督府参事

会を法的に整備すると説明し，現在3名の住民代表の枠を4名にすること，予算案とすべての条令を参事会で議論すること，住民代表の選挙を秘密選挙にすることを提案した[22]．

先述したとおり，とくに争点になったのは，「公開性」の問題と参事会構成メンバーの「官僚」対「市民」の比率を同じくするかどうかであった．あらかじめ結論からいえば，このいずれも達成されることはなかった．審議の公開性については，トルッペルは，公開審議のための会場が確保できないこと，そして聴衆による審議の中断が起きないように規則を定める必要があるとし，現時点では困難と説明した．しかしながら，彼は，審議の公開が他のドイツ植民地においても先例のないことと指摘しつつも，香港では同様の機関の審議が公開されており，将来的に審議を公開させることはありうると述べ，その実現の可能性を示唆していた[23]．

これに対して，参事会の構成メンバーを「官僚」と「市民」で同じ議席数とすることについては，トルッペルは明確に否定した．「そう，ここでは投票する人数によって効力をもつことが望まれる法人が問題になっているのではない．そうではなく，諮問団体（eine beratende Korporation）が問われているのであり，それは，わたしの意見では，審議の必要に応じて構成されることが望ましいのである」と．つまり，トルッペルは，総督府参事会が，あくまで専門家あるいは特別な利害関係者の代表によって構成されるものであり，総督が必要に応じてそれらの人びとから諮問を受ける機関であることを確認したのである．彼によれば，この時点で，そのような代表者として，土地所有者，商社登記簿に記載された事業者，商業会議所の会頭が念頭に置かれており，トルッペルは，もし青島で工業が発達し，工業会議所（Gewerbekammer）のようなものが設立されれば，その代表者を参事会に迎えることに異論はないと述べている．しかし，ドイツ系住民が要求した植民地全住民の選挙による代表選出については，トルッペルは，この「諮問団体」の論理と合致するものではなく，またその問題の

---

22) Amtliches Protokoll über die Gouvernementsratsitzung vom 11. März 1907, in: *Amtsblatt*, 8: 14 (1907), S. 71-84. トルッペルの提案については，72-73頁を参照．
23) Ebenda, S. 81-82.

重要性から本国の海軍省に問い合わせる必要があり，参事会改正法案の審議そのものが中断することになると述べた[24]．

興味深いことに，この論理によって，トルッペルは参事会に中華商務公局の代表を参加させることを提案していた．中華商務公局は，1902年4月15日付の条令によって設立され，有力な中国商人層からなる12名の代表によって構成されていた機関である．これは，中国商人層の要望によって導入されたものであり，中国系住民に関わる行政末端を担っていた[25]．参事会に提示された法案では，「さらに総督は参事会の審議に，審議の対象次第で，必要ないし目的に合致していると思われる場合に限り，官職者として他の複数の保護領官吏，そして非官吏の構成員として中華商務公局より1名を参加させることができる」とあり，その条文の説明に際して，トルッペルはとくに「中華商務公局を強調したい」と発言した．彼は，当初，中国系住民の代表は総督府参事会からまったく排除されており，その代わりに中華商務公局を設立したが，現在，総督府参事会において中華商務公局が全然関与しないことは望ましくないと述べ，中華商務公局からの非常任の代表参加を認めようとした．さらに，非常任の代表も投票権はもつのかという質問に対しても，その投票権を認めた[26]．

また，中国系住民に関しては，きわめて限定的かつ間接的ながらも，もう1つの政治参加の可能性があった．それは，50メキシコ・ドルの土地税の納入義務を有した中国系住民が土地所有者の代表選出に際する選挙権を有していたということである．この参事会で審議されていた改正法案では，100メキシコ・ドルの土地税を納入している者が選挙権をもつとされ，現行の規定より倍増されていた．ドイツ系住民の主張でも，50マルクとされ，おおよそのライヒスマルクとメキシコ・ドルの交換レートは1対2であったので，100メキシコ・ドルが想定されていた．総督府の海軍軍令部顧問ギュンター（Otto Günther）は，この額の設定を次のように説明している．1906年の選挙では，有権者は，ヨーロッパ系住民93名と中国系住民53名であった．選挙権有資格者を

---

24) Ebenda, S. 75.
25) 本書第III章第2節を参照．
26) Ebenda, S. 73-74.

100 メキシコ・ドルの納税者とした場合には，ヨーロッパ系住民 60 名と中国系住民 28 名になり，割合としては大差ない．商社登録簿の有権団体は 56 社であり，ヨーロッパ系住民の有資格者 60 名は，その数とほぼ一致する．しかし，参事会に出席したドイツ系住民代表は，設定額は高すぎるので，50 メキシコ・ドルに据え置くように主張し，総督もこれを了承した[27]．

また，この選挙の方式に関して，ドイツ系住民が要求した秘密投票も議論の対象になった．選挙権をもつ中国系住民にいかに秘密投票を理解させるかが問題となった．住民代表の 1 人ゲッケは，中国系住民に対して知性が不足しているとみて同権を与えずに 2 等扱いしてはならないと述べ，中華事務担当官シュラマイアーも，教養が問題なのではなく 50 メキシコ・ドルを納入したかどうかが問題だと指摘した．トルッペルもダブル・スタンダードを採用するのではなく，中国系住民に選挙権を付与しないか，あるいは付与するのであれば，状況に応じて秘密投票の意図を教えていくことにし，方式を統一すべきと主張した．結局，中国系住民の有資格者が秘密投票の意図を理解するかどうかについては，なお不明とし，そもそも秘密投票自体，ドイツ系住民にとっても初めてのことであり，導入後にしばらく様子をみることで結着をみた[28]．

1907 年 3 月 14 日に「総督府参事会に関する条令」が公布・発効された．『青島新報』の社説では，審議が非公開とされたこと，また議事録の公表も発言者の署名が必要とされたこと，また参事会に参加するドイツ系住民代表が 4 名になったのに対し，総督府官僚は 6 名とされたことに対して，「大きな失望」が表明された．総督府官僚は，総督府海軍幕僚長，民政事務担当官，中華事務担当官，総督府主計監，総督府医師，建設局長の 6 名より構成され，ドイツ系住民代表は，従来の総督府直接任命者，商社代表，土地所有者代表に加えて，商業会議所の議長が新たに出席を認められることになった[29]．参事会改革によって，ドイツ系住民が植民地行政への関与の拡大を目指した試みは，むしろ膠州湾租借地における支配秩序の構成原理を確認することになった．それは，

---

27) Ebenda, S. 75-76.
28) Ebenda, S. 79-80.
29) Der neue Gouvernementsrat, in: *TNN*, 22. März 1907.

「団体」(Korporation) 間の調整の原理であり，植民地行政が植民地の政治に関与すべき特別の利害関係者を選別し，その審議への参加を認めるというものであった．この団体調整的な (korporativ) 論理によって，総督府は，ドイツ系住民側が念頭に置いていた参事会における官僚と市民の議席同数化の要求を否定したのである．

しかし，支配秩序の観点からみれば，この総督府参事会再編をめぐる議論では，先述のとおり，中国系住民の社会的地位について興味深い言及がみられた．総督府は，中国系住民のうち，中華商務公局のメンバーを総督府参事会の非常任の構成メンバーとして組み入れることで，この団体調整的な支配秩序の原理を補完しようとしたのである．さらに，土地所有者の代表選出に際しては，中国系住民も，ヨーロッパ系・中国系という「人種」の原理ではなく，有産者かどうかという観点から選挙権を付与されていたが，その権利は確認・保持された．もちろん，中国系住民には被選挙権は与えられなかったが，被選挙権の有資格者はドイツ帝国籍民と規定されていたので，それは他のヨーロッパ系住民にとっても同じことであった．この参事会への中国系住民の議席付与をめぐる問題が，青島の支配秩序にとっての次の焦点となった．

3 ボイコット運動と社会秩序の再編

埠頭行政の一元化問題

本章第1節でみたように，1908年に帝国議会の議論のなかで，膠州湾租借地への多額の国庫補助金の投入が厳しく追及された．その批判に応じるために，自己収入の増加を企図した膠州領総督府は，埠頭行政の再編に着手した．租借地経済の流通の中心である青島港は，大港と小港から成り立っており，それぞれ大港が汽船発着用，小港がジャンク船発着用として機能することが見込まれていた．しかし実際には，大港の埠頭が完成するまで，先行して操業を開始した小港に汽船・ジャンク船がともに発着しており，1904年3月の大港の第一埠頭の開業後も，多くの汽船・ジャンク船が小港を利用し続けた．その理由は，大港の埠頭使用料が小港よりも割高に設定されていたからである．総督府は，この大港の埠頭使用料に小港の埠頭使用料を合わせることで，青島港の埠頭使

用料を統一し，同時にそれによって大港が汽船発着用の港として本来の機能を果たすことを企図した．租借地財政の観点からみれば，総督府は，この再編によって埠頭使用料の収入増，ひいては総督府収入をも増大させることを期待した[30]．

1908年6月22日に総督府参事会が開催され，そこで総督トルッペルは，本国の議会で膠州湾租借地への国庫補助金が批判されていると述べ，参事会のメンバーに総督府収入を増やす方法を提案するように求めた．住民代表は，土地税の増額にも港税・埠頭使用料の増額にも反対し，総督にそうした計画があるかどうかを問いただした．これに対して，トルッペルは，さしあたり港税に関してはそうした計画はないとしながらも，埠頭行政については改編の可能性を示唆していた[31]．その後，7・8月の審議を経て，1908年9月1日付の布告によって既存の埠頭使用規則が廃止され11月1日より新規則が発効することが公となった．そして，9月2日に埠頭行政の一元化を目的とした新しい「埠頭・倉庫規則」が公布された[32]．

しかし，この新規則に対しては，ドイツ商人層だけではなく，中国商人層も懸念を表明せざるをえなかった．青島商業会議所より意見を求められた青島の中華商務公局は，総督に請願書を提出し，またその写しを青島商業会議所に送付した．そして，その請願書が『青島新報』紙上に掲載された．そこでは，まず埠頭行政を一元化することは，かえって流通の停滞をもたらしかねないので，

---

30) Schrameier, *Aus Kiautschous Verwaltung*, S. 150-151によれば，1908／1909年度に「埠頭・倉庫使用料」が追加され，その収入額は39万5574マルクで，総督府歳入236万5931マルクのうち，16.7%を占めた．ちなみに，膠州領総督府の歳入額については，いくつかの資料で数値が異なっている．また，同じ資料からは，1908年以後，総督府歳入でもっとも額の多い項目は，同年官営化された青島造船所の60万3667マルクであり，「埠頭・倉庫使用料」はその次に多い．青島造船所の最大の発注者は，総督府であったので，これはあらかじめ歳入増を見込んだ官営化であったと思われる．

31) Protokoll über die Gouvernementsratssitzung vom 22. Juni 1908, in: *Amtsblatt*, 9:50 (1908), S. 381-386. とくに384頁参照．

32) Bekanntmachung. Kajen- und Lagerhausordnung, in: *Amtsblatt*, 9:38 (1908), S. 281-295.

特定の一社に委託させることのないようにすること，次に，使用料の徴収は今までどおり，個々の商人からではなく船舶会社から徴収することが要求されていた[33]．

さらに，9月20日には，中華商務公局を介して，膠州領総督府に宛てた中国商人連名の請願書が『青島新報』紙上に公表された．そこでも，埠頭行政を従来どおりとするように要求されており，その際に，以下の2点が懸念されていた．

(1) 1つの部局が埠頭行政を統轄し，行政の一元化が図られることになっているが，使用料の徴収がどのような形態になるのかが不明であり，その徴収を一社が独占的に認可されることになった場合には，流通に困難をきたすことになる．
(2) 新規則では，1トンあたり50メキシコ・ドルの使用料に統一されることになっているが，品目別に使用料の徴収の単位を重量にするか寸法にするか決めなければ，青島の商人層に不利をきたしかねない[34]．

上記の中国商人層の請願にみられるように，租借地財政の収入増と結びつけた総督府の埠頭行政改革案は，自らの利益に直結する問題として受け止められた．中国商人層にとって，そのような問題に対して自らの利益を代弁する制度

---

33) Kajen- und Lagerhausordnung, in: *TNN*, 19. 9. 1908. ここでは，中国商業会議所（die chinesische Handelskammer）と署名されているが，その後の請願書では，中華商務公局と署名されている．1910年に同名の青島商務総会（die chinesische Handelskammer）が設立されているが，総督府によって認可される以前に，中華商務公局のほかに，斉燕会館・三江会館・広東会館のような出身地別の団体ではなく，この記事にみられるdie chinesische Handelskammerのような組織が設立されていたかどうかは不詳である．

34) 以下の『青島新報』への投書は，中国商人層の請願を公表して，あたかも全てのドイツ商人・中国商人が埠頭行政の一元化に反対しているかのように報道されていることを批判し，中国商人層を道具化することを戒めている．Sprechsaal. Handelskammer und Kajenverwaltung. Von einem Mitglied der Handelskammer, in: *TNN*, 21. 9. 1908.

的枠組みは，請願および新聞を通じた租借地社会の世論喚起という方法しかありえなかった[35]．このような限定的な回路でしか政治に関与できないのであれば，自らの利益に沿った政策が実現されないことを認識したとき，中国商人層は実力行使に訴えるのである．

中国商人層のボイコット運動

1908年10月13日付で，埠頭使用料に関する規定が公布された．そこでは，中国商人層の請願にあったとおり，品目ごとに使用料が規定されることになり，当初に懸念された統一的な料金の導入は回避された[36]．しかし，11月1日，新しい埠頭・倉庫規則が発効すると，青島在住の中国商人層はボイコット運動を展開した．その行動は，ドイツ船舶会社ハンブルク＝アメリカ郵船会社への貨物の配送拒否，あるいは上海在住の山東商人団体による青島港迂回の決議である[37]．

なぜ中国商人層はボイコット運動を行ったのか．その理由は，以前の請願のなかで懸念されたように，膠州領総督府が，新たに設置された埠頭局の業務を，暫定措置として広東のウィンキー（Wingkee）社に委託したからであった．そして，ボイコット運動を収束させるために，11月17日に青島商業会議所の代表としてシュミット（Karl Schmidt）が総督トルッペルとの会談を行った．彼は，中国商人層の要望のとおり，ウィンキー一社への委託契約を解除し，複数のヨーロッパ系船舶会社に業務を委託することを要求した[38]．さらに，11月25日に青島商業会議所は，総督との会談のときと同様に，埠頭運営をウィン

---

35) 総督府の政策に対して，請願を通じて自らの利益を主張した先例として，自由港制度の改廃問題がある．本書第II章第3節参照．

36) Gebührenordnung, in: *Amtsblatt*, 9: 43（1908）, S. 317-334.

37) ハンブルク＝アメリカ郵船会社への物資の配送拒否については，Verhandlungen der Handelskammer mit Seiner Exzellenz dem Gouverneur über die Kajenordnung, in: *Amtsblatt*, 9: 50（1908）, S. 386-389. 上海の山東商人団体の決議については，Lokales, in: *TNN*, 8. 11. 1908.

38) Verhandlungen der Handelskammer mit Seiner Exzellenz dem Gouverneur über die Kajenordnung, in: *Amtsblatt*, 9: 50（1908）, S. 386-389.

キー一社へ委託するのではなく，複数の利益代表に委託するように決議を行った．結局，総督もこの提案を受け入れざるをえなかった[39]．この合意によって，中国商人層によるボイコットも収束し，ふたたび貨物が集配されるようになった[40]．

コーポラティヴな社会秩序の再編

このボイコット運動は，膠州領総督府に租借地経済における中国商人層の役割の大きさを再認識させることになったと思われる．先述したように，すでに1907年3月11日の参事会の審議のなかで，総督トルッペルは，現在の青島都市社会のなかで中国商人層の重要性を認識して，参事会に中華商務公局の代表を加えることを提言していた．それが具体化されることがないままに，1908年の埠頭行政再編問題で中国商人層のボイコット運動を招来したことは，青島都市社会の「自治」を体現する機関である総督府参事会の構成そのものの再検討を迫ることになった．1909年3月15日付で海軍省長官ティルピッツ（Alfred von Tirpitz）に宛てたトルッペルの報告書のなかでは，現地の中国商人層の国民意識が高まっており，彼らが山東地方行政との協力関係の強化を望んでいると述べ，そうした傾向を警戒していた[41]．このような認識を持ちながらも，あるいはこうした認識を持っていたからこそ，膠州領総督府は，青島経済にとって不可欠な存在であった中国商人層に対して，その人びとの行政参加の権限を拡大する政策を採用せざるをえなかったのである．

1910年8月18日に中華商務公局は解散することになり，その役割は新たな代表機関が担うことになった．1つは，その前日の布告で認可された青島華商商務総会と名づけられた中国商人の商業会議所である．これは中国商人間の民事上の係争を処理する業務を担ったが，同時に中国商人層が欧米商人の商業会議所と同等の地位をもつ団体の設置が総督府によって公認されたことを意味し

---

39) Lokales, in: *TNN*, 28. 11. 1908.
40) Lokales, in: *TNN*, 2. 12. 1908.
41) Truppel an Tirpitz, Zur Neugung der Chinesen des Schutzgebiets, 15. 3. 1909, in: BA/MA, RM 3/6761, Bl. 227-228.

た[42]。

　もう1つは，同日公布された公挙参議督署董事章程によって規定された4人の中国系住民代表（Vertrauensleute, 董事）である．この4人の選出・任命方式は，山東省・直隷省出身商人の同郷組合である斉燕会館より2人，上海・寧波出身商人の同郷組合である三江会館および広東商人の同郷組合である広東会館より各1人が推薦され，総督によって任命されることになっていた．これらの代表は，総督府参事会に出席し，中国系住民に関わる問題への発言が認められた[43]。

　この規定以前には，総督府参事会に議席をもつことのできる住民代表はドイツ帝国籍民に限られており，中国系住民は一定以上の土地所有者が土地所有者の代表を選出する際に投票する権利を有していたにすぎなかった[44]。この制度改編によってドイツ系住民と同数の議席にあたる4人の代表が総督府参事会において直接自らの利益のために発言する権限を持つことになったのである．この一連の制度改編が，1908年のボイコット運動を意識した措置であることは，

---

42) 久保亨は，この青島華商商務総会の設立が当時中国各地で設立された類似の経済団体のなかでも上海に並んで早い時期にあたることを指摘している．久保亨「近代山東経済とドイツ及び日本」本庄比佐子編『日本の青島占領と山東の社会経済――1914-22年』東洋文庫，2006年，63頁参照．

43) Satzungen für die Chinesische Handelskammer in Tsingtau. Vom 17. August 1910, in: *Amtsblatt*, 11 : 33 (1910), S. 213-222; Verordnung betreffend Auflösung des chinesischen Kommittees. Vom 18. August 1910, in: *Amtsblatt*, 11 : 34 (1910), S. 227; Bekanntmachung, betreffend Ernennung chinesischer Vertrauensleute, in: Ebenda, S. 228. 初代の参事会員は，ジームセン社（Siemssen & Co.）の買辦で三江会館代表丁敬臣，斉燕会館代表胡規臣（瑞泰協主任）・朱子興（成通號主任），および広東会館代表古成章．青島軍政署『山東研究資料』第1編，1917年，65-66頁および田原天南『膠州湾』満洲日日新聞社，535-536頁．胡規臣の商号は，田原天南によれば「瑞泰興」の可能性がある．また，これらの資料では，古成章についての記述はないが，彼はすでに中華商務公局で広東会館を代表していた．森紀子「山東開港と土産交易の変貌」森時彦編『20世紀中国の社会システム』（京都大学人文科学研究所附属現代中国研究センター研究報告），京都大学人文科学研究所，2009年，501頁．

44) Mühlhahn, *Herrschaft und Widerstand*, S. 210.

175

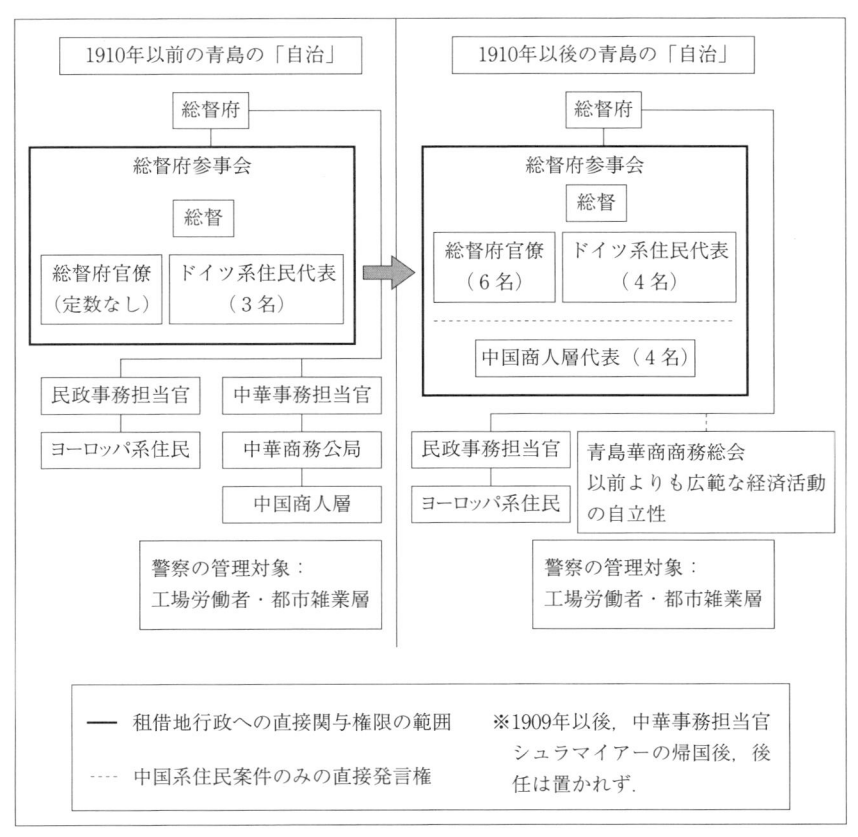

```
┌─────────────────────────────────┐ ┌─────────────────────────────────┐
│  1910年以前の青島の「自治」      │ │  1910年以後の青島の「自治」      │
└─────────────────────────────────┘ └─────────────────────────────────┘
```

図13 青島の「自治」
著者作成．

総督府官報に掲載された青島華商商務総会の会則第2条に「ボイコットの企てへのどのような参加も厳禁する」とあることから察せられる[45]．

　中国商人層の代表が総督府参事会に直接参加できるようになったことは，青島の政治秩序のあり方にどのような意味を持ったのか．この制度改編を図で表

---

45) 本章注43) 参照．引用は，213頁．

したものが図13である．制度改編以前には，中国系住民への行政は，中華事務担当官シュラマイアーの監督のもと，有力な中国商人によって構成される中華商務公局が担っていた．これが制度改編によって，中国系住民に関わる案件についての発言権のみという限定がついたものの，青島植民地都市社会の「自治」を体現する総督府参事会に，中国商人層の代表が議席を有することになった．そして，シュラマイアーの帰任後は，中華事務担当官は置かれず，中国商人層には青島華商商務総会の設立が公認された．このことは，中国商人層の経済活動の自立性が制度的にもいっそう拡大したことを意味するだろう．

実際には，この青島華商商務総会が公認される以前より，中国商人層は，商業会議所の類の団体を結成し，膠州領総督府に対して比較的自立した活動を展開していた[46]．たとえば，1910年1月15日付の『青島新報』の記事によれば，同団体が中心になって，清朝国家の負債軽減のための醵金活動を呼びかけていた[47]．また，1910年6月には南京で開催される物産展に山東東部の産品を出品する決定を行っている[48]．

これらの経緯から青島在住の中国商人層が青島外での政治・経済的活動の自立性を高めていったことがうかがえよう．膠州領総督府は，この傾向が中国における国民意識の高まりと密接に関わるものと認識しながらも，もはや抑圧的な政策を行うことはできなかった．ここにいたって，膠州領総督府が描く支配秩序が中国系住民の国民意識の高揚と対立しないような論理であるかが問われることになったのである．

---

46) 本章注33) で指摘したように，1908年のボイコット運動の際にも，『青島新報』に掲載された請願書ではすでに中国商人層の商会を意味する "die chinesische Handelskammer"（中国商業会議所）の名称が使われていた．この団体が中華商務公局（das Chinesen-Komitee）とは異なる団体であることは，9月20日付の『青島新報』に掲載された請願より推測されるが，両者の団体の関係については不明である．以下を参照．Kajen- und Lagerhausordnung, in: *TNN*, 20. 9. 1908.

47) Lokales, in: *TNN*, 15. 1. 1910; Lokales, in: *TNN*, 22. 1. 1910.

48) Lokales, in: *TNN*, 19. 6. 1910.

4　試された「協同」——1910・1911年の肺ペスト対策と青島経済

満洲における肺ペストの流行と膠州領総督府の防疫方針

　前節まで論じたように，青島在住の中国商人層は，ボイコット運動を通じて，「自治」機関としての総督府参事会への議席を付与され，かつ自らの利益に関わる懸案事項について発言する権利を手にした．この制度改編は，膠州領総督府が青島在住の中国商人層と「協同」することなしには，植民地統治も植民地経済も成り立たないことをはっきりと認識したことを示していた．この「協同」を保証するべく導入された新たな制度的枠組みの成否が試されるような事態が，その導入直後に生じることになった．それが，1910年から1911年にかけて満洲で流行した肺ペストに対する防疫対策であった．

　1910・1911年に満洲全域で猛威をふるった肺ペストは，確認されただけでも4万人以上の死者を数えた．この肺ペストが短期間に拡大した要因には，鉄道を利用して移動する山東地方出身の出稼ぎ労働者が媒介となったことが指摘されている．肺ペストの発症例は鉄道沿線の諸都市でいち早く観察され，以後その沿線都市から付近の村々へと拡大していった[49]．第III章第3節で指摘したように，膠州領総督府は，青島を山東地方から中国東北部への出稼ぎ労働者の移動ルートとすることで，「商業植民地」としての人流を形成する経済政策上の意図を持っていた．したがって，この満洲での肺ペストの流行に大きな関心を寄せており，また必要な防疫対策を講じざるをえなかったのである．

　満洲から拡大する肺ペストの感染例についての報告は，青島にも刻々と伝わった．1月4日に発生した大連での感染例は，翌5日に青島に伝達され，また1月17日には天津のオーストリア租界で発生した最初の肺ペストの症例が報告された．それ以降，山東省内でも津浦鉄道沿線の徳州および小清河付近の村

---

　49) この1910・1911年満洲における肺ペストの流行とそれに対する清朝政府の対応および関東州での日本統治機関の対応について，飯島渉「第4章　満洲における肺ペストの流行——1910年から1911年」「第5章　肺ペストの流行と衛生の政治化——1910年から1911年」同『ペストと近代中国——衛生の「制度化」と社会変容』研文出版，2000年，137-208頁を参照．

での症例が報告され，総督府は，山東からの出稼ぎ労働者の帰郷とともに，感染が拡大していることを確認した．1月21日には，青島より81キロメートル離れた膠州で最初の肺ペストの症例が報告され，青島への感染拡大が予期された．その膠州での症例の1つは，青島から鉄道を利用した男性が膠州駅から市街に入る途上で死亡したというものであり，彼は，大連・煙台経由の汽船で青島に数時間滞在していた．したがって，22日には，青島がきわめて危険な状況にあると認識されていた[50]．

それでは，膠州領総督府は，この肺ペスト流行に対して，どのような防疫方針を策定していたのか．防疫対策を担った総督府医師ウーテマン（Walther Uthemann）によれば，防疫対策の実施に際して，2つの問題を考慮したという．第1の問題は，租借地境界，鉄道，船舶流通の監視のみとせずに，予防接種の実施までの万全な防疫対策をとるかどうかというものであった．これは，経済よりも防疫を重視した場合に，どこまで対策を徹底するかというものである．ちなみに，予防接種は住民全体に実施すると高くつくため，原則としてヨーロッパ系住民のみを対象とし，中国系住民へは限定的に実施する方針であった．

第2の問題は，青島および租借地全土を開放したままにするかどうかというものであった．これは，防疫よりも植民地経済を重視するかどうかという問いである．もし防疫対策を万全に行えば，それは「商業植民地」としての青島経済にとって大きな損害をもたらしかねなかった．また，青島の衛生施設はすでに完備されており，小規模の感染に対しては十分に防げると認識されていたので，厳格な防疫体制の必要はないという結論もありえた．しかし，青島で実際に症例が発見されれば，他の港との流通が著しく阻害されてしまう恐れがあった．その例として，ウーテマンは，大連を挙げている．大連では，日本統治機関が模範的にペスト拡大を防いでいるにもかかわらず，上海は大連との交通を

---

50) Walther Uthemann, Wie begegnete das Schutzgebiet Kiautschou der andringenden Pestgefahr? Eine Schlußbetrachtung, in: *Archiv für Schiffs- und Tropen-Hygiene*, 16: 23 (1912), S. 791-793. 本論文は，著者のウーテマンが総督府医師としてこの肺ペスト対策を指揮した経験を報告したものであり，本節の記述は主に本論文に依拠している．

厳格に制限していた．ウーテマンによれば，名声よりも悪評の方が容易に広がってしまうものであり，それだからこそ総督府は「あらゆる手段をもって疾病を完全に遠ざけることに努力」する姿勢で臨んだのである．換言すれば，総督府の防疫対策方針は，租借地に向けたものというより，その万全の衛生体制を他の東アジア諸都市に向けてアピールするものであった．したがって，実際の措置としては，上海での防疫対策に準拠した規定を設けるものの，同時に個別企業の要望に応じて，規定と異なっていたとしても，臨機応変に対処するというものであった[51]．

防疫体制と中国商人層との「協同」

東アジア港湾都市に向けた厳格な防疫体制のアピールと青島経済への打撃をできるかぎり小さくするという2つの課題の両立には，青島経済の実質的な担い手であった中国商人層の協力が不可欠であった．したがって，肺ペスト防疫対策を議論するために総督府参事会が開催された際，中国系住民代表がはじめて参席し，発言することになったのである．1911年1月28日の参事会にて，総督トルッペルは，防疫対策の実施にあたって，「1つの方針にしたがって，ヨーロッパ商人と中国商人が行動し，豊かな福利をもたらすような組織を創り出すことができるだろう」と発言し，ヨーロッパ系住民のみならず，中国系住民に協力を呼びかけたのである[52]．

実際の防疫体制の構築は，1月16日より開始された．まず，大連から寄港する船舶に対する検疫と山東鉄道交通の監視が実施された．1月21日以降，北方から到着したジャンク船に対して，10日間の検疫隔離が行われた．また同日から，租借地農村部の李村行政署および行政署駐在医師による管轄区域のパトロールが始まった．23日に伝染病患者向けの緊急隔離所が設置され，また25日には山東鉄道を経由して青島に流入する移動労働者の隔離検疫のために，青島郊外の鉄道沿線工業用地である四方駅付近にあった旧兵舎が転用され，

---

51) Ebenda, S. 793-795.
52) Protokoll über die Gouvernementsratssitzung vom 28. Januar 1911, in: *Amtsblatt*, 12: 10 (1911), S. 42.

2000人規模の隔離施設が建設された．防疫実施期間中，この四方駅が山東内陸部から青島に向かう最終駅となった．乗客は，欧米人および中国人名士を例外として，全員が隔離施設に入所することになり，5日間の観察後，問題がなければ，特別編成列車に乗って青島市街へ入ることが許された[53]．

1月28日以降，防疫体制はさらに徹底された．都市部青島では軍事封鎖が実施され，都市部は租借地農村部および海上交通から閉ざされた．租借地農村部西方の海岸近くにある湛山村から膠州湾内水面まで，監視兵が哨戒活動を行い，また鉄条網も設置された．労働者居住区であった台東鎮の通行門では，通行証の携帯が義務づけられた．2月6日には，都市部だけでなく租借地全体が山東内陸部との交通から完全に遮断された．郊外部では，李村行政署が境界付近の村民に対して肺ペストの危険性を繰り返し訓示し，境界封鎖のために村民を動員し，軍・警察とともに監視を強化した[54]．

封鎖の解除は，3月19日に都市部青島が農村部に対して開放されたことから始まり，4月6日には，租借地外の山東内陸部および海上交通に対して租借地全体を開放し，それ以降，徐々に統制は解除された．そして，4月29日にようやく，残された最後の衛生措置，すなわち煙台港向けの規定が解除された[55]．

防疫のための監視業務への「協力」は，中国系住民代表からの要望でもあった．先述の1月28日に開催された総督府参事会のなかで，中国系住民代表が，何らかの誤解が生じないように，監視員に中国系住民を加えることを提案していた[56]．また，別の「協力」の形として，肺ペストを媒介すると懸念されていたネズミの捕獲協力も指摘できよう．これに関しては，ドイツ系住民代表と中国系住民代表ともに，ネズミ1匹あたりの報酬額1セントが大連での日本統治当局の5銭と比較して安すぎると主張し，これに対して総督は1匹5セントへ

---

53) Uthemann, Wie begegnete Kiautschou der Pestgefahr, S. 795-797.
54) Ebenda, S. 797-798.
55) Ebenda, S. 795-796.
56) Protokoll über die Gouvernementsratssitzung vom 28. Januar 1911, in: *Amtsblatt*, 12:10 (1911), S. 45.

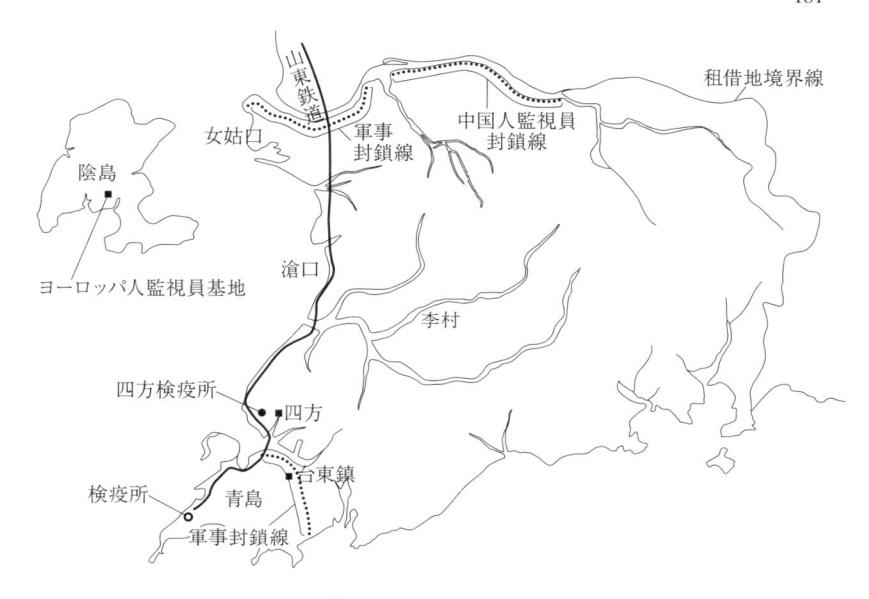

図14 1910・1911年青島における防疫体制

出典：Walther Uthemann, Wie begegnete das Schutzgebiet Kiautschou der andringenden Pestgefahr? Eine Schlußbetrachtung, in: *Archiv für Schiffs- und Tropen-Hygiene*, 16: 23 (1912), S. 794 をもとに著者作成.

の引き上げを了承している[57]．

　しかし，この防疫体制のなかで，中国商人層に求められた最大の協力は，なによりも都市生活に不可欠な生活必需品の調達であった．総督府がもっとも恐れたことは，交通の封鎖による生活物資の不足と，それにともなう物価の高騰であった．1月28日の総督府参事会で，総督トルッペルは，ドイツ系住民代表と中国系住民代表の共同組織が物価を安定させ，物資不足に乗じた投機を抑え込むことを要請したのである[58]．

　実際に交通規制および封鎖が実施されると，青島市内の物価が上昇し始めた．これを阻止するために，2月6日，総督府は，台東鎮の通行門で鉄条網ごしに

---

57) Ebenda, S. 44.
58) Ebenda, S. 42.

生活物資の市場開催を認めた．これは売り手と買い手の間に1.5メートル幅の中間帯を確保した二重の鉄条網を設置し，その中間帯に商品を置いて売買交渉を行わせるという措置であった．また，2月8日，生活物資流通のために，総督府は中国商社と契約し，同社に対して小港での隔離措置なしに入港・荷揚げを行うことを認めた．さらに，翌9日の告示で，米や穀粉の流通を円滑化させるため，香港からこれらの物資を調達し，商業会議所を通じて，小規模に私人に販売することを伝えた．そのほか，病院や施設で隔離されている手持ち資金をもたない求職者に対して，資金を融通したり，あるいは食事の無償供与を行った．これら一連の措置によって，総督府は，物価上昇を防ぐことができたと自ら評価した[59]．

防疫体制を構築するにあたって，肺ペスト流行期間中，青島経済，とくに流通・販売の分野において高度な管理を必要とした．まさにその時に，利害団体間で調整を行うコーポラティヴな社会秩序の組織原理が発揮されることになった．商業会議所といった経済団体を基盤とした組織化が行われ，総督府は防疫体制構築に必要な社会からの「協力」を調達し，管理・監視業務への現地住民の動員を実行できたのである．

小　結

中国商人層の代表を参加させることで収束した総督府参事会再編問題は，もちろんそれ以前の総督を頂点に置いた団体調整的な支配秩序を逸脱したものではなかった．総督府参事会の選出方式は，中国商人層の既存の同郷組合を基盤としており，その発言権も自己の利益に関係する案件に限定された．この方式は植民地支配と現地エリート層との「協同」のあり方を示すものといえよう．この意味で，中国商人層が行ったボイコット運動時に，『青島新報』に掲載された記事のなかに，「われわれの中国人協同市民」(unsere chinesische Mitbürger) という表現が現れたことは興味深い[60]．そして，1910・1911年の肺ペス

---

59) Uthemann, Wie begegnete Kiautschou der Pestgefahr, S. 799-801.

ト対策は，この支配秩序がどのように機能するかを示す実例を提供している．

しかし，この支配秩序のもとでの政治から，青島都市社会の住民を構成する大多数の工場労働者・港湾労働者・都市雑業層，さらには女性は完全に排除されていた．1910年の統計では，青島都市部には3万4180人が居住していたと記録されている．この1910年には，青島には非熟練労働者1万600人，工場労働者5000-6950人がいたと推計されている．これに10歳以上の中国系女性が3804人，10歳未満の子ども2249人，さらに未詳だが家事奉公人・人力車夫もいた[61]．こうした人びとには，この団体調整的な政治システムのなかでは，政治参加のための制度的な枠組みが存在しなかった．肺ペスト対策において，有力な中国商人層の代表が総督府参事会で発言する権利を持ち，限定的ながらも体制に包摂されたことは，総督府が意図した中国系住民との「協同」の限定性を端的に示している．

これに対して，植民地人口の大部分を占めた工場労働者・都市雑業層などの政治決定過程から排除されていた人びとは，植民地経済にとっての資源であり，あくまで管理の対象でしかなかった．この意味で，総督府による1910年の行政改革は，社会層間の区分を崩さない形で，植民地社会秩序を再調整したといえよう．これは1911年の辛亥革命以後，多数の旧清朝大官が青島に亡命し，中国系住民人口が増加した際に，膠州領総督府は富裕な中国系住民に，総督府の個別の認可を条件として，ヨーロッパ系住民の区域への居住を認めたこととも一致している（条令は1914年1月15日発布）．第III章で論じた植民地都市青島における社会層間の空間的配置を規定した人種と階級の論理は，ドイツ統治末期においては，より階級の論理に力点が置かれるようになり，青島への旧清朝大官の流入に際しては，その変化に相応した形での空間的配置の微調整が行われたのである[62]．

---

60) Selbsterhaltung, Selbstverwaltung!, in: *TNN*, 1. Mai 1908.
61) Bevölkerung im Schutzgebiete, in: *TNN*, 3. August 1913. Vgl. Fu-teh Huang, *Qingdao. Chinesen unter deutscher Herrschaft 1897-1914*, Bochum: Projekt-Verlag, 1999, S. 119, 124, 134.
62) Ebenda, S. 110-111. クラインは，青島のドイツ統治を人種主義だけではなく，

膠州領総督府は，青島経済における中国商人層の影響力の増大を考慮し，この社会層を団体調整の論理でもって植民地政治秩序に組み込んだ．この異なる利害団体間の要求を調整するコーポラティズムは，統一的な住民選挙によって選出される代議制とは異なった形での政治要求を反映させるシステムである[63]．しかし，この論理は，植民地支配下の青島社会では，その住民の多くを排除する論理ともなった．既存の植民地支配秩序に対して，中国商人層はボイコット運動を通じて，自己の利益を政治的な場で発言する権利を認めさせた．当時に

「文化」の側面から分析し，この居住規制の変更について言及している．Thoralf Klein, Rasse—Kultur—soziale Stellung. Konzeptionen des „Eingeborenen" und koloniale Segregation in Kiautschou, in: Frank Becker（Hrsg.）, *Rassenmischehen—Mischlinge—Rassentrennung. Zur Politik der Rasse im deutschen Kolonialreich*, Stuttgart: Steiner, 2004, S. 304-328. 著者の見解は，本文で説明するとおり，「階級」の論理に力点を置いている．辛亥革命後に青島に亡命した旧清朝大官を挙げれば，恭親王のほか，大使としてドイツに駐在した経験をもち工部尚書・兵部尚書などを歴任し津浦鉄道の責任者となった呂海寰，元山東巡撫経験者では周馥，張人駿，胡建樞がおり，知府・知県クラスは40-50人を数えるといわれた．田原天南，前掲書，534頁．

63）1879年の保護関税導入への政策転換以降，ドイツ本国ではカルテル形成が進み，1890年代から始まった好況期においてもその傾向は進んだ．この現象はこれまで「組織資本主義」の概念で分析されていたが，ヴェーラーは，近年，「組織資本主義」論への批判を受け入れ，それに代わる分析概念として「コーポラティズム」を提起している．ここでは，比較的高度な水準の資本主義的発展を前提とした社会における企業・利益団体・労働組合・国家機関の間での合意形成が分析の中心になっており，経済史の観点から政治のあり方を分析する見方を切り開くものである．彼は，コーポラティズムが権威主義的な国家にも自由主義的・民主主義的な国家にも定着しうると指摘している．Vgl. Hans-Ulrich Wehler, *Deutsche Gesellschaftsgeschichte: Von der „Deutschen Doppelrevolution" bis zum Beginn des Ersten Weltkrieges 1849-1914*, Bd. 3, München: C.H. Beck, 1995, S. 663-665. さらに，ドイツ帝国の経済社会が「ポスト自由主義」的なコーポラティズムをはぐくむ「温室」となったという視点で，アーベルスハウザーはドイツ経済史を再検討している．Werner Abelshauser, *Kulturkampf. Der deutsche Weg in die Neue Wirtschaft und die amerikanische Herausforderung*, Berlin: Kulturverlag Kadmos, 2003［雨宮昭彦・浅田進史訳『経済文化の闘争——資本主義の多様性を考える』東京大学出版会，2009年］の第2章を参照．本章で分析した総督府参事会の議論は，まさにこの論点を通じて本国と植民地を結びつけることができると考えている．

小　結

おいては実現困難であっただろうが，工場労働者の場合にも，自己組織化が進めば，同様の過程を通じて政治的発言権を獲得することも想定できよう．しかし，その自己組織化と政治参加の過程は，同時に新たな排除の構図や社会集団間の序列化を生み出すことにもなるだろう．

　先行研究では，青島における政治のあり方は，主として人種主義の視点から論じられてきた．しかし，総督府参事会改革の経緯にみたように，大多数の中国系住民の行政参加を否定した論理は，むしろ植民地支配下における団体調整の論理から派生したものである．もちろん，青島都市社会の日常を規定した中心的なイデオロギーは，先行研究が明らかにしてきたように，人種の論理であった．しかし，現地エリート層を支配体制に編入し，植民地支配を存続させたのは，青島においては，むしろ帝政期ドイツのコーポラティズムの論理であったといえよう．

VI　ドイツの対中国経済政策の新展開と青島

　日露戦争後から第一次世界大戦までのドイツ・中国経済関係は，量的にも質的にもそれ以前とは画期をなす変化を看取できる．19世紀末から20世紀初頭にかけて中国市場に進出したドイツ商工業勢力は，植民地統治下の青島はもちろん，漢口・天津のドイツ租界，さらに上海共同租界，イギリス領植民地香港を中心的な拠点として事業網を構築した[1]．このような事業網を基盤としながら，20世紀に入るとドイツ企業は，一方でのイギリスを中心とした帝国主義列強主導の中国市場に対する自由貿易主義的な経済秩序と，他方での一定区域を対外的に開放しながらも列強に対抗してその行政管理の主導権を保持する中国側の「自開商埠」政策によって創出された枠組みのなかに，いっそう積極的に参入していった[2]．金融面においても，ドイツ・アジア銀行が中心的な担い手となり，1914年時点で，政府借款ではイギリスに次いで第2位（約25％）を，直接投資ではイギリス・日本・ロシアに続き第4位（約13％）を占めていた[3]．

---

1) 20世紀初頭の中国におけるドイツ経済勢力の事業展開について，これまでの研究を整理したものとして，Mechthild Leutner (Hrsg.), *Deutsch-chinesische Beziehungen 1911-1927. Vom Kolonialismus zur „Gleichberechtigung"*, Berlin: Akademie Verlag, 2006, 第5章を参照．
2) 東アジア地域経済における自由主義的経済秩序については，籠谷直人「大英帝国『自由貿易原則』とアジア・ネットワーク」山本有造編『帝国の研究――原理・類型・関係』名古屋大学出版会，2003年，291-321頁を念頭においている．中国側の「自開商埠」政策の淵源については，楊天宏『口岸開放与社会変革――近代中国自開商埠研究』中華書局，2002年参照．山東省における「自開商埠」政策の事例については，拙稿「利益独占と『門戸開放』――ドイツ山東鉄道事業をめぐる秩序形成」左近幸村編『近代東北アジアの誕生――跨境史への試み』北海道大学出版会，2008年，201-202頁に素描している．

中国市場をめぐる列強間の激しい経済競争は，ドイツの対中国経済政策に新たな戦略を生み出すことになった．それは経済政策のなかに対外文化政策を組み合わせたものであった．その基本的な考えは，膠州湾占領のように砲艦外交を前面に押し出して経済利権を奪取するのではなく，ドイツ語・ドイツ文化の普及によって，経済的拡張を側面から支えようとするものであった．このような文化事業による中国市場への浸透は，もちろんドイツ独自というものではなく，先行するイギリス・アメリカ合州国・日本の対中国文化事業に対抗するためのものであった．ドイツの対外文化政策のもっとも中心的なイデオローグであった，ローアバッハ（Paul Rohrbach）は，ドイツ思想の普及による世界政策を主張し，それを自ら「倫理的帝国主義」(ethischer Imperialismus) と呼んだ[4]．

文化政策を結合させた，この新しい経済政策のなかで，ドイツ統治下の青島は特別な意味合いを付与されることになった．1907／1908 年度の議会報告書のなかで，海軍省は，ドイツ経済利益の促進のために，「東アジアにおけるヨーロッパ，とくにドイツ文化の中心地へと植民地を拡張すること」（傍点は原文ママ）をもっとも重要な課題として認識していると述べていた[5]．本国の海軍

---

3) ドイツ・アジア銀行については，Boris Barth, *Die deutsche Hochfinanz und die Imperialismen. Banken und Außenpolitik*, Stuttgart: Steiner, 1995 を参照．1914 年時点でのドイツの対中国政府借款は約 127 万 US ドル，直接投資額は約 136 万 US ドルと推計されている．Hou Chi-ming, *Foreign Investment and Economic Development in China, 1840–1937*, Cambridge, Mass.: Harvard University Press, 1965, p. 225.

4) 第一次世界大戦以前のドイツの対外文化政策については，Jürgen Kloosterhuis, Deutsche Auswärtige Kulturpolitik und ihre Trägergruppen vor dem Ersten Weltkrieg, in: Kurt Düwell/Werner Link (Hrsg.), *Deutsche Auswärtige Kulturpolitik seit 1871*, Köln: Böhlau, 1981, S. 7–35; ders., *„Friedliche Imperialisten". Deutsche Auslandsvereine und auswärtige Kulturpolitik, 1906–1918*, Teil I, Frankfurt am Main: Lang, 1994, S. 3–31. ローアバッハについては，Walter Mogk, *Paul Rohrbach und das „Größere Deutschland". Ethischer Imperialismus im Wilhelminischen Zeitalter. Ein Beitrag zur Geschichte des Kulturprotestantismus*, München: Goldmann, 1972. 彼の代表作，*Der deutsche Gedanke in der Welt*, Düsseldorf: Langewiesche, 1912 の最終章「道徳的征服」(moralische Eroberung) がその「倫理的帝国主義」論の代表的論説である．

省も現地の総督府も，青島がドイツ植民地であればこそ，この新たな対中国経済政策への必要な人員や物資的資源を供給できると考えていたのである．

本章では，とくに1910年前後に焦点をあててドイツ・中国経済関係がどのように結びつきを強めていったかを分析し，さらにその経済関係のなかでの青島経済の位置を再検討する．また，そうしたドイツ・中国経済関係の強化に対してどのような経済政策が構想されたのか，そしてそのなかでの青島に期待された役割について論じる．先行研究では，当該期のドイツの対中国経済政策を，対中国文化政策と結びつけ，主として文化政策の分析に力点が置かれていた．とくに青島での高等教育機関の設置をめぐる外交交渉か，あるいは青島および中国各地で建設されたドイツ語教育機関の制度的・思想的分析が行われている．しかし，この新しい経済政策と文化政策が具体的にどのように結びつき，かつその経済政策のなかで青島が占めた役割については，なお検討の余地が残されている[6]．

以下では，まずドイツ側の統計資料と中国側の統計資料を分析し，1910年

---

5) Denkschrift 1907/1908, in: *SBVR*, 253 (1909), S. 10.
6) 青島特別高等学堂設立をめぐる外交交渉，青島における植民地統治と文化政策のイデオロギー的関連については，Klaus Mühlhahn, *Herrschaft und Widerstand in der „Musterkolonie" Kiautschou. Interaktionen zwischen China und Deutschland, 1897-1914*, München: Oldenbourg, S. 236-254. 対中国文化政策におけるドイツ語学校については，Roswitha Reinbothe, *Kulturexport und Wirtschaftsmacht. Deutsche Schulen in China vor dem Ersten Weltkrieg*, Frankfurt am Main: Verlag für Interkulturelle Kommunikation, 1992. 中国の教育制度へのドイツの影響については，Yi Huang, *Der deutsche Einfluß auf die Entwicklung des chinesischen Bildungswesens von 1871 bis 1918. Studien zu den kulturellen Aspekten der deutsch-chinesischen Beziehungen in der Ära des Deutschen Kaiserreiches*, Frankfurt am Main: Lang, 1995. 膠州湾租借地における教育制度については，Chun-Shik Kim, *Deutscher Kulturimperialismus in China. Deutsches Kolonialschulwesen in Kiautschou (China) 1898-1914*, Stuttgart: Steiner, 2004 を参照．また，ドイツの対中国文化政策の論理を分析した，拙稿「第一次世界大戦以前のドイツの対中国文化政策論——オットー・フランケとパウル・ローアバッハの論理を中心に」山田賢編『中華世界と流動する「民族」』（千葉大学大学院社会文化科学研究科研究プロジェクト報告書第37集），2003年3月，67-83頁も参照．

前後のドイツ・中国経済関係およびそのなかでの青島経済の位置を再検討する．そのうえで，経済政策として策定された対中国文化政策へのドイツの東アジア経済界の動員を取り上げ，また最後に，その一環として1912年に立案されたドイツ宣伝書出版計画を分析する．この計画は，膠州領総督府付通訳実習生モーア（Friedrich Wilhelm Mohr）が中心となり，青島の行政・教育・ミッション関係者が協力し，中国に事業を展開するドイツ経済界が支援したプロジェクトであった．これらの分析を通じて，第一次世界大戦以前の経済のグローバリゼーションのなかで，ドイツ帝国にとっての植民地青島の経済政策上の位置づけを問い直したい．

1　ドイツの対中国経済政策の転換

1910年前後のドイツ・中国経済関係の深化

まず，20世紀初頭のドイツの対中国貿易を検討しよう．その際，中国海関統計とドイツ側の統計資料では，数値も動向も異なることを確認しておく必要がある．中国海関統計上，中国直接対外貿易でのドイツの割合は1905-1913年の間に約3-4％の間を推移し，そのピークは1913年の4.6％であるが，漸次的に増加したのではなく，増減を繰り返している[7]．船舶国籍別の海関税収入では，ドイツ籍船舶のピークは1905年の334万海関両（全体に占める割合は9.5％）であり，その後260-270万海関両を推移して，1913年に331万海関両（全体に占める割合は7.5％）に回復している[8]．いずれもドイツ・中国貿易は傾向的にも量的にも増加したとはいえず，一定の割合を維持したという評価になるだろう．

これに対して，ドイツ側の統計では，ドイツの対中国貿易は，1910年前後

---

7) China, The Maritime Customs, *Decennial Reports, 1922-1931*, 1 (1933), p. 175. また浜下武志『中国近代経済史研究――清末海関財政と開港場市場圏』汲古書院，1989年，439頁．

8) China, The Maritime Customs, *Decennial Reports, 1902-1911*, 1 (1913), p. 350; *1912-1921*, 1 (1924), p. 350.

より急激な増加を示している(**表9・表10**).1904-1908年の5年間で年平均輸入額5330万マルク,年平均輸出額6200万マルクに対し,1909-1913年の5年間で年平均輸入額1億170万マルク,年平均輸出額7990万マルクととくに輸入額の増加が著しい.輸出額も1912年に8170万マルク,1913年に1億2280万マルクを計上し,その増加はそれ以前の額とかなりの隔たりをみせている.先行研究では,1913年の中国対外貿易全体に占めるドイツ輸出入額の割合は10%と見積もられている[9].

この中国海関統計とドイツ側の統計の違いとして,他国を経由する輸出入品,とくに香港を経由する輸出入品が統計に反映されていないことが指摘されている[10].また,船舶国籍別の統計も,当然ながら,ドイツ船籍のみがドイツ製品を取り扱っているわけではないので,不正確さを免れない.ドイツ帝国統計では,1880年に発効した対外貿易統計に関する法律によって,1880年以降,輸出入品の発送地と目的地の国名が記載されることになった.原産国および最終消費地を示すわけではなく,かつ輸出入品の価額についてもなお正確さを欠いていたが,それでも対外貿易についてのおおよその動向を把握することができる水準に達したと評価されている[11].

それではドイツ経済にとっての中国貿易はどれほどの割合を占めていたのか.20世紀初頭は,ドイツ対外貿易の量的拡大が顕著な時期であり,その速度は,1909-1913年の5年間の対中国輸入額の急伸を除けば,ドイツの対中国貿易の量的拡大の速度とほぼ同じであった(**表10**).したがって,1909-1913年の間の対中国貿易額は輸出入のいずれも2倍以上に膨れ上がっているにもかかわら

---

9) Udo Ratenhof, *Die Chinapolitik des Deutschen Reiches 1871 bis 1945. Wirtschaft—Rüstung—Militär*, Boppard am Rhein: Boldt, 1987, S. 244 u. 565.
10) Ebenda, S. 565 の注記を参照.
11) 当時の価額の計算は,専門委員による品目ごとの年平均価額から算出された推計値であった.1906年以降,輸出品の価額の申告義務が徐々に拡大し,1911年にすべての輸出に価額の申告義務が課せられた.輸入については,1928年まで推計値であった.Cornelius Torp, *Die Herausforderung der Globalisierung. Wirtschaft und Politik in Deutschland 1860-1914*, Göttingen: Vandenhoeck & Ruprecht, 2005, S. 53.

表9 ドイツの対中国貿易輸出入額の推移（1894-1913年）

（単位100万マルク）

年	輸入額	1894年=100	輸出額	1894年=100
1894	27.1	100	28.1	100
1895	27.0	99	35.4	125
1896	41.8	154	45.3	161
1897	57.4	212	32.3	114
1898	39.5	145	48.0	170
1899	29.0	107	50.7	180
1900	35.4	130	43.7	155
1901	44.6	164	37.8	134
1902	55.1	203	37.9	134
1903	34.8	128	44.7	159
1904	39.6	146	52.9	188
1905	42.7	157	75.8	269
1906	57.0	210	67.8	241
1907	56.6	208	63.2	224
1908	70.7	260	50.7	180
1909	65.2	240	56.8	202
1910	94.7	349	66.5	236
1911	103.3	381	71.8	255
1912	115.6	426	81.7	290
1913	130.0	479	122.8	437

注：1）1900年以降，香港と膠州湾租借地は除外．
　　2）各欄右は1894年を100とした場合の増加率．
出典：*SJfDR*, 1903（1904），S. 169 u. S. 171；1911（1912），S. 272 u. S. 275；1914（1915），S. 254.

表10　ドイツ対中国貿易およびドイツ対外貿易比較表

（単位100万マルク）

1）ドイツの対中国貿易5年間平均各年輸出入額

	1894-1898	1899-1903	1904-1908	1909-1913
5年平均輸入額	38.5	39.8	53.3	101.7
1894年＝100	142	146	196	375
5年平均輸出額	37.8	42.9	62.0	79.9
1894年＝100	134	152	220	284

2）ドイツの対外貿易5年間平均各年輸出入額

	1894-1898	1899-1903	1904-1908	1909-1913
5年平均輸入額	4678.6	5932.7	7747.0	9725.7
1894年＝100	109	138	180	226
5年平均輸出額	3405.2	4715.3	6152.8	8245.6
1894年＝100	111	154	201	270

注：1）各項目の下段は1894年の額を100とした場合の増加率．
　　2）1900年以降，香港と膠州湾租借地は除外．
　　3）輸出入額の小数点第2位以下は切り捨て．
出典：SJfDR, 1903（1904），S.169 u. S.171；1911（1912），S.272 u. S.275；1914（1915），S.254．

ず，ドイツ対外貿易に占める対中国貿易の割合は，輸出入額ともに1909年の0.8％から1913年の1.2％へとわずかに増加したにすぎなかった．

1913年の輸入額で首位を占めたのはアメリカ合州国15.9％であり，ロシア13.2％，イギリス8.1％と続き，中国は第20位で，英領西アフリカ1.3％，エジプト1.1％，ノルウェー0.8％と同程度であった．1913年の輸出額で首位を占めたのはイギリス14.2％であり，オーストリア＝ハンガリー10.9％，ロシア8.7％と続き，中国は第18位で，スペイン1.4％，ルーマニア1.4％，日本1.2％，オランダ領インド1％，トルコ1％，チリ1％，フィンランド1％，オーストラリア0.9％と同程度であった[12]．ここで地域別ではなく，国単位の貿

易規模を比較したのは，20世紀初頭のドイツ経済がきわめて多くの国々と経済関係を結んでおり，たとえ中国がドイツ対外貿易にとって1％程度の割合しか占めていなかったとしても，そのなかでの1％台は決して無視できる規模ではないことを示すためである．地域別に比較すれば，1913年時点で輸出額の76.0％，輸入額の54.7％をヨーロッパが占めており，アジアはそれぞれ5.4％，9.7％とその差は歴然としている[13]．しかし，こうした地域別の比較では，ドイツ経済にとっての対中国貿易の意義は十分に把握しえない．対中国貿易の重要性を理解するには，輸出入品目ごとに検討を加える必要がある．

まず，輸入品についてみよう（**表11**）．中国からの輸入品は主として農畜産物であり，原料および半加工品である．1909年から1913年にかけて最大の品目は胡麻であり，1909年の1370万マルクから1913年には3000万マルクへと倍以上の増加を示している．他に同時期に急伸しているのは，大豆・牛皮・卵黄・原綿・落花生・桐油・卵白加工品・植物油などを挙げることができる．すでに先行研究によって，20世紀前半における中国からドイツへの油脂加工品，とくに大豆貿易の重要性が指摘されているが，その傾向をこの数値から窺うことができる[14]．

それぞれの品目での中国の割合はどの程度であったのか．まず胡麻に関していえば，1913年の総輸入額4371万マルクのうち中国は3004万マルクを占め（68.7％），第2位の英領インドの1184万マルク（27.1％）を大きく引き離していた．大豆に関しても，1913年の総輸入額2335万マルクのうち中国は1824万

---

12) *SJfDR*, 1914 (1915), S. 257-258.
13) Torp, *Die Herausforderung der Globalisierung*, S. 375-376.
14) ドイツ油脂加工業にとっての中国の位置については，黒田明伸『中華帝国の構造と世界経済』名古屋大学出版会，1994年，236-240頁および同「『周辺』からみた国際金本位制の特質——中国貿易を比較基準として」中村哲編『東アジア資本主義の形成——比較史の視点から』青木書店，1994年，134-139頁を参照．ドイツの満洲大豆輸入については，岡部牧夫「『大豆経済』の形成と衰退——大豆をとおして見た満鉄」同編『南満洲鉄道会社の研究』日本経済評論社，2008年，27-89頁，熊野直樹「バター・マーガリン・満州大豆——世界大恐慌期におけるドイツ通商政策の史的展開」熊野直樹・柴尾健一・山田良介・中島琢磨・北村厚・金哲『政治史への問い／政治史からの問い』法律文化社，2009年，147-174頁参照．

表11 ドイツの品目別対中国輸入額の推移 (1907-1913年)

(単位100万マルク)

品 目	1907	1908	1909	1910	1911	1912	1913
胡 麻	1.6	15.2	13.7	24.3	21.8	27.3	30.0
大 豆	―	―	―	5.6	9.4	16.4	18.2
牛 皮	6.2	3.5	5.2	8.2	9.1	8.1	17.1
羽 毛	6.4	4.5	4.4	5.6	6.0	5.6	6.0
卵 黄	0.9	1.4	2.8	3.3	3.9	5.2	5.4
原 綿	1.0	1.4	0.7	1.7	6.5	2.0	4.1
茶	4.1	3.9	4.7	3.2	4.1	4.4	4.0
豚 毛	3.8	3.8	3.7	4.4	3.7	3.1	3.4
落花生	0.0	0.0	0.5	3.0	2.4	2.1	3.4
桐 油	1.0	1.3	1.3	3.0	4.8	4.2	2.9
麦稈真田	2.1	1.8	2.7	2.7	2.8	4.4	2.3
ラミー	1.4	1.8	1.3	1.4	2.1	3.7	2.2
卵白加工品	0.8	0.7	1.4	1.8	2.4	2.6	2.2
絹布絹糸	0.9	1.0	2.4	2.2	1.6	2.3	2.2
山羊皮 (原料)	0.8	1.1	1.1	1.6	1.2	1.3	2.1
植物油	―	―	―	0.8	0.2	0.6	2.1
虫 瘤	2.5	1.6	2.2	2.4	2.5	1.2	1.7
メントール	0.7	0.7	0.7	0.9	1.2	1.3	1.6
動物の腸, 胃, 胆のう	―	―	―	0.3	0.7	0.7	1.5
毛皮 (原料)	0.7	1.5	1.6	2.8	0.7	0.9	1.3
毛皮 (半加工品, 完成品)	0.7	1.2	0.9	1.5	0.9	1.0	1.2
山羊皮加工品など	―	―	―	3.0	1.1	1.1	0.9
石鹼石加工品	―	―	―	0.2	0.6	1.3	0.7
屑 綿	―	―	―	0.1	0.1	0.2	0.7
その他	21.0	24.3	13.9	10.6	13.5	14.3	12.8
総 計	56.6	70.7	65.2	94.6	103.3	115.3	130.0

出典:*SJfDR*, 1910 (1911), S. 246-247; 1914 (1915), S. 268.

マルク（78.1％）を占め，第2位の英領インドとの差は歴然としていた．落花生の場合，総輸入額2816万マルクのなかで，中国は，仏領西アフリカ（789万マルク），英領西アフリカ（740万マルク），英領インド（602万マルク）に次いで第4位（336万マルク，11.9％）を占めていた[15]．麦稈真田に関しても，1913年の総輸入額360万マルクのなかで，中国は228万マルク（63.3％）を数えた．牛皮の場合，塩漬けの場合には，1913年総輸入額の0.6％しか占めていなかったが，石灰漬けの場合には，英領インド（4642万マルク）に次いで第2位（1585万マルク，11.3％）を占めた．1913年時点で中国が独占的な位置を占めていたのが，鶏卵加工品であり，卵黄の場合，総輸入額（588万マルク）に占める中国の割合は9割（538万マルク）を超えていた．絹製品・原綿についてみれば，1913年時点では，それぞれ1.2％，0.6％に過ぎず，中国の割合はきわめて少ない[16]．1910年代初頭には，ドイツ経済にとって中国は農畜産品，とくに油脂加工業向けの重要な原料供給源となっていたといえるだろう．

　次に，輸出品についてみると，1909年から1913年にかけて合成インディゴがもっとも重要な輸出品であった（**表12**）．また，合成インディゴは1909年760万マルクであったのが，1913年に2690万マルクと急激に増加している．他に重要な品目として，軍需品・鉄製品・服飾品・縫い針・鋼材・真鍮製家具のほか，電気器具類もゆるやかに増加している．

　続いて，それぞれの品目のなかで対中国貿易が占めた割合について検討しよう．まず，化学染料の輸出先として中国はきわめて重要な位置を占めていた．アニリン染料の場合，1913年の総輸出額1億4207万マルクのうち，中国は，アメリカ合州国（2822万マルク，19.8％），イギリス（2248万マルク，15.8％）に次いで第3位（1906万マルク，13.4％），合成インディゴの場合，1913年の総輸出額5332万マルクのうち，中国は圧倒的に第1位（2687万マルク，50.4％）を占めていた．次に，武器輸出に関しては，日露戦争以降，ドイツ商社が独占的な地位を築いたと指摘されており，弾薬筒をみると，辛亥革命を契機として

---

15) *SJfDR*, 1914（1915），S. 184.
16) *SJfDR*, 1914（1915），S. 185, 193-195, 209-210, 221.

表12 ドイツの品目別対中国輸出額の推移（1907-1913年） （単位100万マルク）

品　目	1907	1908	1909	1910	1911	1912	1913
合成インディゴ	7.8	7.3	7.6	9.6	16.8	18.8	26.9
アニリン染料	8.9	5.1	5.8	6.5	8.5	8.2	19.1
弾薬筒	2.0	1.5	1.8	2.4	2.3	10.3	6.5
ストーブ，鉄管，転轍器等	1.4	1.1	1.0	1.5	1.5	1.0	5.0
洋裁材料，綿敷物，シュニール	2.9	1.5	1.2	1.5	2.1	1.6	3.1
毛織物（服地等）	3.0	2.0	1.3	1.7	2.3	2.2	2.8
縫い針	2.6	1.1	2.8	3.3	2.4	1.9	2.8
ウーステッド	0.9	1.3	0.6	1.7	1.3	1.2	2.6
鋼　材	—	—	—	0.8	1.0	1.2	2.3
綿靴下	1.0	1.2	1.7	1.2	1.0	1.5	2.2
小銃，銃身，銃床	2.2	2.2	0.6	1.4	0.6	3.0	1.7
綿織物（捺染）	—	—	—	0.6	0.6	1.0	1.5
綿下着	—	—	—	0.3	0.5	0.7	1.1
鉄道用貨物車両	0.1	0.5	0.7	1.2	0.9	0.2	1.0
小売用ウーステッド	—	—	—	0.7	0.9	0.8	1.0
電　球	—	—	—	0.5	0.7	0.8	0.9
真鍮製の家具・台所道具等	0.7	0.7	0.7	0.5	0.4	0.5	0.9
薄鋼板	—	—	—	0.2	0.1	0.3	0.9
めっき加工済みの鉄線	0.5	0.4	0.4	0.4	0.4	0.5	0.8
蒸気タービン，ガスタービン	—	—	—	—	—	0.6	0.7
傘の骨	—	—	—	0.2	0.2	0.4	0.7
その他	29.1	24.8	30.6	30.3	27.3	25.0	38.3
総　計	63.1	50.7	56.8	66.5	71.8	81.7	122.8

出典：*SJfDR*, 1910 (1911), S. 246-247; 1914 (1915), S. 268.
注：アニリン染料には，その他のタール染料も含まれている．

1912年に急増している．1912年の総輸出額3626万マルクのうち，中国への輸出額は最大で，1026万マルク（28.3%）を計上した．翌1913年には，ルーマニア（804万マルク），トルコ（702万マルク）に次いで，中国は第3位（654万マルク）を占めた．洋裁材料については，1913年の総輸出額4970万マルクのうち，中国へは312万マルク（6.2%）であり，イギリス1390万マルク（27.9%）とはかなりの差があるが，それでもアメリカ合州国514万マルク（10.3%）に次いで第3位を占めた．他の品目で突出して中国の割合が高いのは，縫い針であり，1913年の総輸出額664万マルクのうち，中国向け輸出額は276万マルク（41.5%）を占め，圧倒的に首位にあった[17]．

第一次世界大戦以前に化学染料の分野では，ドイツ企業が世界市場において圧倒的な生産量を誇っていた．1870年代にすでにおよそ世界需要の半分を満たし，さらに大戦直前にはその割合は9割にまで増加し，ほぼ独占的な地位を築いていた．1880・90年代にすでに，BASF社（Badische Anilin- und Sodafabrik）はその生産の4分の3を国外市場向けに生産しており，1913年にBASF，バイエル社（Farbenfabrik vorm. Fr. Bayer & Co.），アグファ社（Aktiengesellschaft für Anilinfabrikation）は，その化学染料の販売の8割以上を国外市場に依存していた[18]．そのような背景を考慮すれば，1910年代前半のドイツ化学染料の中国向け輸出の急増は，ドイツ化学企業が中国を販売市場として獲得していったことを示している．

この時期には電機産業関連の対中国輸出額は，なおゆるやかな増加にとどまるも，第一次世界大戦以前に世界市場で4割以上のシェアを誇っていたドイツ電機産業も，化学産業と同様に，中国市場への販売網の構築を進めていた．ジーメンス社（Siemens Electrical Engineering Co.）は1904年に上海に最初の常設の事務所を構え，第一次世界大戦以前にはあわせて9つの事務所を中国に展開していた．同様に，AEG社（Allgemeine Elektrizitätsgesellschaft）も大戦前に代理店を13ヵ所に構えていた．中国市場での販路拡大のために，ドイツ工業界

---

17) *SJfDR*, 1914 (1915), S. 206-207, 209, 211, 234.
18) Torp, *Die Herausforderung der Globalisierung*, S. 105.

は，これまで老舗の在中国ドイツ商社に代理業を委託するだけでなく，自ら現地に拠点を構える動きもみせていたのである[19].

19世紀末に膠州湾占領によって，利権獲得競争に参入した時には，ドイツの対中国経済政策の中心は，鉄道・鉱山利権のような重工業利害に置かれていたが，1910年前後に対中国向け輸出を主導したのは化学工業・電機工業といった当時の「新産業」であった[20]. たしかにドイツ経済全体にとっての対中国貿易の割合は1％をわずかに上回る程度に過ぎなかったが，輸出入の各品目における対中国貿易の割合を考慮すれば，輸出・輸入ともに積極的に世界経済との結びつきを強めていくドイツ経済にとって，中国市場はきわめて重要な戦略地域であったことが理解できよう．

対中国文化政策とドイツ東アジア経済団体のネットワーク

第一次世界大戦以前のドイツの対外文化政策は，1906年および1911年の「モロッコ危機」以降のヨーロッパ外交におけるドイツの対外的孤立化に対抗するために構想されたものであり，外交・通商にならぶ対外政策の第3の柱であった．その政策の中心となったのは外務省であり，そのもっとも重要な対象地域は中国・中東・ラテンアメリカであった．そして，その目標は，軍事力を前面に押し出すのではなく，「平和的な」ドイツ勢力の伸長であり，とくに対象地域でのドイツ経済勢力の拡大であった[21].

ドイツの対中国文化政策が本格化したのは，ちょうど1906年のことである．同年11月2日，前年まで上海総領事を務めたクナッペ（Wilhelm Knappe）が「中国におけるドイツ文化事業」と題した講演を行った．彼は，義和団戦争か

---

19) Ratenhof, *Die Chinapolitik*, S. 244-245; Leutner, *Deutsch-chinesische Beziehungen 1911-1927*, S. 329.
20) 19世紀末以降のドイツ生産体制とこの高度な科学知識を基盤とする「新産業」部門との適合性については，Werner Abelshauser, *Der deutsche Weg in die Neue Wirtschaft und die amerikanische Herausforderung*, Berlin: Kulturverlag Kadmos, 2003（雨宮昭彦・浅田進史訳『経済文化の闘争——資本主義の多様性を考える』東京大学出版会，2009年），とくに第III章第1節を参照．
21) Kloosterhuis, „*Friedliche Imperialisten*", S. 3-31.

ら日露戦争を経て，中国では内政改革が本格化しており，この内政改革への影響力をめぐる列強間の競争が激化しているとみていた．巨大な中国市場でのシェア獲得のために，とくにイギリス・アメリカ合州国・日本が文化事業に着手していることに注意を喚起しながら，ドイツも中国で教育事業・文化事業を促進する必要性を訴えた．彼によれば，ドイツの政治的・経済的利益の未来にとって，中国における内政改革，とくに教育改革にドイツが関与すること，そして近代知をドイツを介して中国に導入させることが，中国でのドイツ勢力の拡大にもっとも重要な政策的課題であった[22]．

この外務省側の提案に呼応して，講演直後の1906年12月5日にドイツ・アジア協会（Deutsch-Asiatische Gesellschaft）は，その下部組織として中国ドイツ文化事業振興委員会（Ausschuß für Förderung der deutschen Kulturarbeit in China）を組織した．ドイツ・アジア協会は，1901年にベルリンで設立された団体であり，会長はオスマン帝国の陸軍改革に関与した陸軍元帥ゴルツ（Colmar von der Goltz）であった．そして，その事業部には膠州領総督トルッペル（Oskar von Truppel）や山東鉄道会社・山東鉱山会社に出資する銀行関係者が名を連ねており，政府との結びつきがきわめて強い団体であった．その学術的な関心は経済的・政治的目標と意識的に結びつけられており，団体の主筆として，輸出産業の利益を代弁する私的団体，通商条約準備中央局の局長フォスベルク＝レコー（Max Vosberg-Rekow）を迎えた．彼は東アジア市場の将来性を高く評価していたことから，1914年までその活動の中心は東アジアに向けられていた[23]．

1900年にハンブルクで設立された東アジア協会（Ostasiatischer Verein）も，ただちにこの対中国文化政策に協力する姿勢をみせた．東アジア協会は，東アジア・東南アジア・太平洋で事業活動を展開するハンブルクの老舗ドイツ商社

---

22) Wilhelm Knappe, *Deutsche Kulturbestrebungen in China*, Berlin: Paetel, 1906, S. 13.

23) Deutsch-Asiatische Gesellschaft および Ausschuß für Förderung der deutschen Kulturarbeit in China については，Kloosterhuis, *„Friedliche Imperialisten"*, Teil 2, S. 713–724.

が中心になって結成された団体であった．結成当初より，政府側と世論に対して東アジア経済政策上のドイツ商工業界の利益を代弁することを目的としていた．その後，上海にドイツ人経済団体が発足すると，香港，天津，横浜，漢口，広東，済南，青島に同様の経済団体が組織されたが，いずれも東アジア協会に加盟しており，同協会は上部組織の役割を果たしていた．1906年に，上述のとおり，中国ドイツ文化事業振興委員会が設立されると，すぐに会員に加入し，入会金を支払うように呼びかけた[24]．

経済界の組織的・財政的支援を受けながら，外務省主導の対中国文化政策によって，成都（1906年），天津（1907年），広東（1909年）などに中国人向けのドイツ語学校や実業学校が設立された．また，1907年に上海に現在の同済大学の前身である同済徳文医学堂が，さらに1912年に同学堂に工学堂が増設された．上述のとおり，ドイツ統治下の青島も「東アジアにおけるドイツ文化の中心地」として対中国文化政策のなかで中心的な役割を担うことが期待されており，そのために1910年に青島特別高等学堂が設立されたのである[25]．

さらに，1913年1月には上海のドイツ経済団体である上海ドイツ連合（Deutsche Vereinigung in Shanghai）が覚書を作成し，中国のドイツ系教育施設への大規模な助成を政府に要請している．そのなかで，問題は，「中国市場をドイツ工業のために獲得するというわれわれの取り組みを成功させるための決定的な点は，東アジアにおける英語の優位と断固として戦うか」ということにあると訴えた．また同年，上海ではドイツ人技術者中国連盟（Chinesischer Verband Deutscher Ingenieure）が「中国におけるドイツ工業・技術の前衛」として結成された．同団体は，イギリスとの競争に打ち勝つために，中国人への工業技術教育を目的としたものであった[26]．さらに1914年3月16日に，ベルリンで元

---

24) ハンブルクのOstasiatischer Vereinについては，Kloosterhuis, *„Friedliche Imperialisten"*, Teil 2, S. 703-712; Bernd Eberstein, *Der Ostasiatische Verein, 1900-2000*, Hamburg: Christians, 2000.

25) 本章注6)の文献参照．とくに，Huang, *Der deutsche Einfluß*, S. 139 ff.

26) Leutner, *Deutsch-chinesische Beziehungen 1911-1927*, S. 328-329. 引用は，Dok. 79, S. 348.

北京公使・東京大使ムンム（Philipp Alfons Mumm von Schwarzenstein）を会長としたドイツ中国連盟（Deutsch-Chinesischer Verband）が設立された．同団体は，ドイツの中国利益を代表する中心団体として，中国におけるドイツの経済的・文化的影響力の強化を図ることが期待されていた．ドイツ中国連盟にはドイツ商業・金融・重化学工業界の各社および商工会議所などが会員となり（1914年末時点で約690の会員），最大の政治的影響力を有した[27]．

2　ドイツの対中国経済政策のなかの青島

ドイツの対中国輸出貿易における青島の位置

対外文化政策と結合した新しい対中国経済政策に関する先行研究においては，青島の位置づけは，まずもって青島特別高等学堂に代表されるような文化政策の実践の場としてであって，経済的価値の点では否定的な評価が下されている．第V章第1節で指摘したように，同時代においてもすでにドイツの対中国貿易にとって青島はあまり重要ではないと理解されていた．海軍省管轄下での軍政を批判する人びとは，毎年多額の国庫助成が流れているにもかかわらず，青島を獲得したことでドイツの対中国輸出額が劇的に増加することもなく，さらに膠州領総督府による軍政が中国側の不興を買っているとみていた．近年の研究でも，青島港の対外輸入貿易に占めるドイツ産品の割合は6-8％で，そのうち総督府への納入品や鉄道建設資材を除いた，一般商品に限ればわずかに3-4％に過ぎなかったとされている．したがって，ドイツ産品の輸入という点からみれば，青島をドイツの商業中心地とし，ドイツ産品を山東市場に浸透させるという目的は，まったく達成されなかったということになる．そして，ドイツ統治下の青島港はドイツの商業中心地になったのではなく，「中国化」したのであり，中国の商業中心地となったと理解されている[28]．

---

27) Deutsch-Chinesischer Verband については，Kloosterhuis, „*Friedliche Imperialisten*", Teil 2, S. 737-752.

28) Leutner, „*Musterkolonie*", S. 350. 数値は，John E. Schrecker, *Imperialism and Chinese Nationalism. Germany in Shantung*, Cambridge, Mass.: Harvard Univer-

しかし，ドイツが圧倒的なシェアを誇っていた化学染料のみをとっても，1907／1908年度の青島港の輸入額は138万8528銀元であり，鉄道・鉱山資材を除いた外国産品総輸入額2144万9510銀元の6.4％を占めており，外国産品輸入額に占めるドイツ産品が3-4％というのはあまりにも低く見積もられている[29]．実際の青島港のドイツ産品輸入額とそのドイツの対中国輸出に占める割合はどの程度だったのか．この問いは，膠州湾租借地統治への国庫助成の効果に対する批判が高まっていたために，当時の膠州領総督府にとってきわめて重要であった．したがって，膠州領総督府は，膠海関に対して，1910年下半期から1911年上半期までの外国産輸入品に占めるドイツ産品の割合を再調査するように要求した．なぜなら，当時のドイツ対外貿易統計も膠海関統計も，輸入品の原産地ではなく発送地しか把握されていなかったために，外国産輸入品に占めるドイツ製品の割合は，通常の統計表からは容易に判別できなかったからである[30]．

とくに問題となったのは，上海や香港を経由して青島に輸入されたドイツ産品の扱いであった．青島に進出した老舗の有力ドイツ商社は，すでに19世紀前半より香港もしくは上海などの他の東アジア商業地に本店を構えており，青島へはその支店を開設するにとどまっていた．そうした有力ドイツ商社が，たとえば香港本店や上海本店からドイツ本国へ発注した場合，たいてい香港および上海を経由して青島へ輸入されており，たとえ最終目的地が青島であったとしても，ドイツ対外貿易統計では香港および上海へ輸出されたことになり，ま

---

sity Press, 1971, p. 235およびp. 305の注95）に依拠したものであり，その出典は，China, The Maritime Customs, Kiaochow Trade Report, in: *Returns of Trade and Trade Reports*, 1913, pp. 398-399. シュレッカーは，1913年の対ドイツ直接輸入額288万7000海関両から鉄道資材73万2000海関両を引いた額によって，外国産品輸入総額2646万7353海関両に占めるドイツ産品輸入額の割合を求めている．この直接貿易額のみから算出する問題点は行論のとおりである．

29) 本書の**表2**（128-129頁）を参照．

30) Friedrich Wilhelm Mohr (Hrsg.), *Handbuch für das Schutzgebiet Kiautschou*, Tsingtau: Schmidt, 1911, S. 468. その報告書は，以下．GK an RMA, Tsingtau, 27. Oktober 1911, in: BA/MA, RM 3/6732, Bl. 193 ff.

た膠海関の統計でもいったん香港および上海で積み替えが行われれば，ドイツ産品として把握されることが困難になった[31]．

膠海関によって行われた統計調査を分析した報告書によれば，1910年下半期の青島港のドイツ産品輸入額は314万401海関両であり，ここには総督府向け納入品・免税扱いの工場設備機械24万442海関両は含まれていない．そのうちドイツからの直接輸入額は290万8454海関両，外国経由の輸入額は8万4002海関両，中国沿岸諸港経由の輸入額は14万7945海関両であり，ドイツ直接輸入額が外国・沿岸諸港経由の輸入額を圧倒している．これに対してドイツ側の統計では，直接輸入額はわずかに199万900マルクで，当時の平均相場1海関両＝2.80マルクで換算すれば，71万1035海関両に過ぎず，およそ4分の1しか把握されていなかった[32]．この違いの理由として，報告書では，香港・上海などの経由地で積み替えせずにそのまま青島に向かう商品でも，ドイツ統計では目的地を青島と記載していない事例が多く，発注した本店所在地が目的地と記載されている可能性を指摘している．たとえば，合成インディゴの場合，膠海関の調査では，1910年下半期では34万9237海関両，すなわち97万7864マルクが輸入されているにもかかわらず，ドイツ統計では青島向けの合成インディゴ輸出額は，1910年全体でもわずかに4万5000マルクしか計上されていない[33]．

結論として，この報告書では，膠海関の調査で把握された1910年下半期の青島港のドイツ産品総輸入額は338万842海関両，すなわち946万6358マルクと算出されていた．ドイツ統計では1910年中の対中国総輸出額は6680万マルクと見積もられているので，単純に半年の総輸出額を3340万マルクと考えれば，青島はドイツの対中国輸出額の3割弱を占めるということになる[34]．

この調査に基づいた公刊資料によれば，1910年下半期から1911年上半期の

---

31) GK an RMA, Tsingtau, 27. Oktober 1911, in: BA/MA, RM 3/6732, Bl. 205-210.
32) GK an RMA, Tsingtau, 27. Oktober 1911, in: BA/MA, RM 3/6732, Bl. 205-206.
33) *SJfDR*, 1911（1912），S. 496.
34) 注32）の報告書では，946万6360マルクと記載されているが，ここでは，1海関両＝2.80で改めて算出した．*SJfDR*, 1911（1912），S. 275.

表 13　青島港対ドイツ品目別輸入額一覧
（1910 年下半期-1911 年上半期）　　（単位：海関両）

品目	金額	品目	金額
合成インディゴ	874,305	麦芽	33,016
アニリン染料	176,383	電気資材	28,916
その他化学染料	20,781	革製品	26,713
山東鉄道関連資材	295,235	家具	21,015
紙類	179,389	ガラス製品	16,562
金属製品	140,000	バター，チーズ	14,742
針	113,747	化学製品	14,106
ワイン，ビール等	108,167	服飾品	13,658
タール	96,036	アスファルト	12,619
機械類	87,377	車両	11,428
ボタン	86,765	エナメル製品	9,607
綿・毛織物	57,817	建設資材	8,365
鉄製品	56,742	ロウソク	8,062
鉱山用資材	52,465	ランプ	7,751
衣料品	49,175	ナイフ類	7,533
文具類	38,578	その他	294,082
煙草製品	37,863	計	2,999,000

出典：Mohr, *Handbuch*, S. 468-499.

間のドイツ産品総輸入額は 681 万 9693 海関両であった．1910 年の青島港の外国産品輸入額 2065 万 3319 海関両に照らせば，約 33％ をドイツ産品が占めたことになる[35]．最大の輸入品は，やはり化学染料であり，合成インディゴ 87 万 4305 海関両，アニリン染料 17 万 6383 海関両であった．さらに山東鉄道関連資材が 29 万 5235 海関両，紙類が 17 万 9389 海関両，金属製品 14 万海関両，針 11 万 3747 海関両，タール 9 万 6036 海関両，機械類 8 万 7377 海関両と続いた（**表 13**）．

---

35) Mohr, *Handbuch*, S. 468. 本書**付表 2**（230 頁）を参照．

ドイツ統治期の青島港の最大の輸入品は，第IV章で示したとおり，綿製品であった．とくに1912年および1913年には，日本製綿糸・綿布の輸入急増によって，日本は青島対外直接輸入貿易のなかで，それぞれ45.6％と53.7％という圧倒的な地位を築いた．ドイツ直接輸入貿易の割合は1912年に19.3％，1913年に18.6％であり，青島港の対外輸入貿易全体からみれば，ドイツの占めるシェアの低下は疑いえない[36]．しかし，より子細にみれば，当時のドイツが世界市場において強い競争力をもった化学工業の分野では，青島でもドイツ化学染料は独占的な地位を築いていた．新産業のなかの特定品目での優位性の確保という点は，ドイツの対中国輸出貿易の特徴を直接に反映していたといえるだろう[37]．

ドイツの対中国輸入貿易における青島の位置

続いて，ドイツの対中国輸入貿易にとっての青島の位置について検討してみよう．青島の対ドイツ輸出額は，ドイツへ汽船を通じて発送された商品額のみでの数値となるが，1910年のその額は130万7162海関両（366万53マルク）であった[38]．もっとも輸出された商品は殻付落花生・落花生実の52万2521海関両であり，続いて麦稈真田の23万3023海関両，獣脂10万5870海関両，胡麻9万7740海関両，牛皮9万6244海関両となっている（**表14**）．

ドイツの対中国輸出貿易と同様に，1海関両＝2.80マルクとして換算すると，青島港から直接ドイツに輸出された落花生実の価額は140万4314マルクとな

---

36) China, The Maritime Customs, Kiaochow Trade Report, in: *Returns of Trade*, 1913, p. 399.

37) ドイツの対外貿易統計によれば，1910年にドイツから中国への合成インディゴの輸出額は958万1000マルクであり，その統計に記載された青島へ輸出された合成インディゴの輸出額4万5000マルクを足した962万6000マルクを，本文中に記載した1910年下半期・1911年上半期の青島のドイツ産合成インディゴ輸入額87万4305海関両＝244万8054マルクと照らせば，その割合は25.6％になる．*SJfDR*, 1911 (1912), S. 232 u. S. 496.

38) Mohr, *Handbuch*, S. 469. 同書では，360万7767マルクと記載されているが，ここでは1海関両＝2.80マルクで改めて算出した．

表14 青島港対ドイツ品目別輸出額一覧
（1910年下半期-1911年上半期） （単位：海関両）

落花生実	501,541	石　炭	39,840
落花生殻付	20,980	豚　毛	33,250
落花生油	1,324	原　綿	31,375
麦稈真田	233,023	種　子	13,544
獣　脂	105,870	卵白等	4,637
胡　麻	97,740	頭　髪	3,321
牛　皮	96,244	その他	18,969
豆　油	63,555	計	1,307,162
山東絹	41,949		

出典：Mohr, *Handbuch*, S. 499.

る．1910年のドイツ統計では殻付も実も「落花生」として記載されており，その対中国輸入額は300万4000マルクであった．したがって，およそ半分は青島から輸出されたことになる．1910年のドイツの落花生輸入総額は1655万9000マルクなので，同年に青島港から発送された落花生が占める割合は8.4%であった[39]．

同様に，ドイツ統治期のもう1つの主要な対欧米輸出品であった麦稈真田についても検討すれば，1910年に青島からドイツへ輸出された価額は65万2464マルクであり，同年のドイツの麦稈真田の対中国輸入額は268万マルクなので，約4分の1を青島から発送された麦稈真田が占めたことになる．1910年のドイツの麦稈真田輸入総額は500万8000マルクなので，麦稈真田輸入全体における青島発の麦稈真田の割合は13%となる[40]．

この青島港の対外貿易の主要2品目に限れば，ドイツの対中国輸入貿易における青島の一定の重要性を指摘することができる．しかし，中国で事業を展開

---

39) *SJfDR*, 1911 (1912), S. 220.
40) *SJfDR*, 1911 (1912), S. 256.

するドイツ商社にとって，山東農畜産品の対外輸出はドイツ市場のみを対象としていたわけではない．1913年の膠海関報告によれば，落花生実は総輸出量11万4849担のうち，3万9800担（34.6％）がオランダへ，1万4800担（12.8％）がドイツへ，1万2400担（10.7％）がフランスへと輸出された．殻付落花生については，総輸出量91万637担のうち，26万700担（28.6％）がフランスへ，8万4000担（9.2％）がドイツへ，7万2000担（7.9％）がオランダへ輸出されていた[41]．青島港における山東農畜産品の輸出の重要性は，第IV章ですでに論じたとおりだが，落花生・麦稈真田・牛皮など対欧米市場向けに販路を確立しつつあった商品にとって，ドイツはその主要な市場の1つにすぎなかった．

ドイツ事業ネットワークと青島

これまでの分析は，従来のドイツの対中国経済関係における青島の位置づけを修正させることになるだろう．外務省主導の対外文化政策と結びついた新たな対中国経済政策のなかで，ドイツ・中国経済関係が質的転換をともなっていた1910年代において，青島は，たんに「ドイツ文化の中心地」の拠点としてだけではなく，ドイツ経済勢力拡大の拠点としても重要な位置を占めていた．

膠州湾占領以後，有力な在中国ドイツ商社が青島に支店を構えていたが，山東農畜産物輸出が軌道に乗ると，皮革・鶏卵・製糸などの輸出加工業を目的とした会社や，また中国での販路拡大を目指したジーメンス事務所も設立された．これらのドイツ企業は，青島のみで事業を展開したのではなく，それらにとって青島は既存の中国沿岸での事業ネットワークの一拠点であり，またその事業ネットワークと青島が結びつくことで青島の重要性も高まった．

老舗の在中国商社の例でいえば，先に煙台に進出していたアンツ社（Anz & Co.）やジータス・プラムベック社（Sietas, Plambeck & Co.），あるいは香港から青島へと本店を移し，上海・漢口・広東・済南・北京へと支店を展開したシュヴァルツコップフ社（F. Schwarzkopf & Co.），同じく香港に本店を置き，上海・

---

41) 1担は約60キログラム．China, The Maritime Customs, Kiaochow Trade Report, in: *Returns of Trade*, 1913, p. 401.

広東・寧波・漢口へ支店を広げたジームセン社（Siemssen & Co.）や，香港から上海へ本店を移して広汎な支店網を築いたカルロヴィッツ社（Carlowitz & Co.），さらに上海に本店を置き，カルロヴィッツ社と同じ規模の支店網を有したアルンホルト・カールベルク社（Arnhold, Karlberg & Co.）があり，これらの商社は，膠州湾占領後すぐに青島に進出した．山東鉄道の全線開通と大港の操業開始後には，さらにメルヒャース社（Melchers & Co.）など数社が青島へ支店を構えた（**表15**）．

青島からの「ドイツ・プロパガンダ」

1906年以降の新たな対中国経済政策のなかで，上海を重視するハンブルクの東アジア協会と青島を重視する海軍省の間で対立が生じていたが，しかし**表15**に示されるとおり，有力な在中国ドイツ商社は，上海・広東・漢口・天津などの多くの開港場を結ぶ自らの支店網を築いていた．これらのドイツ統治下の青島への進出も，そうした事業展開の一環であったと考えることができよう．上海ドイツ連合などの経済団体も，新たな経済政策への積極的な協力を示し，自らも本国政府に文化事業への助成を要求したが，青島では膠州領総督府関係者が中心となって，この新たな経済政策に向けたプロジェクトを計画した．それが，1912年8月に起草された「中国におけるドイツ・プロパガンダ」（Deutsche Propaganda in China）計画であった．この企画書を作成したのは，当時，総督府付試補見習兼通訳実習生モーアであった．彼は，すでに1911年にドイツ語の『膠州保護領要覧』を編集しており，膠州湾租借地におけるドイツ統治を宣伝する役割を担っていた[42]．この「ドイツ・プロパガンダ」計画は，ドイツおよびドイツ工業を1冊の事典の形で中国語で出版し，中国でのドイツ経済勢力の拡大を支えようとしたものであった[43]．実際に，計画された『ドイツ要覧』（*Deutschlandbuch*）が完成することはなく，おそらく第一次世界大戦の勃発によって頓挫したと思われる．

---

42) Mohr, *Handbuch*. 本章注30) 参照.
43) Friedrich Wilhelm Mohr, Deutsche Propaganda in China, Tsingtau, August 1912, in: PAAA, Peking II, 1247, Bl. 90–104.

表15　在青島有力ドイツ貿易商社と本店・支店網（1912年）

企業名	中国名	青島登記年	本　店	1912年時点の中国支店網
Anz & Co.	盎斯洋行	1898	煙台	青島
Sietas, Plambeck & Co.	哈利洋行	1898	青島	煙台，旅順，済南，天津
F. Schwarzkopf & Co.	順和洋行	1898	青島	上海，漢口，広東，香港，済南，北京
H. Diederichsen & Co.	捷成洋行	1898	青島	上海，北京，天津，漢口，済南，煙台
Carlowitz & Co.	礼和洋行	1898	上海	香港，漢口，長沙，重慶，広東，青島，済南，天津，北京，牛荘，奉天
Siemssen & Co.	禅臣洋行	1898	香港	上海，広東，寧波，漢口，青島
Arnhold, Karlberg & Co.	瑞記洋行	1898	上海	漢口，長沙，重慶，広東，香港，青島，済南，天津，北京，牛荘，奉天，大連
Carl Bödiker & Co.	不明	1906	ハンブルク	広東，香港，青島
E. Meyer & Co.	世昌洋行	1907	天津	青島
Sander, Wieler & Co.	和康洋行	1907	香港	上海，広東，香港，青島，天津
A. Ehlers & Co.	愛礼司洋行	1910	上海	青島，天津，漢口，寧波
Melchers & Co.	美最時洋行	1910	香港	上海，宜昌，重慶，広東，青島，天津

注：1）1913年青島商社登記簿に掲載されている輸出入取扱業者のうち，中国沿岸諸港に本店・支店を有する商社に限る．
2）Anz & Co. は，1913年，Benck & Kretzschmar に社名変更．
3）H. Diederichsen & Co. は1906年に Diederichsen, Jebsen & Co. から社名変更．
4）Carlowitz & Co. は，1905年末に本店を香港から上海へ移転．
5）青島商社登記簿への登記年および本店・支店関係は，Handelsregister, in: BA/MA, RM 3/6726, Bl. 186-194; RM 3/6728, Bl. 239-248; RM 3/6730, Bl. 32-37, Bl. 145-155 u. Bl. 230-237; RM 3/6731, Bl. 6-13 u. Bl. 117-127; RM 3/6732, Bl. 77-85 u. Bl. 226-232; RM 3/6733, Bl. 12-19; RM 3/6733, Bl. 244-254.
6）商社の中国名は，田原天南『膠州湾』満洲日日新聞社，1914年，531-532頁．
7）中国支店網については，Deutsche Propaganda in China, in: PAAA, Peking II, 1247, Bl. 93-95.

「ドイツ・プロパガンダ」企画書では，その目的として，中国の人びとが自らの知見でドイツを認識せずに，英語を通じてドイツ情報がもたらされている現状を打破することが掲げられている．この企画書によれば，東アジアでは商業言語として英語が半ば公認されており，ドイツ語新聞などでは中国の人びとへの影響も限定されているという．しかし，ドイツ製品の販売市場として中国は無限の可能性を持っていると指摘され，ドイツ経済勢力の拡大のために，「ドイツの文化的意義，経済的達成能力，軍事力についての包括的なプロパガンダ」の必要性を訴えていた．その結論が中国語での「ドイツに関する真のガイドブック」の編纂であった[44]．

この企画書によれば，1冊の事典の形で図版を含めて550-650頁の厚さで，2万-3万部の発行が予定されていた．その費用は7万-10万マルクが見込まれており，ドイツ商業会議所やドイツ工業団体などの経済団体や在中国ドイツ企業の広告や国家助成によって調達する予定であった．この本は，領事館・ミッション・企業・学校を通じて，各省1000-1500部を，北京の中央政府関係者・地方高官・中国メディア・省議会・商業団体・大企業・学校などに無料で配布することになっていた．これによって，中国での英米および日本のメディアに対抗し，中国の有力者たちに商工業全般でのドイツの業績能力を認識させ，中国市場をめぐる国民間競争に際して，ドイツ製品の販売促進を促すこととされた[45]．

予定された構成は以下のとおりである．まず，序章第1節「中国でのドイツの目的」では，中国でドイツは領土占領の意図はなく，むしろ「門戸開放」を維持し，中国の商工業発展に関与し，ドイツ語学校・ドイツ語普及などによる中国の西洋文明導入を支えていく，といった内容が記述されることとされた．ちなみに，その執筆予定者はローアバッハであった．他に，「中国にとっての市場としてのドイツ」，「中国人の旅行先としてのドイツ」，「青島（膠州保護領）でのドイツ」の節が設けられていた．

---

44) Mohr, Deutsche Propaganda, Bl. 90-91.
45) Mohr, Deutsche Propaganda, Bl. 91 u. 93.

本論は2部構成となっており，第1部は「世界強国としてのドイツ」という題目がつけられ，「ドイツ文化組織」，「ドイツ教育制度」，「ドイツ憲法・行政」，「ドイツ司法・監獄制度」，「ドイツ社会政策」，「ドイツ防衛力」，「ドイツ財政」，「ドイツ通貨・銀行制度」，「第一次産業」，「貿易・交通・保険制度」，「ドイツ海運業」の項目が立てられていた．

第2部は「ドイツ工業」の題目で，「国民および国家にとっての工業の意義」，「ドイツ工業の発展とその達成度」について，各工業部門についてのイラスト付きの論説が掲載される予定になっていた．その項目として「造船業」，「鉱山業・精錬所」，「製鉄業」，「銃器・爆薬・火薬類」，「電気・電信」，「ガス工場施設，水道施設，排水施設」，「染色工場，プリント，クリーニング，漂白，織布，紡績」，「製紙業・紙製品」，「皮革業」，「化学産業（染料製品）」，「自動車・自転車，タイプライター，ミシン，航空機，気球」，「光学製品」，「建設業，セメント，コンクリート」，「窯業」，「食料品・嗜好品」，「人工肥料」，「その他」が挙げられていた．最後に，開港場ごとに在中国ドイツ商社についての詳細な情報が掲載されることになっていた．

このプロジェクト企画書には，起草者のモーアや執筆者として予定されていたローアバッハの他に，協力者として，青島特別高等学堂のスタッフが数多く名を連ねていた．学長カイパー（Georg Keiper），自然科学・工学科長ヴァーグナー（W. Wagner），自然科学・工学科講師グラール（Gesco de Grahl），法学・国家学科長ロンベルク（K. Romberg），法学・国家学科講師ミヒェルゼン（Erich Michelsen），翻訳局長兼講師ヴィルツ（Hans Wirtz），翻訳局助手レッシング（Ferdinand Lessing）である．司法・行政関係では，上級森林官ハス（Malte Hass）および上級判事クルーゼン（Georg Crusen）のほか，青島高等学堂のミヒェルゼンは地区行政官を兼任しており，ロンベルクも元地方判事であった．また，ミッションでは，ヴァイマル・ミッションのヴィルヘルム（Richard Wilhelm）も加わっていた．

さらに賛同者として，中国に関係する多くの政界・経済界の代表が署名していた．ハンブルク＝アメリカ郵船会社代表取締役バリン（A. Ballin），ハンブルク植民地研究所教授フランケ（Otto Franke），ドイツ銀行取締役グヴィナー（Arthur von Gwinner），ドイツ帝国議会第一副議長パーシェ（Hermann Paasche），

元膠州領総督トルッペルをはじめ，さらに上海ドイツ連合，青島商業会議所，天津ドイツ連合の代表および書記が署名している．在中国ドイツ企業として，いずれも青島に本店または支店を構えた，アルンホルト・カールベルク社，カルロヴィッツ社，ドイツ・アジア銀行（Deutsch-Asiatische Bank），ディーデリヒセン社，メルヒャース社，ジームセン社，山東鉱山会社（Schantung-Bergbau-Gesellschaft），山東鉄道会社（Schantung-Eisenbahn-Gesellschaft）が加わった．後には署名の筆頭としてヴィルヘルム2世（Wilhelm II）の弟ハインリヒ（Albert Wilhelm Heinrich），さらにドイツ・アジア協会長ゴルツが追記された[46]．

また，この企画書の巻末に，中国に進出したドイツ会社一覧および在中国ドイツ会社による代理店を有したドイツ企業一覧が付されていた．とくに後者のドイツ企業一覧を一瞥すれば，在中国ドイツ商社と本国の産業界の幅広い結びつきを窺うことができる．掲載項目とその企業数は，それぞれ機械工場105社，銀行13社，海運業8社，電機産業13社，造船業11社，兵器製造業8社，化学・染料工場13社，保険業35社，その他業種39社であった．たとえば機械工場の欄にはベルリンのボルジヒ社（A. Borsig）やシュテッティンのヴルカーン社（Stettiner Maschinenbau-Aktien-Gesellschaft Vulkan），ドルトムントのドイチュラント社（Maschinenfabrik Deutschland），エッセンのクルップ社（Friedr. Krupp, Gusstahlfabrik）など数多くの著名な工場が掲載されていた．電機産業や化学・染料工場の欄には，もちろんジーメンス社，AEG社，バイエル社，BASF社を確認することができる[47]．

小　結

本章の冒頭で述べたとおり，1910年代初頭に，ドイツ・中国経済関係は，それ以前とは量的にも質的にも異なる段階に入っていた．とくに，質的な変化として，大豆・落花生などの特定の農畜産物において対中国輸入量が重要な地

---

46) Mohr, Deutsche Propaganda, Bl. 91-92.
47) Mohr, Deutsche Propaganda, Bl. 100-101.

位を占めるようになったこと，また従来からの重工業界に加えて，ドイツ企業が世界市場で競争優位に立っていた化学産業・電機産業が中国市場に新たな販路を開拓しつつあったことが挙げられる．ドイツ経済界にとって，中国市場は部門によって程度の差がありつつも，確実に現実的な戦略対象になっていたといえよう．このような背景から，外務省主導の対中国文化政策は，新しい経済政策として対中国貿易に関心をもつドイツ経済界の広範かつ積極的な賛同をえていた．その文化政策と結合した経済政策は，実践の面において，本国で組織化された経済団体と在中国ドイツ商社を中心とした現地の経済団体との間のネットワークを動員して展開された．

そうした新しい経済政策のなかで，この時期の青島の対ドイツ貿易はこの質的変化に直接対応した形で推移した．そして，有力な在中国ドイツ商社は，中国沿岸に展開した自らの支店網のなかに青島を組み込み，青島港での山東農畜産物の対欧米輸出およびドイツからの化学染料などの輸出といった特定商品の流通に積極的に関与していった．1910年代初頭には，まぎれもなく青島は，ドイツの対中国経済政策の重要な拠点となっており，さらにはドイツ経済のグローバルな展開を構成する一要因となっていった．それは，ドイツ側と中国側の統計を照らし合わせて確認できるものであり，同時代の観察者からはドイツ経済にとっての青島の経済的な位置は十分に認識されていなかった．

1912年に青島から提案された「ドイツ・プロパガンダ」計画も，この新たな状況から生み出されたものであった．そして，この「ドイツ・プロパガンダ」計画の特徴は，現地の植民地統治機関と先行した対中国文化政策の中核的機関であった青島特別高等学堂が存在し，それらが一体となって推進していたことであろう．英米日に対抗する論理での文化プロパガンダという性格自体は，目新しいものではない．しかし，ドイツ植民地支配下にあった青島であればこそ，中国に向けた「ドイツに関する真のガイドブック」を編纂することができるという意識がみえよう．その内容は，中国に対してドイツ工業を売り込む宣伝以外の何物でもなかった．その序章では，ドイツに領土支配の意図はなく，「門戸開放」の維持，中国の「西洋文明導入」の支援を目的としていると訴えるはずであったが，当然ながら青島の植民地支配自体を否定することはなかった．「ドイツ・プロパガンダ」計画はドイツ拠点＝植民地支配を通じた中国市

場の「門戸開放」という自由貿易帝国主義の論理に即したものであり，その手段を砲艦外交から文化事業に取り替えたとしても，それ自体に矛盾を内包するものであった．

終　章

ドイツ統治から日本統治へ

1914年11月7日，膠州湾租借地のドイツ総督マイアー＝ヴァルデック（Alfred von Meyer-Waldeck）と日本軍独立第18師団長神尾光臣の名のもと，日独両軍の間で青島引渡しに関する規約（「青島開城規約」）が調印された．1897年11月14日の膠州湾占領に始まり，およそ17年に及んだドイツの膠州湾支配はこれをもって終焉を迎えた．膠州湾支配は新たに編成された青島守備軍に引き継がれ，日本統治は民政期を経て1922年12月10日に中国政府へ返還されるまで続いた[1]．第一次世界大戦を契機として，植民地都市青島はドイツ統治から日本統治へと支配者の交替を経験することになったのである．

本書を締めくくるにあたって，この統治者の交替にともなって青島がどのように変化したのかについて若干言及しておきたい．

まず，最大の変化として指摘しておくべきことは，日系居留民人口の劇的な増加である．日本占領以後，青島在住の日本籍民は，1913年時点の316人から1915年4月に1万666人，1918年末には1万9260人へと急増した．青島還付直前の1922年9月時点では，日本籍民は2万4105人を数えた．ドイツ統治期には都市部のドイツ籍と中国籍の人口比は，ドイツ兵を含めて1：12であったが，日本占領期には1918年時点で日本籍対中国籍の都市部人口比はおよそ1：4へと変化した[2]．

---

[1] 日独青島戦争の具体的な経過については，斎藤聖二『日独青島戦争』ゆまに書房，2001年を参照．日本の占領統治の概観については，本庄比佐子「膠州湾租借地内外における日本の占領地統治」同編『日本の青島占領と山東の社会経済――1914-22年』東洋文庫，2006年，1-26頁を参照．

占領直後から急激に増加した日系居留民のために，居住区域を確保し，同時に日系商工業資本の経済活動基盤を創出するために，青島軍政署（1917年10月以降，民政へ移行）は青島市街地の拡張事業を開始した．大鮑島と埠頭区の間に「新市街区」が建設され，この区内には横浜正金銀行，三井物産，江商株式会社，伊藤忠商事，原田汽船など資本規模の大きい金融機関・商社が支店を構えた．さらに同区内には青島製粉，青島塩業，大倉商事，大連製氷，山田鉄工所など日系工業・商業資本が進出した．また，指定「三業地」が設置され，そこには料理業・芸妓業・娼妓業の店舗が集中した．さらに，ドイツ統治期の中国系労働者居住区であった台東鎮は，商店および工場用地に指定され，蚕糸業・紡績業・卵粉業・搾油業・石鹸業・醸造業・マッチ工場などが相次いで建設された．くわえて未完成のまま青島還付に至ったものの，工業用地として大港防波堤内，台東鎮以西，四方の東北区域の整備が進められた[3]．

近年の山東経済史研究では，この日本占領期にドイツ統治から日本統治への移行期に産業構造上の質的な転換が生じていたことが指摘されている．つまり本書が分析したような国際市場向けの山東農畜産物輸出を指向した加工業中心の経済に加えて，日系資本の在華紡を中心とした綿紡績業に代表されるような，山東域内市場向けの輸入代替工業化の萌芽が新たにみられたというものである[4]．この輸出指向型の工業化と輸入代替工業化の進展によって，青島経済は，日独戦争の影響によって一時的に閉鎖状態に追い込まれながらも，1917年に

---

2) ここでの記述は，拙稿「植民地支配移行期における青島の工業化と貿易構造――日本勢力圏・東アジア経済・世界経済のはざまで」『三田学会雑誌』第101巻第1号，2008年4月，89-105頁を要約したものである．人口動態についてのドイツ統治期と日本統治期の比較については，92-93頁参照．
3) 庄維民・劉大可『日本工商資本与近代山東』社会科学文献出版社，2005年，95-97頁および桂川光正「日本軍政と青島――一九一四～二二年」千田稔・宇野隆夫編『東アジアと「半島空間」――山東半島と遼東半島』思文閣出版，2003年，246-250頁参照．
4) 久保亨「近代山東経済とドイツ及び日本」本庄比佐子編『日本の青島占領と山東の社会経済――1914-22年』東洋文庫，2006年，55-81頁，劉大可（吉田建一郎訳）「占領期における日系工業資本」同上，155-180頁，庄・劉，前掲書，119-151頁参照．

は青島港の輸出入額はほぼ戦前の水準に回復し，以後1930年代初頭まで飛躍的に増加していった（実際の数値は**付表2**を参照）．

この日本占領期を通じて，青島輸出入貿易における日本およびその勢力圏の占める割合はきわめて大きかった．しかし，この時期においても，青島の貿易構造の推移を子細に検討すれば，青島経済が日本の勢力圏へと包摂されたわけではなかった．輸入貿易をみれば，たしかにドイツ統治期に最大の輸入品目であった綿糸・綿製品の比重が低下し，綿紡績業の勃興などによる輸入代替工業化に応じた工場建設資材・原料輸入が著しく増加した．この資材・原料輸入の面では，占領当初はたしかに日本のシェアが圧倒していたが，青島返還以前の1921年の時点ですでに，東アジア経済・世界経済の結節点であった上海からの輸入の比重が高まっていた．また，輸出貿易においては，たしかに塩・石炭・鉄鉱など工業原料・エネルギー資源の日本への集中的な輸出が明らかであったが，ドイツ統治期に軌道にのった輸出加工業部門では，その主力輸出品であった落花生実・落花生油の場合，その輸出先は世界市場に向けられており，ドイツ統治期からの延長線上の構造が看取される．石炭などの工業原料・エネルギー資源の輸出は，ドイツ植民地行政が本来目指していた経済政策であり，日本統治期になってようやく実現したとみることもできよう[5]．

さらに，1920年代初頭には，汽船交通分野での中国民族資本の台頭がみられ，それが青島の貿易構造に反映されるようになった点が指摘できる．とくに，青島―上海・香港間の中国籍の汽船交通の増加は，ドイツ統治期にはみられなかった現象であった．1920年代後半以降には，山東農畜産物の輸出加工業で，欧米・中国・日本の商社の間で激しい市場競争が繰り広げられた[6]．そのような萌芽もこの日本占領期にすでに現れており，日本占領によって日本経済・日

---

5) この具体的な分析は，拙稿「植民地支配移行期における青島の工業化と貿易構造」，92-93頁参照．
6) 同上，103-104頁．1910-1920年代の青島港の輸出貿易，とくに落花生貿易における欧米商・日本商・中国商の競合については，南満洲鉄道株式会社庶務部調査課編『大連付近諸港（営口，天津，芝罘，秦皇島，青島）背後地欧米向商品事情』1929年，119-120頁参照．

本勢力圏経済との結びつきを強めながらも，青島経済は依然として東アジア経済・世界経済との連関のなかに位置していた．

中国への返還後も，青島はめまぐるしい統治者の交替を経験した．1922年12月に青島は正式に北京政府へ返還されたが，国民党軍の北伐によって，1929年4月以降，青島も国民党政権に接収された．さらに日中戦争が勃発すると，1938年1月，ふたたび日本軍によって占領され，その統治は1945年8月まで続いた．戦間期とアジア・太平洋戦争期の青島は，当時の中国国内政治と日本の東アジア侵略に直接的な影響を被っていたことになる．これをより世界史的な視野からみれば，ドイツ植民地統治から日本占領統治への移行，さらにその中国への返還の過程は，まさに第一次世界大戦以後に胎動した脱植民地化の流れと呼応したものであり，ほかのアフリカおよび太平洋のドイツ植民地がイギリス・フランス・日本・オーストラリア・ニュージーランドに分割され委任統治下に置かれた事例とは対照的である．また，それと同時に中国返還後の変転する政治状況は，旧植民地が脱植民地化後に経験する苦境を例示しているとみることができるかもしれない．第一次世界大戦以後の青島は，今後，脱植民地化研究からみてきわめて興味深い事例となるだろう．

経済的自由主義とコーポラティヴな植民地社会秩序

最後に，これまでの各章の結論と重複が多くなるが，本書の結論をまとめておきたい．本書の課題は，青島におけるドイツ植民地行政の経済政策と，それに適合するように構想された社会秩序が，現地社会の動態に対応するなかで，いかに変容していったかを明らかにすることにあった．先行研究においては，膠州領総督府の経済政策が自由港制度に基づいた自由貿易主義的な性格をもっていたことについては見解の一致をみているものの，その政策による山東経済への影響についての評価は，政治的影響力の限定性と同時にその発展・近代化への貢献（John E. Schrecker, シュレッカー），植民地支配下の経済的搾取（王守中），あるいはその山東地方官僚の対抗的経済政策との相互関係（Klaus Mühlhahn, ミュールハーン）に分かれている．しかし，その膠州領総督府の経済政策と植民地社会における統治がどのような関係にあったのかについては，これまで検討されていなかった．ミュールハーンの研究は，膠州湾租借地におけるド

イツ統治について理論的な考察を加えた唯一の本格的な研究といってよいが，そこでも彼の分析概念である「全体支配」は，総督府の経済的自由主義と別個の問題として扱われている．

しかし，膠州湾租借地における植民地社会の秩序形成と総督府の経済政策は不可分の関係にあった．ドイツ植民地のなかで，唯一海軍省の管轄下に置かれた膠州湾租借地は，その経済成長の達成を第一目標としていた．膠州湾統治を担った海軍省は，膠州湾租借地の経済成長を達成させることで，ドイツ国内政治における海軍のプレゼンスを高め，海軍省長官ティルピッツ（Alfred Tirpitz）が推進する艦隊政策への世論の支持の高まりを期待した．そのために，ドイツ帝国議会に提出された最初の膠州領総督府の行政報告書において，膠州湾租借地は「商業植民地」として役割を果たすことが期待されていた．

同時代の植民地政策論者は，「移住植民地」や「プランテーション植民地」とは異なる植民地として「商業植民地」を位置づけている．それは，たいてい世界経済の流通を促進する中継地として説明されていたが，しかし単なる流通の結節点としてではなく，ある地域経済をより広域の資本主義市場に包摂する課題を担っていた．19世紀後半には，「移住植民地」，「プランテーション植民地」，「商業植民地」といった植民地類型がさかんに論じられていたが，その理由は，植民地支配者に求められていた政策が，すべての植民地に適用可能な政策ではなく，むしろ被支配地域の資源の質と量に応じた可変的な政策が要請されていたからである．

そのような「商業植民地」としての機能を膠州湾租借地が果たすために，膠州領総督府が経済的自由主義に依拠した政策を選択することは当然であって，それによって山東経済をより広域の資本主義市場経済と結びつけることが望まれていた．しかし，いわゆる「大不況」期を経た世紀転換期においては，自由放任ではない形の経済的自由主義が要請されており，ドイツの場合，それは利害団体間の調整を重視した経済政策として現れた．膠州湾租借地における植民地行政は，統制経済とは異なった形で，地域経済とより広域の資本主義市場とを結びつけるための介入型の経済政策を行った．膠州領総督府は，イギリス植民地であった香港をモデルとして，自由港制度を導入したが，山東地域経済と世界市場とを円滑に結びつけるために，中国海関を香港のように境界線の外側

に置くのではなく，むしろ租借地内部に設置する方式を採った．それによって，膠州湾租借地が自由港制度と条約体制下の開港場の双方の利点をもつことが想定されていた．

しかし，本来的に世界市場に地域経済を開放させる自由港制度が布かれたことで，中国海関は租借地経済と山東経済との間の流通の管理を厳格にせざるをえず，結局，山東経済と租借地経済の流通を阻害することになった．租借地経済を持続的に成長させるために総督府が選択しえたのは，自由港制度を事実上廃止することで，租借地を条約体制内に組み込み，租借地経済と山東経済をより緊密に結びつけることであった．

このように関税制度上，租借地経済と山東経済を結びつけることで，膠州領総督府が期待したのは，山東農畜産物の輸出が増加することによって，入超状態にある租借地経済の輸出入額を均衡させることであった．租借地経済が初期のインフラ投資に起因する輸入のみに依存した場合，その経済はきわめて不安定な状態に置かれることになり，租借地への流通そのものが沈滞し，「商業植民地」としての存在意義そのものが脅かされる危険性があった．総督府は，そうした危険を山東産品の多角的な輸出戦略によって回避しようとした．さらに，膠州湾租借地がこうしたモノの流通の中継地としてだけではなく，ヒト，すなわち労働力移動の中継地としても機能するように，総督府は働きかけていた．その結果，青島港は，上海および華北沿岸諸港，神戸，ウラジオストクと緊密な流通網を形成し，世界市場への山東農産物の輸出港へと変貌した．

そのような輸出指向の経済政策を実施する際には，租借地経済の実質的な担い手であった中国商人層との「協同」が不可欠であった．統治当初は，膠州領総督府は，植民地社会における支配層と被支配層の境界線と空間的な配置が一致する秩序を想定していた．その境界線の基準は，人種と階級であったが，膠州領総督府は，租借地経済における中国商人層の重要性を認識するにつれて，有力な中国商人層を限定的ながら行政に組み入れようとした．中国商人層も，租借地行政への自己の政治的な権限を強めるために，膠州領総督府の埠頭行政改革に際して，ボイコット運動を展開した．その結果，中国商人層は，利害調整型の政治システムに即した形で，自己の利害に関する限りの直接的な発言権を獲得するようになり，またその経済活動において自立性を確保していった．

これによって，膠州湾租借地における植民地社会の人種と階級の境界線は，より階級にその重点を置いた形で引かれることになった．青島植民地社会の人口の大多数を占めた工場労働者・都市雑業層は，政治決定の過程から排除され，さらにドイツ帝国籍はもちろん清国籍という法的位置づけも定まらない状態に置かれた．それによって，膠州湾租借地は，租借地経済と資本主義市場に，きわめて地域間の流動性の高い労働力を提供することを可能にした．こうした労働者および都市雑業層は，租借地内では，階級に力点を置かれた植民地社会秩序を具現するように，工場労働者・港湾労働者・人力車夫といった職種に応じて空間的に管理された．それと同時に，その労働力の高い流動性を保証することで，ドイツ統治期になって，青島港は，新たに山東労働力移動の中継地として機能することになったのである．

　19世紀末から第一次世界大戦直前に至るまでのおよそ20年の間に，ドイツ帝国の対外貿易は，輸出額・輸入額ともに倍以上の伸びを経験した．ドイツ帝国の対中国輸出入貿易額もほぼ同じ速度で急伸し，第一次世界大戦直前の数年に限れば，ドイツ対外貿易額全体の増加の速度を大きく上回る速度での量的拡大を経験した．たしかに，ドイツ対外経済全体にとって，対中国貿易の割合は，輸出入ともに1％程度にすぎなかった．しかし，第VI章で検討したとおり，特定の輸出入品目の対貿易相手国の構成（輸入での油脂加工品や輸出での化学染料，軍需品など）を子細に検討すれば，1910年代における対中国貿易の重要性の高まりは否定できない．そのドイツの対中国貿易の特徴は，対青島貿易でも同様に観察されるものである．ドイツ統治下の青島経済は，東アジア経済・世界経済と結びつきながら，ドイツ対外貿易を構成する一要因となっており，ドイツ「商業植民地」として，華北へとドイツ経済勢力を拡張する拠点としての役割を実質的にも担うようになっていた．より大きな視点でみれば，このドイツ植民地は，植民地支配を前提とした世界秩序のなかでドイツ経済勢力のグローバルな展開を加速させる拠点として機能していたといえよう．また，その戦略は，当時の中国経済の「門戸開放」的な経済秩序に反せず，むしろ合致するものであった．

　この青島で実践された，世界経済の一体化を加速させる経済的自由主義は，ドイツ統治期では，1907・1908年のアメリカ合州国発の経済危機という形で

試されるが，その政策理念を揺るがすほどの大きな衝撃とはならなかった．1929年に始まったあの世界大恐慌を経験せずに青島でのドイツ統治が終焉したために，この自由主義的な経済政策は，本格的な挑戦にさらされずに済んだといえるだろう．また，それは青島のコーポラティヴな植民地社会秩序も問われずに済んだということを意味している．第一次世界大戦後に世界各地で本格化した脱植民地化への闘争のなかで，青島は日本占領を経て，いち早く中国政府に返還された．したがって，世界大恐慌後の新たな経済政策および社会のあり方への希求は，青島では，国民党政府統治期に問われることになったといえよう．

あとがき

　本書は，2007年に千葉大学大学院社会文化科学研究科に提出された博士論文「膠州湾租借地におけるドイツ植民地統治と社会秩序（1897-1914）」を基に，大幅に加筆・修正を行ったものである．また，博士論文もすでに学術書・学術雑誌上で発表した論考に基づいている．以下に，初出を記すことで，本書への再録を許可していただいた関係者各位に謝意を表したい．

- 第Ⅰ章第2節　「膠州湾租借条約の成立」工藤章・田嶋信雄編『日独関係史1890-1945　Ⅰ　総説／東アジアにおける邂逅』東京大学出版会，2008年所収．
- 第Ⅱ章　「植民地支配と自由貿易 —— ドイツ統治下の膠州湾租借地における自由港制度とその改廃（一八九七―一九〇五）」歴史学研究会編『帝国への新たな視座 —— 歴史研究の地平から』青木書店，2005年所収．
- 第Ⅲ章　「膠州湾租借地における『中国人』（1897-1914）—— ドイツ植民地法と植民地政策の関連から」『歴史学研究』第797号，2005年1月所収（「2．植民地都市社会の形成」中の「社会下層に対する空間管理」は書き下ろし）．
- 第Ⅳ章第1節―第3節　「膠州湾租借地におけるドイツ植民地政策と近代化（1897-1914）—— 膠州領総督府の経済政策を中心に」本庄比佐子編『日本の青島占領と山東の社会経済　1914-22年』東洋文庫，2006年所収．
- 第Ⅴ章第1節―第3節　「ドイツ統治下の膠州湾租借地における支配秩序 —— 総督府参事会の再編問題を中心に」『公共研究』第5巻第3号，2008年所収．

　これらの既発表の論文を本書に組み込むにあたって，序論部分など重複する個所はほとんど割愛したが，そのような修正だけでなく，表記・出典・引用文の書き間違いといった，単純でありながら，本来なら許されない細かな誤記に

も，あらためて気づいたかぎりで修正を加えている．しかし，それぞれの論文の論旨は当然ながら変わることなく，本書全体の論旨の一貫性を補完するような形での加筆に努めている．

おぼろげながら経済的自由主義と植民地社会秩序という2つのテーマを念頭に置いて研究に取り組み始めたのは，ちょうどベルリン自由大学に留学する直前の2000年頃であった．経済的自由主義の視点からドイツ植民地主義を考えるという視点は，いまでもドイツ植民地主義研究のなかでは異端といっていいだろう．この視点が生まれたのは，イギリス帝国史研究のなかでは通説として確立していた自由貿易帝国主義論の問題設定を，ドイツ植民地主義でも考える必要があるのではないか，という素朴な問題意識からであった．少なくともドイツの対中国政策に関していえば，自由貿易帝国主義の枠組みで考えること自体は，その時点でもけっして目新しいものではなかった．しかし，その経済的自由主義を例外とみるのではなく，むしろ「大不況」期を過ぎたカプリーヴィ以降のドイツ対外経済政策のなかでの，ドイツ植民地政策の基本路線と理解し，それを第一次世界大戦以前の世界経済統合を促した経済的自由主義を支えたものとして位置づける研究は，管見のかぎりでいまだ見当たらない．この点は，著者の今後の課題でもある．

こうした異端的な見方を排除するのではなく，むしろ興味深く感じてくださった方々は，とくに日本ではイギリス帝国史研究者に多く，ドイツでは論文構想を読んで好意的なコメントを下さった方の一人に，もちろん問題関心を共有できたゼバスティアン・コンラート氏がいた．また，偶然に紹介いただいたアルフ・リュトケ氏をはじめとする日常史研究の方々とも，このテーマをきっかけに交流することができた．そのグループの一人李有戴氏とは，長い付き合いになっている．さらに，近年の新自由主義をめぐる歴史研究は，第一次世界大戦以前の自由主義と植民地主義の関係性を考える際にも大きな示唆を与えてくれている．その点で，千葉大学大学院在学時に，小沢弘明先生と雨宮昭彦先生の指導を受けることができたことは幸運としかいいようがない．こうした学問的な励ましがあればこそ，本書のテーマで，経済的自由主義という論点を前面に押し出す勇気を持つことができた．

「秩序」(Ordnung) というテーマ自体，ドイツ史的な響きを感じられるかも

あとがき　　227

しれないが，植民地社会秩序という問題設定に取り組む刺激を与えてくれたのは，フーコーの規律権力論を参照しながら，膠州湾租借地における植民地権力を考察したクラウス・ミュールハーン氏の大著であった．留学当時，彼はベルリン自由大学東アジア・ゼミナールの助手であり，指導教授として受け入れてくれたメヒトヒルト・ロイトナー先生と並んで，著者の研究の構想に親身に耳を傾けてくれた．しかし，彼の研究が優れたものであるからこそ，どのように独自性を打ち出すかという点に悩むことにもなった．その突破口が，序章で整理した日本での植民地支配研究や帝国史研究であった．第III章の租借地在住の中国系住民の法的地位をめぐる論点は，春山明哲氏や小熊英二氏の研究を読むことで導きだすことができた．日本での研究蓄積に触れることで，ちょうどベルリンで読んでいた在北京ドイツ公使館史料に記述されていた法的地位の問題の意味を理解することができた．また，日本での分厚い中国近代史研究の蓄積が，本書を形づくるうえで大いに助けとなっている．今でも十分に理解できているかどうか心許ないが，こうした日本での研究蓄積を生かして，ドイツ側の史料を読むことができたことが，著者の研究の強みとなってきたことを強く自覚している．

　ドイツ植民地のなかで唯一，海軍省の管轄下に置かれた青島は，序章で述べたとおり，ドイツ植民地主義研究のなかでは，例外的な事例として扱われてきた．その青島をテーマとする際に，ほかのドイツ植民地を意識しながら研究する視点をもつことができたのは，千葉大学大学院に修士課程で入学して以来，研究のみならず，研究者としてどのようなステップを踏むべきかといったことまで指導していただいた永原陽子先生の学恩に尽きる．東京外国語大学アジア・アフリカ言語文化研究所に異動してからも，この博士論文の構想から審査に至るまで，もっともご指導いただいた．先生の厳しい批判を受けたことで，わずかながらでも本研究の完成度が高まっていったことを実感している．

　ほかにも博士論文執筆の過程で，あまりにも数多くの方々から恩恵をこうむってきた．そのすべての方々の名前を挙げることは，とてもできないが，植民地主義に関心を向けてくださった深澤安博先生，『義和団档案史料続編』の読解を手ほどきしてくださった山田賢先生には，とくに記して感謝したい．また，研究発表の機会を与えてくださり，さらに研究グループに加えてくださった東

洋文庫近代中国研究班および慶應義塾大学東アジア研究所の方々にも感謝を表したい．

　もちろん，西洋近現代史研究会・茨城大学・千葉大学・ベルリン自由大学留学時にお世話になった同世代の学友との議論こそが，自分の研究を支えてくれた．その一人であり，つねに議論を交わし，まっさきに研究構想を批評してくれる伴侶に感謝の意を捧げたい．そして，三十路になっても不安定な雇用形態が続く現状を理解できずにいながらも，見守ってくれた母にも感謝したい．また，はじめて単著を公表することになる著者を適切に出版まで導いてくださった東京大学出版会編集部の依田浩司さんに深くお礼を申し上げる．

　最後に，本研究は，ドイツ学術交流会奨学制度（2000年10月-2001年9月）に始まり，文部科学省科学研究費補助金基盤研究（B）「『植民地責任』論からみる脱植民地化の比較歴史学研究」（研究代表者・永原陽子，2004-2006年度）によるドイツ連邦文書館での史料調査のための渡航助成，さらに千葉大学21世紀COEプログラム「持続可能な福祉社会に向けた公共研究」拠点国際公共比較部門COEフェロー（2005年4月-2009年3月）を通じて可能になった．実際に，史料収集を行う過程で，とくにベルリン・リヒターフェルデのドイツ連邦文書館，ベルリン自由大学図書館，ベルリン州立図書館，フライブルク連邦軍事文書館の文書館員・図書館員には大変にお世話になった．また，出版にあたって，首都大学東京都市教養学部経営学系出版助成を受けることができた．ここに記して感謝する．

　2011年2月，国分寺にて

著　者

付　表

付表 1　膠州湾租借地の人口動態（1898-1913 年）

年	都市部中国系住民人口	10歳以上男性	10歳以上女性	10歳未満	中国系住民人口総数	ヨーロッパ系住民
1898					70,000	
1899					84,014	
1902	14,905	13,161	1,016	728		688
1903	28,144	25,221	1,694	1,229	120,041	785
1904	27,622	24,213	2,340	1,069		1,057
1905	28,477	24,811	2,557	1,109		1,225
1907	31,509	26,452	3,334	1,723		1,484
1910	34,180	28,127	3,804	2,249	161,140	1,621
1913	53,312	40,115	8,573	4,624	187,000	2,069

出典：1910 年までは，Leutner, „*Musterkolonie Kiautschou*", S. 238-239, 1913 年については，Bevölkerung im Schutzgebiete nach einer Ende Juni-Anfang Juli 1913 erfolgten Zählung, in: *TNN*, 3. 8. 1913 を参照．

付表2　青島港輸出入貿易額の推移（1901-1931年）（単位：海関両）

	外国産品純輸入額	中国産品純輸入額	中国産品輸出額	輸出入総額
1901	3,429,503	2,539,547	2,761,870	8,730,920
1902	5,845,394	2,229,856	2,269,392	10,344,642
1903	8,452,559	2,813,808	3,332,044	14,598,411
1904	8,746,768	3,867,969	6,249,071	18,863,808
1905	10,830,947	4,266,475	7,225,258	22,322,680
1906	16,940,667	5,100,800	8,470,914	30,512,381
1907	16,416,053	3,743,511	8,478,325	28,637,889
1908	15,718,278	3,902,310	12,033,307	31,653,895
1909	19,422,133	5,546,322	14,736,629	39,705,084
1910	20,653,319	4,755,890	17,171,415	42,580,624
1911	20,894,830	5,393,158	19,853,669	46,141,657
1912	23,955,281	5,757,450	24,999,360	54,712,091
1913	26,207,915	7,268,592	25,692,373	59,168,880
1914	18,204,018	3,005,740	16,597,990	37,807,748
1915	6,002,671	874,934	6,318,642	13,196,247
1916	18,896,318	5,032,322	22,934,187	46,862,827
1917	22,538,383	9,532,838	25,711,770	57,782,991
1918	22,194,381	11,718,409	29,534,540	63,447,330
1919	20,191,124	8,441,092	38,744,603	67,376,824
1920	25,557,009	9,374,003	32,653,098	67,584,110
1921	33,542,862	14,252,157	34,167,008	81,962,027
1922	44,122,135	18,516,701	34,952,092	97,590,928
1923	41,978,031	23,249,896	42,232,330	107,460,257
1924	44,917,266	31,937,276	55,352,316	132,206,858
1925	42,782,187	24,042,886	59,433,833	126,258,906
1926	46,296,441	27,399,855	61,997,968	135,694,264
1927	46,905,591	27,890,240	74,704,028	149,499,859
1928	44,497,488	33,102,086	64,694,024	142,293,598
1929	58,220,200	28,246,534	80,334,594	166,801,328
1930	64,468,121	35,343,767	86,006,148	185,818,036
1931	75,041,663	37,375,776	105,857,748	218,275,187

注：1)「外国産品純輸入額」および「中国産品純輸入額」は国内外再輸出額を含めない．
　　2)「中国産品輸出額」は中国内移出額も含めている．上海などの中国沿岸諸港経由で中国外へ輸出される産品も多いため，ここではあえて輸移出総額を示している．
出典：交通部煙台港務管理局編『近代山東沿海通商口岸貿易統計資料（1859-1949）』北京，対外貿易教育出版社，1986年，10-13頁．

付表3　1906年出港地別青島寄港汽船トン数および隻数

出港地	トン数	隻数
上　海	227,391	211
煙　台	91,119	81
香　港	39,407	28
神　戸	28,985	39
小　樽	13,312	8
門　司	11,459	8
マニラ	12,545	6
天　津	11,073	7
その他	89,409	21
計	524,700	409

出典：*Amtsblatt für das Schutzgebiet Kiautschou*, hrsg. v. Kaiserlichen Gouvernement Kiautschou, 1906に掲載された情報より筆者が算出したもの．

付表4　1906年目的地別青島出港汽船トン数および隻数

目的地	トン数	隻数
上　海	189,520	190
煙　台	129,553	115
神　戸	30,244	37
ウラジオストク	19,981	17
大　沽	13,898	5
香　港	11,953	5
門　司	15,385	7
その他	62,882	40
計	473,416	416

出典：*Amtsblatt für das Schutzgebiet Kiautschou*, hrsg. v. Kaiserlichen Gouvernement Kiautschou, 1906に掲載された情報より筆者が算出したもの．目的地は最終目的地を示すものではない．

付表5　1913年出港地別青島寄港汽船トン数および隻数

出港地	トン数	隻数
上　海	371,499	256
神　戸	251,824	114
煙　台	154,168	178
大　連	108,652	79
門　司	64,882	15
香　港	57,153	31
ウラジオストク	49,876	32
牛　荘	31,079	26
その他	210,864	180
計	1,299,997	911

出典：*Amtsblatt für das Schutzgebiet Kiautschou*, hrsg. v. Kaiserlichen Gouvernement Kiautschou, 1913に掲載された出港地の情報より筆者が算出したもの．

付表6　1913年目的地別青島出港汽船トン数および隻数

目的地	トン数	隻数
上　海	535,027	288
煙　台	176,467	210
ウラジオストク	132,151	86
神　戸	98,728	36
大　連	104,284	82
牛　荘	38,217	35
香　港	36,893	21
門　司	11,013	3
その他	166,845	141
計	1,299,625	902

出典：*Amtsblatt für das Schutzgebiet Kiautschou*, hrsg. v. Kaiserlichen Gouvernement Kiautschou, 1913に掲載された情報より筆者が算出したもの．目的地は最終目的地を示すものではない．

文献目録

未公刊史料

Bundesarchiv-Militärarchiv Freiburg (BA/MA)
Bestand Reichsmarine/Reichsmarineamt, Allgemeines Marinedepartement (RM 3)
 6692-6695 Erforschung, Erwerbung pp. von Ländern in Ostasien, 1895-1907
 6696-6699 Besetzung der Station in China, 1897-1899; 1922
 6700-6707 Organisation des Schutzgebietes, 1898-1914
 6708-6713 Gesetze und Verordnungen, 1898-1913
 6714   Verordnungen für das Schutzgebiet, 1909-1914
 6717-6724 Allgemeine Gouvernementsangelegenheiten, 1898-1917
 6725-6730 Handelsverhältnisse, 1897-1905
 6731-6734 Handel und Schiffahrt, 1909-1916
 6744-6767 Gouvernements Tätigkeitsberichte, 1898-1914
 6796-6821 Kiautschou. Jahresdenkschriften, 1900-1914
 6889-6898 Betrieb und Verwaltung der Tsingtauer Werft, 1905-1912
 6961-6962 Kiautschou. Gouvernementswerkstatt, 1899-1905
Bestand Marinestation Ostsee (RM 31)
 513-514 Kiautschou, 1897-1902
Bestand Kreuzergeschwader (RM 38)
 30 Besetzung der Kiautschou-Bucht, 1897-1899
Bestand Nachlaß Alfred von Tirpitz (N 253)
 45 Handakten zu Ostasien und Kiautschou, 1896-1897
Bestand Nachlaß Otto von Diederichs (N 255)
 24 Bericht von Diederichs über die Besetzung von Tsingtau am 14. November 1897, 1906-1908

Politisches Archiv des Auswärtigen Amtes (PAAA)
Bestand Peking II
 1238-1247 Pachtgebiet Kiautschou, 1901-1916
 1248-1253 Zoll-, Handels-, und Schiffahrtsverhältnisse in Kiautschou, 1897-1915
 1257-1260 Schulwesen in Tsingtau, 1907-1916

公刊史料

欧 文

Die Große Politik der Europäischen Kabinette 1871-1914, im Auftrage des Auswärtigen Amtes, hrsg. v. Johannes Lepsius/Albrecht Mendelsohn Bartholdy/Friedrich Thimme, Bd. 9, Bd. 14/ 1, Berlin: Deutsche Verlagsgesellschaft für Politik und Geschichte, 1923 u. 1924.

Leutner, Mechthild (Hrsg.)/Klaus Mühlhahn (Bearb.), *„Musterkolonie Kiautschou". Die Expansion des Deutschen Reiches in China. Deutsch-chinesische Beziehungen 1897 bis 1914. Eine Quellensammlung*, Berlin: Akademie Verlag, 1997.

――― (Hrsg.)/Andreas Steen (Verf.), *Deutsch-chinesische Beziehungen 1911-1927. Vom Kolonialismus zur „Gleichberechtigung"*, Berlin: Akademie Verlag, 2006.

中文（刊行年順）

王鉄崖編『中外旧約章彙編』第1冊，生活・読書・新知三聯書店，1982年第2刷.
青島市博物館・中国第一歴史档案館・青島市社会科学研究所編『徳国侵占膠州湾史料選編（1897-1898）』山東人民出版社，1986年.
青島市档案館編『帝国主義与膠海関』档案出版社，1986年.
交通部煙台港務管理局編『近代山東沿海通商口岸貿易統計資料（1859-1949）』対外貿易教育出版社，1986年.
中国第一歴史档案館編輯部『義和団档案史料続編』上冊，中華書局，1990年.
黄福慶主編『膠澳専档』中央研究院近代史研究所，1991年.
『張蔭桓日記』（任青・馬忠文整理），上海書店出版社，2004年.

同時代文献

欧 文

Amtsblatt für das Schutzgebiet Kiautschou, hrsg. vom Kaiserlichen Gouvernement in Tsingtau, Tsingtau, 1900-1914.

Behme, Friedrich, Unsere Eisenbahninteressen in Schantung, in: *Koloniale Monatsblätter. Zeitschrift für Kolonialpolitik, Kolonialrecht und Kolonialwirtschaft*, 15 (1913), S. 174-182.

―――, *Führer durch Tsingtau und Umgebung*, 3. Aufl., Wolfenbüttel: Heckner, 1906.

Berensmann, Wilhelm, Wirtschaftsgeographie Schantung's unter besonderer Berücksichtigung des Kiautschou-Gebiets, in: *Koloniale Monatsblätter. Zeitschrift für Kolonialpolitik. Kolonialrecht und Kolonialwirtschaft*, 6: 8 (1904), S. 570-667.

Betz, Heinrich, *Die wirtschaftliche Entwicklung der Provinz Schantung seit der*

Eröffnung Tsingtaus 1898-1910, Tsingtau: Haupt, 1911.
Bökemann, Der Hafen von Tsingtau, in: *Koloniale Monatsblätter. Zeitschrift für Kolonialpolitik, Kolonialrecht und Kolonialwirtschaft*, 16: 8 (1914), S. 361-385.
―――, Die Stadtanlage von Tsingtau, in: *Koloniale Monatsblätter. Zeitschrift für Kolonialpolitik, Kolonialrecht und Kolonialwirtschaft*, 15: 11 (1913), S. 465-487.
―――, Über Wirtschaft und Verkehr in der Provinz Shantung, in: *Koloniale Monatsblätter. Zeitschrift für Kolonialpolitik, Kolonialrecht und Kolonialwirtschaft*, 15: 2 (1913), S. 87-98; 15: 3 (1913), S. 126-144.
China. The Maritime Customs, *Decennial Reports on the Trade, Industries, etc., of the Ports Open to Foreign Commerce, and on the Conditions and Development of the Treaty Port Provinces*, 1902-11, 1 (1913); *1912-1921*, 1 (1924); *1922-1931*, 1 (1933).
China. The Maritime Customs, Kiaochow Trade Report, in: *Returns of Trade and Trade Reports*, 1913.
Crusen, Georg, Die rechtliche Stellung der Chinesen in Kiautschou, in: *Zeitschrift für Kolonialrecht*, 15: 2 (1913), S. 4-17; 15: 2 (1913), S. 47-57.
Damaschke, Adolf, *Kamerun oder Kiautschou? Eine Entscheidung über die Zukunft der deutschen Kolonialpolitik* (=Soziale Streitfragen. Beiträge zu den Kämpfen der Gegenwart 8), Berlin: Harrwitz, 1900.
Deimling, Die Kolonie Kiautschou in den ersten beiden Jahren ihrer Entwickelung, in: *Verhandlungen der Deutschen Kolonialgesellschaft*, Abteilung Berlin-Charlottenburg 4: 1 (1902), S. 65-90.
―――, Die Kolonie Kiautschou, in: *Das überseeische Deutschland*, Stuttgart: Union, 1903, S. 659-679.
―――, Die Kolonie Kiautschou. Neu bearbeitet v. Wilhelm Schrameier, in: *Das überseeische Deutschland. Die deutschen Kolonien in Wort und Bild*, Bd. 1, Stuttgart: Union, 1911, S. 317-340.
Denkschrift betreffend die Entwickelung des Kiautschou-Gebiets in der Zeit von Oktober 1898 bis Oktober 1899, hrsg. v. Reichsmarineamt, in: *Stenographische Berichte über die Verhandlungen des Reichstags*, Bd. 175, Berlin 1900, S. 2830-2848 (Aktenstück Nr. 516).
Denkschrift betreffend die Entwickelung des Kiautschou-Gebiets in der Zeit von Oktober 1899 bis Oktober 1900, hrsg. v. Reichsmarineamt, in: *Stenographische Berichte über die Verhandlungen des Reichstags*, Bd. 189, Berlin 1901, S. 716-738 (Aktenstück Nr. 115).
Denkschrift betreffend die Entwickelung des Kiautschou-Gebiets in der Zeit von Oktober 1900 bis Oktober 1901, hrsg. v. Reichsmarineamt, in: *Stenographische Berichte über die Verhandlungen des Reichstags*, Bd. 193, Berlin 1902, S. 2883-2906 (Aktenstück Nr. 436).

Denkschrift betreffend die Entwickelung des Kiautschou-Gebiets in der Zeit von Oktober 1901 bis Oktober 1902, hrsg. v. Reichsmarineamt, in: *Stenographische Berichte über die Verhandlungen des Reichstags*, Bd. 196, Berlin 1903, S. 5592a-5592u (Aktenstück Nr. 832).

Denkschrift betreffend die Entwickelung des Kiautschou-Gebiets in der Zeit von Oktober 1902 bis Oktober 1903, hrsg. v. Reichsmarineamt, in: *Stenographische Berichte über die Verhandlungen des Reichstags*, Bd. 206, Berlin 1904, S. 1-60 (Aktenstück Nr. 516).

Denkschrift betreffend die Entwickelung des Kiautschou-Gebiets in der Zeit von Oktober 1903 bis Oktober 1904, hrsg. v. Reichsmarineamt, in: *Stenographische Berichte über die Verhandlungen des Reichstags*, Bd. 212, Berlin 1905, S. 3562-3621 (Aktenstück Nr. 561).

Denkschrift betreffend die Entwickelung des Kiautschou-Gebiets in der Zeit von Oktober 1904 bis Oktober 1905, hrsg. v. Reichsmarineamt, in: *Stenographische Berichte über die Verhandlungen des Reichstags*, Bd. 222, Berlin 1906, S. 1-59 (Aktenstück Nr. 174).

Denkschrift betreffend die Entwickelung des Kiautschou-Gebiets in der Zeit von Oktober 1905 bis Oktober 1906, hrsg. v. Reichsmarineamt, in: *Stenographische Berichte über die Verhandlungen des Reichstags*, Bd. 241, Berlin 1907, S. 3562-3621 (Aktenstück Nr. 268).

Denkschrift betreffend die Entwickelung des Kiautschou-Gebiets in der Zeit von Oktober 1906 bis Oktober 1907, hrsg. v. Reichsmarineamt, in: *Stenographische Berichte über die Verhandlungen des Reichstags*, Bd. 245, Berlin 1908, S. 3604-3665 (Aktenstück Nr. 585).

Denkschrift betreffend die Entwickelung des Kiautschou-Gebiets in der Zeit von Oktober 1907 bis Oktober 1908, hrsg. v. Reichsmarineamt, in: *Stenographische Berichte über die Verhandlungen des Reichstags*, Bd. 253, Berlin 1909, S. 7257-7329 (Aktenstück Nr. 1131).

Denkschrift betreffend die Entwickelung des Kiautschou-Gebiets in der Zeit von Oktober 1908 bis Oktober 1909, hrsg. v. Reichsmarineamt, in: *Stenographische Berichte über die Verhandlungen des Reichstags*, Bd. 272, Berlin 1910, S. 1353-1424 (Aktenstück Nr. 195).

Denkschrift betreffend die Entwickelung von Kiautschou. Abgeschlossen Ende Oktober 1898, hrsg. v. Reichsmarineamt, in: *Stenographische Berichte über die Verhandlungen des Reichstags*, Bd. 172, Berlin 1899 (Aktenstück Nr. 79).

Deutsch-Asiatsiche Warte. Wochenblatt des Deutschen Kiautschou-Gebiets, Tsingtau 1898-1904.

Die deutsche Schutzgebiete, in: *Statistisches Jahrbuch für das Deutsche Reich*, hrsg. v. Kaiserlichen Statistischen Amte, 36 (1915), S. 457-480.

Fabri, Friedrich, *Fünf Jahre Deutscher Kolonialpolitik. Rück- und Ausblicke*, Gotha: Perthes, 1889.

Franke, Otto, *Deutschland und China vor, in und nach dem Kriege*, Hamburg: Friederichsen, 1915.

――――, *Erinnerungen aus zwei Welten*, Berlin: Walter de Gruyter, 1954.

――――, *Geistige Strömungen im heutigen China*, Berlin: Reimer, 1904.

――――, *Ostasiatische Neubildungen. Beiträge zum Verständnis der politischen und kulturellen Entwicklungs-Vorgänge im Fernen Osten*, Hamburg: C. Boysen, 1911.

――――, *Was lehrt uns die ostasiatische Geschichte der letzten fünfzig Jahre?* Berlin: Reimer, 1905.

Franzius, Georg, *Kiautschou. Deutschlands Erwerbung in Ostasien*, Berlin: Schall & Grund, 1898.

Hoffmann, Hermann von, *Deutsches Kolonialrecht*, Leipzig: Göschen, 1907.

Knappe, Wilhelm, *Deutsche Kulturbestrebungen in China*, Berlin: Paetel, 1906.

Köbner, Otto, Die Organisation der Rechtspflege in den Kolonien, in: *Verhandlungen des Deutschen Kolonialkongresses 1902 zu Berlin*, Berlin: Reimer, 1903, S. 331-366.

――――, Die Reform des Kolonialrechts, in: *Verhandlungen des Deutschen Kolonialkongresses 1910 zu Berlin*, Berlin: Reimer, 1910, S. 386-414.

――――, *Einführung in die Kolonialpolitik*, Jena: Fischer, 1908.［塩澤昌貞『植民政策』大日本文明協会，1913 年］

Kropff, Hans von, Anti-deutsche Strömungen in Schatung, in: *Zeitschrift für Kolonialpolitik, Kolonialrecht und Kolonialwirtschaft*, 10 (1908), S. 951-956.

Lenz, Friedrich/Erwin Wiskemann (Hrsg.), *Friedrich List. Die politisch-ökonomische Nationaleinheit der Deutschen. Aufsätze aus dem Zollvereinblatt und andere Schriften der Spätzeit*, Berlin: Reimer Hobbing, 1931.

Meinecke, Gustav, Die Reichsregierung und die Kolonialpolitik, in: *Koloniales Jahrbuch*, 2 (1889/1890), S. 149-161.

Menge, August, Kiautschou, in: *Preußische Jahrbücher*, 11 (1907), S. 278-299.

Michaelis, Georg, *Was ist Kiautschou wert?* Berlin: Reimer, 1898.

Mohr, Friedrich Wilhelm (Hrsg.), *Handbuch für das Schutzgebiet Kiautschou*, Tsingtau: Schmidt, 1911.

Mootz, Heinrich, *Die Namen der Orte in Deutsch-Schantung*, Tsingtau: Missionsdr., 1901.

Ohlmer, Erich, *Stand und Aufgabe der deutschen Industrie in Ostasien. Ein Weck- und Mahnruf an dieselbe*, Hildesheim: Lax, 1907.

Preuss, Max, Die Rechtspflege in gemischten Angelegenheiten, in: *Verhandlungen des Deutschen Kolonialkongresses 1905 zu Berlin*, Berlin: Reimer, 1905, S. 381-400.

Reventlow, Ernst Graf zu, Kiautschou, in: *Die Zukunft*, 49 (7. 9. 1907), S. 377-378.
―――, Sollen wir Kiautschou aufgeben? in: *Die Zukunft*, 44 (3. 8. 1907), S. 171-179.
Richthofen, Ferdinand Freiherr von, *Kiautschou. Seine Weltstellung und voraussichtliche Bedeutung*, Berlin: Stilke, 1897.
Rohrbach, Paul, *Der deutsche Gedanke in der Welt*, Düsseldorf: Langewiesche, 1912.
―――, Deutsch-chinesische Studien, in: *Preußische Jahrbücher*, 133 (1908), S. 420-435; 134 (1909), S. 1-26, S. 227-255, S. 467-521.
―――, *Deutsche Kolonialwirtschaft, Kulturpolitische Grudgesätze für die Rassen- und Missionsfragen*, Berlin: Hilfe, 1909.
―――, *Deutschland in China voran!*, Berlin: Protestantischer Schriftenvertrieb, 1912.
――― (Hrsg.), *Deutsche Kulturaufgaben in China. Beiträge zur Erkenntnis nationaler Verantwortlichkeit*, Berlin: Hilfe, 1910.
―――, *Die Kolonie*, Frankfurt a. M.: Rütten & Loening, 1907.
―――, Vom neuesten China, in: *Preußische Jahrbücher*, 147 (1912), S. 213-246.
Roscher, Wilhelm/Robert Jannasch, *Kolonien, Kolonialpolitik und Auswanderung, Dritte verbesserte, vermehrte und zum Theil ganz neu bearbeitete Auflage von Roscher's Kolonien*, Leipzig: Winter, 1885 (1. Aufl. 1848).
Schäffle, Kolonisation und Kolonialpolitik, in: *Deutsches Staats-Wörterbuch*, Bd. 5, Stuttgart; Leipzig: Expedition des Staats-Wörterbuchs, 1860, S. 626-647.
Schnee, Heinrich (Hrsg.), *Deutsches Kolonial-Lexikon*, Bd. 3, Leipzig: Quelle & Meyer, 1920.
Schneider, Kolonien, Kolonialpolitik, in: *Staatslexikon*, 2. Auflage, Bd. 3, Freiburg i. B.: Herdersche Verlagshandlung, 1902, S. 618-651.
Schrameier, Wilhelm, *Aus Kiautschous Verwaltung. Die Land-, Steuer- und Zollpolitik des Kiautschougebietes*, Jena: G. Fischer, 1914.
―――, *Die Grundlagen der wirtschaftlichen Entwicklung in Kiautschou*, Berlin: Reimer, 1903.
―――, Die Landpolitik im Kiautschougebiete, in: *Jahrbuch der Bodenreform*, 7 (1911), S. 1-62.
―――, *Kiautschou. Seine Entwicklung und Bedeutung. Ein Rückblick*, Berlin: Curtius, 1915.
―――, Wie die Landordnung von Kiautschou entstand? in: *Soziale Streitfragen. Beiträge zu den Kämpfen der Gegenwart*, 14 (1903), S. 1-24.
Schreiber, Die rechtliche Stellung der Bewohner der deutschen Schutzgebiete, in: *Zeitschrift für Kolonialpolitik, Kolonialrecht und Kolonialwirtschaft*, 6:10, (1904), S. 760-775.
Tirpitz, Alfred von, *Erinnerungen*, Leipzig: Hafe & Koehler, 1919.

Uthemann, Walther, Wie begegnete das Schutzgebiet Kiautschou der andringenden Pestgefahr? Eine Schlußbetrachtung, in: *Archiv für Schiffs- und Tropen-Hygiene*, 16: 23 (1912), S. 789-807.
Verhandlungen des Deutschen Kolonialkongresses zu Berlin am 10. und 11. Oktober 1902, Berlin: Reimer, 1903.
Verhandlungen des Deutschen Kolonialkongresses zu Berlin am 5., 6. und 7. Oktober 1905, Berlin: Reimer, 1906.
Verhandlungen des Deutschen Kolonialkongresses zu Berlin am 6., 7. und 8. Oktober 1910, Berlin: Reimer, 1910.
Zorn, Die Grundlagen des deutschen Kolonialrechts, in: *Verhandlungen des Deutschen Kolonialkongresses 1902 zu Berlin*, Berlin: Reimer, 1903, S. 318-366.

中　文

『膠澳志』成文出版社，1968年（1928［民国17］年版の影印）．

日本文

［有賀長雄］「膠州湾の主権に関する国際法問題」『外交時報』第2号，1898年3月，47-49頁．
―――「清国に於ける列国租借地の戦時関係」『外交時報』第30号，1900年7月，187-196頁．
植田捷雄『支那租借地論』日光書院，1943年．
江木翼「独逸帝国保護領たる膠州湾領制度の一二を説き我が関東州に及ぶ」『国家学会雑誌』第20巻第12号，1906年，75-110頁．
―――『膠州湾論』読売新聞社，1907年．
高橋作衛「租借地の性質を論じて旅順陥落の効果に及ぶ」『国家学会雑誌』第19巻第3号，1905年，32-41頁
田原天南『膠州湾』満洲日日新聞社，1914年．
青島軍政署『山東之物産』第1編，1916年．
―――『山東研究史料』第1編，1917年．
青島守備軍民政部『山東ノ労働者』，1921年．
―――『山東之物産』第1・2編，1921-1922年．
青島守備軍参謀部『津浦鉄道カ山東ノ独逸商業ニ及ス影響』，1919年．
青島守備軍陸軍参謀部『英仏露国ノ山東苦力募集状況』，1918年．
東亜同文会調査編纂部『山東及膠州湾』博文館，1914年．
蜷川新「租借地上の権利と満洲問題」『外交時報』第66巻，1903年7月，92-93頁．
―――『膠州湾ノ占領ト樺太ノ占領』清水書店，1914年．
南満洲鉄道株式会社庶務部調査課編『大連付近諸港（営口，天津，芝罘，秦皇島，青島）背後地欧米向商品事情』，1929年．

研究書・論文
欧　文

Abelshauser, Werner, *Kulturkampf. Der deutsche Weg in die Neue Wirtschaft und die amerikanische Herausforderung*, Berlin: Kulturverlag Kadmos, 2003.［雨宮昭彦・浅田進史訳『経済文化の闘争――資本主義の多様性を考える』東京大学出版会，2009年］

Albertini, Rudolf von (Hrsg.), *Europäische Kolonialherrschaft 1880-1940*, 2. Aufl., Stuttgart: Steiner, 1985 (1. Aufl. 1976).

Asada, Shinji, Colonizing Kiaochow Bay: From the Perspective of German-Japanese Relations, in: Kudo Akira/Tajima Nobuo/Erich Pauer (eds.), *Japan and Germany: Two Latecomers to the World Stage, 1890-1945*, Vol. 1, Kent: Global Oriental, 2009, pp. 91-113.

Bade, Klaus J., Imperialismusforschung und Kolonialhistorie, in: *Geschichte und Gesellschaft*, 9 (1983), S. 138-150.

―――, *Friedrich Fabri und der Imperialismus in der Bismarckzeit. Revoltion―Depression―Expansion*, Stuttgart: Steiner, 1975.

Barth, Boris, *Die deutsche Hochfinanz und die Imperialismen. Banken und Außenpolitik vor 1914*, Stuttgart: Steiner, 1995.

Baumgart, Winfried, Die deutsche Kolonialherrschaft in Afrika. Neue Wege der Forschung, in: *Vierteljahrschrift für Sozial- und Wirtschaftsgeschichte*, 58 (1971), S. 468-481.

―――, Eine neue Imperialismustheorie? Bemerkungen zu dem Buche von Hans-Ulrich Wehler über Bismarcks Imperialismus, in: *Militärgeschichtliche Mitteilungen*, 10 (1971), S. 197-207.

Berghahn, Volker R./ Wilhelm Deist (Hrsg.), *Rüstung im Zeichen der wilhelminischen Weltpolitik. Grundlegende Dokumente, 1890-1914*, Düsseldorf: Droste, 1988.

Beßlich, Barbar, *Wege in den ›Kulturkrieg‹. Zivilisationskritik in Deutschland 1890-1914*, Darmstadt: Wissenschaftliche Buchgesellschaft, 2000.

Biener, Annette S., *Das deutsche Pachtgebiet Tsingtau in Schantung, 1897-1914. Institutioneller Wandel durch Kolonialisierung*, Bonn: Selbstverlag v. W. Matzat, 2001.

Bruch, Rüdiger vom, Kulturimperialismus und Kulturwissenschaften, in: *Berichte zur Wissenschaftsgeschichte*, 13 (1990), S. 83-92.

Budde, Gunilla/Sebastian Conrad/Oliver Janz (Hrsg.), *Transnationale Geschichte. Themen, Tendenzen und Theorien*, Göttingen: Vandenhoeck & Ruprecht, 2006.

Canis, Konrad, *Von Bismarck zur Weltpolitik. Deutsche Außenpolitik 1890 bis 1902*, Berlin: Akademie Verlag, 1997.

Conrad, Sebastian, Schlägt das *Empire* zurück? Postkoloniale Ansätze in der deutschen Geschichtsschreibung, in: *WerkstattGeschichte*, 30 (2001), S. 73-83.
―――, Doppelte Marginalisierung. Plädoyer für eine transnationale Perspektive auf die deutsche Geschichte, in: *Geschichte und Gesellschaft*, 28 (2000), S. 145-169.
―――/Jürgen Osterhammel (Hrsg.), *Das Kaiserreich transnational. Deutschland in der Welt 1871-1914*, Göttingen: Vandenhoeck & Ruprecht, 2004.
―――/Shalini Randeria (Hrsg.), *Jenseits des Eurozentrismus. Postkoloniale Perspektiven in den Geschichts- und Kulturwissenschaften*, Frankfurt a. M.: Campus, 2002.
Cooper, Frederick/Ann Laura Stoler (eds.), *Tensions of Empire. Colonial Cultures in a Bourgeois World*, Berkeley et al: University of California Press, 1997.
Deist, Wilhelm, *Flottenpolitik und Flottenpropaganda. Das Nachrichtenbureau des Reichsmarineamtes 1897-1914*, Stuttgart: Deutsche Verlags-Anstalt, 1976.
Eberstein, Bernd, *Der Ostasiatische Verein, 1900-2000*, Hamburg: Christians, 2000.
Eckart, Wolfgang Uwe, *Deutsche Ärzte in China 1897-1914. Medizin als Kulturmission im Zweiten Deutschen Kaiserreich*, Stuttgart: Fischer, 1989.
Fairbank, John K., The Creation of the Treaty System, in: John K. Fairbank (ed.), *The Cambridge History of China. Late Ch'ing, 1800-1911*, Vol. 10 Part 1, Cambridge: Cambridge University Press, 1978, pp. 213-263.
Feng, Djen Djang, *The Diplomatic Relations between China and Germany since 1898*, Shanghai: The Commercial Press, Ltd., orig. 1936: Taipei, rep. 1971.
Fischer, Hans-Jörg, *Die deutschen Kolonien. Die koloniale Rechtsordnung und ihre Entwicklung nach dem ersten Weltkrieg*, Berlin: Duncker & Humblot, 2001.
Geiss, Imanuel, Free Trade, Internationalization of the Congo Basin, and the Principle of Effective Occupation, in: Stig Förster/Wolfgang J. Mommsen/Ronald Robinson (eds.), *Bismarck, Europe, and Africa. The Berlin Africa Conference 1884-1885 and the Onset of Partition*, Oxford: Oxford University Press, 1988, pp. 263-280.
Gosewinkel, Dieter, *Einbürgern und Ausschließen. Die Nationalisierung der Staatsangehörigekeit vom Deutschen Bund bis zur Bundesrepublik Deutschland*, Göttingen: Vandenhoeck & Ruprecht, 2001.
Gründer, Horst, *Geschichte der deutschen Kolonien*, 4. Aufl., Paderborn: Schöningh, 2000 (1. Aufl. 1985).
Hallgarten, George W., War Bismarck ein Imperialist? Die Außenpolitik des Reichsgründers im Licht der Gegenwart, in: *Geschichte in Wissenschaft und Unterricht*, 22: 5 (1971), S. 257-265.
―――, Wehler, der Imperialismus, und ich. Eine geharnische Antwort, in: *Geschichte in Wissenschaft und Unterricht*, 23: 5 (1972), S. 296-303.

Hiery, Hermann J./Hans-Martin Hinz (Hrsg.), *Alltagsleben und Kulturaustausch. Deutsche und Chinesen in Tsingtau (1897-1914)*, Wolfratshausen: Edition Minerva, 1999.

Hou, Chi-ming, *Foreign Investment and Economic Development in China, 1840-1937*, Cambridge, Mass.: Harvard University Press, 1965.

Huang, Fu-teh, *Qingdao. Chinesen unter deutscher Herrschaft 1897-1914*, Bochum: Projekt-Verlag, 1999.

Huang, Yi, *Der deutsche Einfluß auf die Entwicklung des chinesischen Bildungswesens von 1871 bis 1918. Studien zu den kulturellen Aspekten der deutsch-chinesischen Beziehungen in der Ära des Deutschen Kaiserreichs*, Frankfurt a. M.: Lang, 1995.

Hull, Isabel, „Persöhnliches Regiment", in: John C. G. Röhl (Hrsg.), *Der Ort Kaiser Wilhelm II. in der deutschen Geschichte*, München: Oldenbourg, 1991, S. 3-23.

Jaeger, Hans, *Geschichte der Wirtschaftsordnung in Deutschland*, Frankfurt a. M.: Suhrkamp, 1988.

Kim, Chun-Shik, *Deutscher Kulturimperialismus in China. Deutsches Kolonialschulwesen in Kiautschou (China) 1898-1914*, Stuttgart: Steiner, 2004.

Klein, Thoralf, Rasse—Kultur—soziale Stellung. Konzeptionen des „Eingeborenen" und koloniale Segregation in Kiautschou, in: Frank Becker (Hrsg:), *Rassenmischehen—Mischlinge—Rassentrennung. Zur Politik der Rasse im deutschen Kolonialreich*, Stuttgart: Steiner, 2004, S. 304-328.

Kloosterhuis, Jürgen, Deutsche Auswärtige Kulturpolitik und ihre Trägergruppen vor dem Ersten Weltkrieg, in: Kurt Düwell/Werner Link (Hrsg.), *Deutsche Auswärtige Kulturpolitik seit 1871*, Köln: Böhlau, 1981, S. 7-35.

―――, *„Friedliche Imperialisten". Deutsche Auslandsvereine und auswärtige Kulturpolitik, 1906-1918*, Frankfurt a. M.: Lang, 1994.

Kratoska, Paul H, Singapore, Hong Kong and the End of Empire, in: *International Journal of Asian Studies*, 3: 1 (2006), pp. 1-19.

Kuo, Heng-yü (Hrsg.), *Von der Kolonialpolitik zur Kooperation. Studien zur Geschichte der deutsch-chinesischen Beziehungen*, München: Minerva, 1986.

―――/Mechthild Leutner (Hrsg.), *Deutsch-chinesische Beziehungen vom 19. Jahrhundert bis zur Gegenwart. Beiträge des Internationalen Symposiums in Berlin*, München: Minerva, 1991.

―――/Mechthild Leutner (Hrsg.), *Deutschland und China. Beiträge des Zweiten Internationalen Symposiums zur Geschichte der deutsch-chinesischen Beziehungen Berlin 1991*, München: Minerva 1994.

Kuß, Susanne, Kriegführung ohne hemmende Kulturschranke: Die deutschen Kolonialkriege in Südwestafrika (1904-1907) und Ostafrika (1905-1908), in: Thoralf Klein/Frank Schumacher (Hrsg.), *Kolonialkriege. Militärische Gewalt im Zei-*

chen des Imperialismus, Hamburg: Hamburger Edition, 2006, S. 208-247.
Leutner, Mechthild/Klaus Mühlhahn, Die „Musterkolonie". Die Perzeption des Schutzgebietes Jiaozhou in Deutschland, in: Kuo Heng-yü/ Leutner, Mechthild (Hrsg.), *Deutschland und China. Beiträge des Zweiten Internationalen Symposiums zur Geschichte der deutsch-chinesischen Beziehungen, Berlin 1991*, München: Minerva, 1994, S. 399-423.
Leutner, Mechthild, Sinologe in Berlin. Die Durchsetzung einer wissenschaftlichen Disziplin zur Erschließung und zum Verständnis Chinas, in: Kuo Heng-yü (Hrsg.), *Berlin und China. Dreihundert Jahre wechselvolle Beziehungen*, Berlin: Colloquium, 1987, S. 31-55.
Martin, Bernd, Die preußische Ostasienexpedition in China. Zur Vorgeschichte der Freundschafts-, Handels- und Schiffahrts-Vertrages vom 2. September 1861, in: Kuo Heng-yü/Mechthild Leutner (Hrsg.), *Deutsch-chinesische Beziehungen vom 19. Jahrhundert bis zur Gegenwart. Beiträge des Internationalen Symposiums in Berlin*, München: Minerva, 1991, S. 209-240.
――――, "Gouvernement Jiaozhou". Forschungsstand und Archivbestände zum deutschen Pachtgebiet Qingdao (Tsingtau) 1897-1914, in: Kuo Heng-yü/Mechthild Leutner (Hrsg.), *Deutschland und China. Beiträge des Zweiten Internationalen Symposiums zur Geschichte der deutsch-chinesischen Beziehungen, Berlin 1991*, München: Minerva, 1994, S. 375-398.
Matzat, Wilhelm, *Neue Materialien zu den Aktivitäten des Chinesenkommissars Wilhelm Schramier in Tsingtau. Zum 100jährigen Jubiläum der Tsingtauer Land- und Steuerordnung am 2. 9. 1898*, Bonn: Selbstverlag v. W. Matzat, 1998.
Mogk, Walter, *Paul Rohrbach und das „Größere Deutschland". Ethischer Imperialismus im Wilhelminischen Zeitalter. Ein Beitrag zur Geschichte des Kulturprotestantismus*, München: Goldmann, 1972.
Mommsen, Wolfgang J., *Imperialismustheorien. Ein Überblick über die neueren Imperialismusinterpretationen*, 3., erw. Aufl., Göttingen: Vandenhoeck & Ruprecht, 1987.
Mühlhahn, Klaus, *Herrschaft und Widerstand in der „Musterkolonie" Kiautschou. Interaktionen zwischen China und Deutschland, 1897-1914*, München: Oldenbourg, 2000.
Naranch, Bradley D., "Colonized Body", "Oriental Machine". Debating Race, Railroads, and the Politics of Reconstruction in Germany and East Africa, 1906-1910, in: *Central European History*, 33: 3 (2001), pp. 299-338.
Osterhammel, Jürgen, *Kolonialismus. Geschichte―Formen―Folgen*, München: Beck, 1995.
――――, Transnationale Gesellschaftsgeschichte. Erweiterung oder Alternative?, in: *Geschichte und Gesellschaft*, 27 (2001), S. 464-479.

―――― /Niels P. Petersson, *Geschichte der Globalisierung. Dimensionen―Prozesse ―Epochen*, München: Beck, 2003.

―――― /Sebastain Conrad, Einleitung, in: Sebastian Conrad/Jürgen Osterhammel (Hrsg.), *Das Kaiserreich transnational. Deutschland in der Welt 1871-1914*, Göttingen: Vandenhoeck & Ruprecht, 2004, S. 8-27.

Patel, Kiran Klaus, Transatlantische Perspektiven transnationaler Geschichte, in: *Geschichte und Gesellschaft*, 29 (2003), S. 625-647.

――――, Überlegungen zu einer transnationalen Geschichte, in: *Zeitschrift für Geschichtswissenschaft*, 52 (2004), S. 626-645.

Prakash, Gyan, Subaltern Studies as Postcolonial Criticism, in: *American Historical Review*, 99: 5 (1994), pp. 1475-1490.

Ratenhof, Udo, *Die Chinapolitik des Deutschen Reiches 1871 bis 1945. Wirtschaft― Rüstung―Militär*, Boppard am Rhein: Boldt, 1987.

Reinbothe, Roswitha, *Kulturexport und Wirtschaftsmacht. Deutsche Schulen in China vor dem Ersten Weltkrieg*, Frankfurt a. M.: Verlag für Interkulturelle Kommunikation, 1992.

Reinhard, Wolfgang, „Sozialimperialismus" oder „Entkolonialisierung der Historie"? Kolonialkrise und „Hottentottenwahlen" 1904-1907, in: *Historisches Jahrbuch*, 97/98 (1978), S. 384-417.

Reynolds, Douglas R., *China, 1898-1912. The Xinzheng Revolution and Japan*, Cambridge, Mass.: Harvard University Press, 1993.

Röhl, John C. G. (Hrsg.), *Der Ort Kaiser Wilhelm II. in der deutschen Geschichte*, München: Oldenbourg, 1991.

Schinzinger, Francesca, *Die Kolonien und das Deutsche Reich. Die wirtschaftliche Bedeutung der deutschen Besitzungen in Übersee*, Stuttgart: Steiner, 1984.

Schmidt, Vera, *Die deutsche Eisenbahnpolitik in Shantung 1898-1914. Ein Beitrag zur Geschichte des deutschen Imperialismus*, Wiesbaden: Otto Harrassowitz, 1976.

Schrecker, John E., *Imperialism and Chinese Nationalism. Germany in Shantung*, Cambridge, Mass.: Harvard University Press, 1971.

Schulte-Althoff, Franz-Josef, Koloniale Krise und Reformprojekte. Zur Diskussion über eine Kurskorrektur in der deutschen Kolonialpolitik nach der Jahrhundertwende, in: Heinz Dollinger/Horst Gründer/Alwin Hanschmidt (Hrsg.), *Weltpolitik, Europagedanke, Regionalismus. Festschrift für Heinz Gollwitzer zum 65. Geburtstag am 30. Januar 1982*, Münster/Westf.: Aschendorff, 1982, S. 407-425.

――――, Koloniale Reformpolitik und Partikularinteressen. Zur Diskussion über die Rolle der Inder in Deutsch-Ostafrika, in: *Saeculum*, 32 (1981), S. 146-171.

――――, Rassenmischung im Kolonialen System. Zur deutschen Kolonialpolitik im letzten Jahrzehnt vor dem Ersten Weltkrieg, in: *Historisches Jahrbuch*, 105

(1985), S. 52-94.
Seelemann, Dirk A., *The Social and Economic Development of the Kiautschou Leasehold (Shantung, China) under German Administration, 1897-1914*, Toronto 1982. Diss. Phil., University of Toronto.
Speitkamp, Winfried, *Deutsche Kolonialgeschichte*, Stuttgart: Reclam, 2005.
Stichler, Hans Christian, *Das Gouvernement Jiaozhou und die deutsche Kolonialpolitik in Shandong 1897-1909. Ein Beitrag zur Geschichte der deutsch-chinesishen Beziehungen*, Berlin 1989. Diss. Phil., Humboldt Universität zu Berlin.
Stichler, Hans-Christian, Die Orte Gaomi und Jiaozhou während der deutschen Kolonialherrschaft in China. Über einen wichtigen Abschnitt der Geschichte imperialistischer deutscher Chinapolitik Anfang des 20. Jahrhunderts, in: *Wissenschaftliche Zeitschrift der Humboldt-Universität zu Berlin. Gesellschaftswissenschaftliche Reihe*, 37: 2 (1988), S. 109-120.
Stoecker, Helmuth, *Deutschland und China im 19. Jahrhundert. Das Eindringen des deutschen Kapitalismus*, Berlin: Rütten & Loening, 1958.
―――, Preußisch-deutsche Chinapolitik in den 1860/70er Jahren, in: Hans-Ulrich Wehler (Hrsg.), *Imperialismus*, 3. Aufl., Köln: Kiepenheuer & Witsch, 1976 (1. Aufl. 1969), S. 243-258.
Stoler, Ann Laura/Frederick Cooper, Between Metropole and Colony. Rethinking a Research Agenda, in: Frederick Cooper/Ann Laura Stoler (eds.), *Tenstions of Empire. Colonial Cultures in a Bourgeois World*, Berkeley: California Press, 1997, pp. 1-56.
Torp, Cornelius, *Die Herausforderung der Globalisierung. Wirtschaft und Politik in Deutschland 1860-1914*, Göttingen: Vandenhoeck & Ruprecht, 2005.
―――, Weltwirtschaft vor dem Weltkrieg. Die erste Welle ökonomischer Globalisierung vor 1914, in: *Historische Zeitschrift*, 279 (2004), S. 561-609.
Ullmann, Hans-Peter, *Das Deutsche Kaiserreich 1871-1918*, Frankfurt am Main: Suhrkamp, 1995.
Wehler, Hans-Ulrich, *Bismarck und der Imperialismus*, 4. Aufl., München: Deutscher Taschenbuch Verlag, 1976.
―――, *Das Deutsche Kaiserreich 1871-1918*, 7. Aufl., Göttingen: Vandenhoeck & Ruprecht, 1994 (1. Aufl. 1973).［大野英二・肥前榮一訳『ドイツ帝国 1871-1918 年』未来社，1983 年］
―――, *Deutsche Gesellschaftsgeschichte. Von der „Deutschen Doppelrevolution" bis zum Beginn des Ersten Weltkrieges 1849-1914*, Bd. 3, München: Beck, 1995.
―――, Sozialimperialismus, in: Wehler (Hrsg.), *Imperialismus*, 3. Aufl., Köln: Kiepenheuer & Witsch, 1976 (1. Aufl. 1969), S. 83-96.
―――(Hrsg.), *Imperialismus*, 3. Aufl., Köln: Kiepenheuer & Witsch, 1976 (1. Aufl. 1969).

Werner, Michael/Bénédicte Zimmermann, Vergleich, Transfer, Verflechtung. Der Ansatz der Histoire croisée und die Herausforderung des Transnationalen, in: *Geschichte und Gesellschaft*, 28 (2002), S. 607-636.

Wippich, Rolf-Harald, *Japan und die deutsche Fernostpolitik 1894-1898. Vom Ausbruch des Chinesisch-Japanischen Krieges bis zur Besetzung der Kiautschou-Bucht: Ein Beitrag zur wilhelminischen Weltpolitik*, Stuttgart: Steiner, 1987.

中文（刊行年順）

張玉法『中国現代化的区域研究——山東省（1860-1916）』中央研究院近代史研究所，1982年.

胡汝本・寿楊賓・秦治新・遅守衛編『帝国主義与青島港』山東人民出版社，1983年.

寿楊賓編『青島海港史（近代部分）』人民交通出版社，1986年.

王守中『徳国侵略山東史』人民出版社，1988年.

安作璋主編『山東通史』山東人民出版社，1994年.

呂明灼「徳占膠澳対近代中国的双重影響」『文史哲』第1期，1999年.

庄維民『近代山東市場経済的変遷』中華書局，2000年.

陸安『青島近現代史』青島出版社，2001年.

黄尊厳『日本与山東問題 1914-1923』齊魯書社，2004年.

庄維民・劉大可『日本工商資本与近代山東』社会科学文献出版社，2005年.

任銀睦『青島早期城市現代化研究』生活・読書・新知三聯書店，2007年.

朱建君「試析徳占膠澳的称謂与地位」孫立新・呂一旭編『殖民主義与中国近代社会——国際学術会議論文集』人民出版社，2009年，366-387頁.

日本文

浅田進史「第一次世界大戦以前のドイツの対中国文化政策論——オットー・フランケとパウル・ローアバッハの論理を中心に」山田賢編『中華世界と流動する「民族」』（千葉大学大学院社会文化科学研究科研究プロジェクト報告書第37集），2003年3月，67-83頁.

——「書評 Jürgen Osterhammel, Geschichte der Globalisierung. Dimensionen, Prozesse, Epochen」『公共研究』第1巻第1号，2004年12月，128-137頁.

——「膠州湾租借地における『中国人』（1897-1914）——ドイツ植民地法と植民地政策の関連から」『歴史学研究』第797号，2005年1月，1-17頁，64頁.

——「植民地支配と自由貿易——ドイツ統治下の膠州湾租借地における自由港制度とその改廃（1897-1905）」歴史学研究会編『帝国への新たな視座——歴史研究の地平から』青木書店，2005年，145-177頁.

——「ベルリンのドイツ連邦文書館所蔵の中国関係資料——『中国駐在ドイツ大使館 Deutsche Botschaft in China』史料（1920年まで）について」『近現代東北アジア地域史研究会ニューズレター』第17号，2005年12月，19-33頁.

——「膠州湾租借地におけるドイツ植民地政策と近代化（1897-1914）——膠州

領総督府の経済政策を中心に」本庄比佐子編『日本の青島占領と山東の社会経済——1914-22年』東洋文庫，2006年，27-54頁．
――――「ドイツの進出と青島の形成（1897-1903年）」歴史学研究会編『世界史史料 9 帝国主義と各地の抵抗 II』岩波書店，2008年，138-139頁．
――――「植民地支配移行期における青島の工業化と貿易構造——日本勢力圏・東アジア経済・世界経済のはざまで」『三田学会雑誌』第101巻第1号，2008年4月，89-105頁．
――――「利益独占と『門戸開放』——ドイツ山東鉄道事業をめぐる秩序形成」左近幸村編『近代東北アジアの誕生——跨境史への試み』北海道大学出版会，2008年，179-209頁．
――――「義和団戦争におけるドイツ軍の『懲罰遠征』——山東省高密県の事例から」『季刊戦争責任研究』第63号，2009年3月，29-37頁，96頁．
荒武達朗『近代満洲の開発と移民——渤海を渡った人びと』汲古書院，2008年．
飯島渉『ペストと近代中国——衛生の「制度化」と社会変容』研文出版，2000年．
飯田芳弘『指導者なきドイツ帝国——ヴィルヘルム期ライヒ政治の変容と隘路』東京大学出版会，1999年．
石田勇治「ヴァイマル初期の戦争責任問題——ドイツ外務省の対応を中心に」『国際政治』第96号，1991年3月，51-68頁．
板垣雄三「世界分割と植民地支配」『岩波講座世界歴史 22 帝国主義時代 I』岩波書店，1969年，135-152頁．
板垣竜太「〈植民地近代〉をめぐって——朝鮮史研究における現状と課題」『歴史評論』第654号，2004年，35-45頁．
上野聖薫「オイレンブルク使節団との条約締結交渉からみた清朝外交」『現代中国研究』第24号，2009年3月，48-61頁．
岡部牧夫「『大豆経済』の形成と衰退——大豆をとおして見た満鉄」同編『南満洲鉄道会社の研究』日本経済評論社，2008年，27-89頁．
岡本隆司『近代中国と海関』名古屋大学出版会，1999年．
――――・川島真編『中国近代外交の胎動』東京大学出版会，2009年．
小熊英二『〈日本人〉の境界——沖縄・アイヌ・台湾・朝鮮 植民地支配から復帰運動まで』新曜社，1998年．
籠谷直人「大英帝国『自由貿易原則』とアジア・ネットワーク」山本有造編『帝国の研究——原理・類型・関係』名古屋大学出版会，2003年，291-321頁．
桂川光正「日本軍政と青島——一九一四〜二二年」千田稔・宇野隆夫編『東アジアと「半島空間」——山東半島と遼東半島』思文閣出版，2003年，239-256頁．
可児弘明『近代中国の苦力と「豬花」』岩波書店，1979年．
川島真『中国近代外交の形成』名古屋大学出版会，2004年．
――――「領域と記憶——租界・租借地・勢力範囲をめぐる言説と制度」貴志俊彦・谷垣真理子・深町英夫編『模索する近代日中関係——対話と競存の時代』東京大学出版会，2009年，159-183頁．

北川勝彦・平田雅博編『帝国意識の解剖学』世界思想社，1999年．
木谷勤『ドイツ第二帝制史研究——「上からの革命」から帝国主義へ』青木書店，1977年．
木畑洋一「松村高夫氏の書評に応えて」『社会経済史学』第66巻第6号，2001年3月，114-115頁．
——「帝国主義と世界システム」歴史学研究会編『現代歴史学の成果と課題 1980-2000年 Ⅰ 歴史学における方法的転回』青木書店，2002年12月，56-71頁．
——編『大英帝国と帝国意識——支配の深層を探る』ミネルヴァ書房，1998年．
久保亨『戦間期中国の綿業と企業経営』汲古書院，2005年．
——「近代山東経済とドイツ及び日本」本庄比佐子編『日本の青島占領と山東の社会経済——1914-22年』東洋文庫，2006年，55-81頁．
熊谷一男『ドイツ帝国主義論』未来社，1973年．
熊野直樹「バター・マーガリン・満州大豆——世界大恐慌期におけるドイツ通商政策の史的展開」熊野直樹・柴尾健一・山田良介・中島琢磨・北村厚・金哲『政治史への問い／政治史からの問い』法律文化社，2009年，147-174頁．
栗田尚弥「引き裂かれたアイデンティティ——東亜同文書院の精神史的考察」ピーター・ドウス／小林英夫編『帝国という幻想——「大東亜共栄圏」の思想と現実』青木書店，1998年，95-119頁．
黒田明伸『中華帝国の構造と世界経済』名古屋大学出版会，1994年．
——「『周辺』からみた国際金本位制の特質——中国貿易を比較基準として」中村哲編『東アジア資本主義の形成——比較史の視点から』青木書店，1994年．
コーエン，ポール・A（佐藤慎一訳）『知の帝国主義——オリエンタリズムと中国像』平凡社，1988年（Paul A. Cohen, *Discovering History in China*, New York: Columbia University Press, 1984）．
駒込武「「帝国史」研究の射程」『日本史研究』第452号，2000年4月，224-231頁．
斎藤聖二『日独青島戦争』ゆまに書房，2001年．
佐々木揚「1897年のドイツの膠州湾占領（1）（2）」『近代中国』第18巻，1986年，60-100頁，第19巻，1987年，106-156頁．
佐藤公彦『義和団の起源とその運動——中国民衆ナショナリズムの誕生』研文出版，1999年．
杉原薫『アジア間貿易の形成と構造』ミネルヴァ書房，1996年．
——「近代国際経済秩序の形成と展開——帝国・帝国主義・構造的権力」山本有造編『帝国の研究——原理・類型・関係』名古屋大学出版会，2003年，129-185頁．
鈴木楠緒子「オイレンブルク使節団とプロイセン自由主義者——小ドイツ主義的統一国家建設との関連で」『史学雑誌』第112編第1号，2003年1月，75-98頁．
曽田三郎「清末における『商戦』論の展開と商務局の設置」『アジア研究』第38巻第1号，1991年，47-78頁．

戴国煇「日本の植民地支配と台湾籍民」『日本近現代史研究』第3号，1981年1月，105-146頁.

高綱博文「黎明期の青島労働運動——一九二五年の青島在華紡争議について」『東洋史研究』第42巻第2号，1983年9月，61-92頁.

翟新『東亜同文会と中国——近代日本における対外理念とその実践』慶應義塾大学出版会，2001年.

戸邉秀明「ポストコロニアリズムと帝国史研究」日本植民地研究会編『日本植民地研究の現状と課題』アテネ社，2008年，55-88頁.

富永智津子・永原陽子「ドイツ植民地」西川正雄『ドイツ史研究入門』東京大学出版会，1984年，259-271頁.

永原陽子「ドイツ帝国主義と植民地支配——『デルンブルク時代』の植民地政策」『歴史学研究』第496号，1981年9月，19-35頁.

―――「書評北川勝彦・平田雅博編『帝国意識の解剖学』」『歴史学研究』第744号，2000年12月，30-33頁.

―――「『人種戦争』と『人種の純粋性』をめぐる攻防」歴史学研究会編『帝国への新たな視座——歴史研究の地平から』青木書店，2005年，323-370頁.

西川正雄『現代史の読みかた』平凡社，1997年.

西村成雄編『現代中国の構造変動　3　ナショナリズム——歴史からの接近』東京大学出版会，2000年.

浜下武志『中国近代経済史研究——清末海関財政と開港場市場圏』汲古書院，1989年.

―――『近代中国の国際的契機——朝貢貿易システムと近代アジア』東京大学出版会，1990年.

―――『朝貢システムと近代アジア』岩波書店，1997年.

春見濤子「帝国主義成立期におけるドイツ貿易と世界市場——19世紀末より20世紀初頭に至るドイツ貿易構造分析」『西洋史研究』新輯第7号，1978年，1-48頁.

春山明哲「明治憲法体制と台湾統治」『岩波講座近代日本と植民地　4　統合と支配の論理』岩波書店，1993年3月，31-51頁.

坂野正高『近代中国政治外交史——ヴァスコ・ダ・ガマから五四運動まで』東京大学出版会，1989年第3刷.

平田雅博『イギリス帝国と世界システム』晃洋書房，2000年.

藤瀬浩司『資本主義世界の成立』ミネルヴァ書房，1980年.

古田元夫「地域区分論——つくられる地域，こわされる地域」『岩波講座世界歴史　1　世界史へのアプローチ』岩波書店，1998年，37-53頁.

本庄比佐子「膠州湾租借地内外における日本の占領統治」同編『日本の青島占領と山東の社会経済——1914-22年』東洋文庫，2006年，1-26頁.

松浦章「清代における山東・盛京間の海上交通について」『東方学』第70輯，1985年7月，91-104頁.

松村高夫「書評木畑洋一編『大英帝国と帝国意識』」『社会経済史学』第66巻第2号，

2000年7月, 106-107頁.
松本武祝「"朝鮮における「植民地的近代」"に関する近年の研究動向——論点の整理と再構成の試み」『アジア経済』第43巻第9号, 2002年9月, 31-45頁.
本野英一『伝統中国商業秩序の崩壊——不平等条約体制と「英語を話す中国人」』名古屋大学出版会, 2004年.
森田桐郎編著『世界経済論——《世界システム》アプローチ』ミネルヴァ書房, 1995年.
森紀子「山東開港と土産交易の変貌」森時彦編『20世紀中国の社会システム』(京都大学人文科学研究所附属現代中国研究センター研究報告), 京都大学人文科学研究所, 2009年, 497-515頁.
柳沢遊「1920年代前半期の青島居留民商工業」『産業経済研究〈久留米大学〉』第25巻第4号 1985年, 111-152頁.
――――「1910年代日本人貿易商人の青島進出」『産業経済研究〈久留米大学〉』第27巻第1号, 1986年, 203-239頁.
――――「帝国主義と在外居留民——『帝国意識』とその社会的基盤」『現代思想』第29巻第8号, 2001年7月, 152-162頁.
吉澤誠一郎『愛国主義の創成——ナショナリズムから近代中国をみる』岩波書店, 2003年.
吉田建一郎「占領期前後における山東タマゴの対外輸出」本庄比佐子編『日本の青島占領と山東の社会経済——1914-22年』東洋文庫, 2006年, 297-324頁.
欒玉璽『青島の都市形成史：1897-1945——市場経済の形成と展開』思文閣出版, 2009年.
劉大可(吉田建一郎訳)「占領期における日系工業資本」本庄比佐子編『日本の青島占領と山東の社会経済——1914-22年』東洋文庫, 2006年, 155-180頁.
若林正丈・谷垣真理子・田中恭子編『原典中国現代史 7 台湾・香港・華僑華人』岩波書店, 1995年.

人名索引

＊中国人名は日本語読みで配列した．

ア 行

アーベルスハウザー（Abelshauser, W.） 184
アーレント（Arendt, H.） 20
アウグステーゼン（Augustesen, H.） 165
有賀長雄 44
飯島渉 177
ヴァーグナー（Wagner, W.） 212
ヴィルツ（Wirtz, H.） 212
ヴィルヘルム（Wilhelm, R.） 212
ヴィルヘルム2世（Wilhelm II） 1, 14-15, 35, 37, 40-41, 43, 45, 51, 89
ウーテマン（Uthemann, W.） 178-179
ヴェーラー（Wehler, H.-U.） 3, 5, 10, 25, 184
ウォーラーステイン（Wallerstein, I.） 6
江木翼 44
エルツベルガー（Erzberger, M.） 158
オイレンブルク（Eulenburg, F. z.） 33
王守中 19, 26, 220
翁同龢 50-52
オースタハンメル（Osterhammel, J.） 7
オールマー（Ohlmer, E.） 73, 82-85, 117, 123

カ 行

カイパー（Keiper, G.） 212
籠谷直人 23, 187
カプリーヴィ（Caprivi, G. L. v.） 24, 65
神尾光臣 217
川島真 44
木畑洋一 8
ギュンター（Günther, O.） 167
恭親王 184
許景澄 68
グヴィナー（Gwinner, A. v.） 212
クナッペ（Knappe, W.） 111, 113, 199
クノル（Knorr, E. v.） 37
久保亨 13, 132, 174
熊谷一男 4
グラール（Grahl, G. d.） 212
クルーゼン（Crusen, G.） 104, 212
グルーベ（Grube, F. W.） 32
ゲッケ（Goecke） 165, 168
ケプナー（Köbner, O.） 22, 96-97
ゴーゼヴィンケル（Gosewinkel, D.） 95-96
胡規臣 174
胡建樞 184
古成章 174
胡廷幹 160
ゴルツ（Goltz, C. v. d.） 200, 213
コンラート（Conrad, S.） 5

サ 行

斉藤聖二 217
朱衣繡 57
周学熙 132
周馥 54, 109-110, 184
朱子興 174
シュテッカー（Stoecker, H.） 3
シュテューベル（Stübel, O.） 59, 71-73, 82, 107, 162
シュテンツ（Stenz, G.） 52
シュミット（Schmidt, C.） 172
シュラマイアー（Schrameier, W.） 57, 59, 66, 107, 162, 165, 168, 175-176
シュレッカー（Schrecker, J. E.） 18, 26, 203, 220
章高元 41, 68
杉原薫 10

タ 行

高橋作衛 44
張蔭桓 50-52
張之洞 34, 40
張人駿 184
ツァイエ（Zeye） 56-59
ツォルン（Zorn, P.） 92
ディーデリヒス（Diederichs, O. v.） 15, 40-41, 56-57, 59

丁敬臣　174
ティルピッツ（Tirpitz, A. v.）　15, 22, 37-39, 41, 73, 83, 117, 173, 221
デトリング（Detring, G.）　37
デリウス（Delius）　84
トルッペル（Truppel, O. v.）　54, 109, 165-166, 168, 170, 172-173, 179, 181, 200, 213
トルプ（Torp, C.）　6

　ナ　行

永原陽子　8, 157
ニース（Nies, F. X.）　40
蜷川新　44

　ハ　行

パーシェ（Paasche, H.）　212
バーデ（Bade, K.）　4
ハート（Hart, R.）　73, 123
ハイキング（Heyking, E.）　40, 49-54, 61, 73
ハインリヒ（Heinrich, A. W.）　213
ハス（Hass, M.）　212
浜下武志　10, 12
バリン（Ballin, A.）　212
バルト（Barth, T.）　64
萬本華　52
ビスマルク（Bismarck, O. v.）　34-35, 90
ビューロ（Bülow, B. v.）　24, 64-65, 73, 112
ヒルデブラント（Hildebrand, H.）　35
ヒルファーデング（Hilferding, R.）　25
フィッシャー（Fischer, H-J.）　95
フーコー（Foucault, M.）　20
フェアバンク（Fairbank, J. K.）　11
フォスベルク＝レコー（Vosberg-Rekow, M.）　200
フランケ（Franke, O.）　49, 212
フランツィウス（Franzius, G.）　39
ブラント（Brandt, M. v.）　34, 45
ベーベル（Bebel, A.）　16
ベッツ（Betz, H.）　115, 160
ヘンレ（Henle, R.）　40
ホーエンローエ（Hohenlohe-Schillingsfürst, C.）　15, 35, 41

ホフマン（Hoffmann, H.）　95
ホルシュタイン（Holstein, F. v.）　41
ホルマン（Hollman, F. v.）　36

　マ　行

マーシャル（Marschall, A. H. v. B.）　36, 45
マイアー＝ヴァルデック（Meyer-Waldeck. A. v.）　217
松村高夫　8
ミヒェルゼン（Michelsen, E.）　212
ミュールハーン（Mühlhahn, K.）　19-21, 26, 29, 42, 220
ムンム（Mumm, P. A. v. S）　112-113, 115, 123, 202
メンゲ（Menge, A.）　158
モーア（Mohr, F. W.）　190, 209, 212
本野英一　12
森紀子　135

　ヤ　行

柳沢遊　8
吉田建一郎　135

　ラ　行

羅志伸　57
ラドーリン（Radolin, H. v.）　45
李鴻章　34, 68
リスト（List, F.）　32
リヒター（Richter, E.）　64
リヒトホーフェン（Richthofen, F. v.）　34, 68
李秉衡　49-50
リューデリッツ（Lüderitz, A.）　90
呂海寰　184
呂明灼　19
レール（Röhl, J. C. G.）　16
レッシング（Lessing, F.）　212
ロイトナー（Leutner, M.）　20
ローアバッハ（Rohrbach, P.）　188, 211-212
ローゼンダール（Rosendahl, C.）　73
ロッシャー（Roscher, W.）　22-23
ロンベルク（Romberg, K.）　212

事項索引

ア 行

アグファ社（Aktiengesellschaft für Anilinfabrikation） 198
アジア間貿易論 10
アジア事業借款団（Konsortium für asiatische Geschäfte） 35
アニリン染料 79, 125, 128, 196-197, 205
アヘン 73
アメリカ合州国 34, 65, 114, 132, 141-142, 151, 154-155, 159, 188, 193, 196, 200, 223
厦門 36
アルンホルト・カールベルク社（Arnhold, Karlberg & Co.） 209-210, 213
アンツ社（Anz & Co.） 208, 210
イェブセン汽船会社（Rhederei M. Jebsen） 136-137
威海衛 43
イギリス 43, 114, 141-142, 187-188, 193, 196, 200
濰県 67, 75, 80, 129
異人種間婚姻（Rassenmischehe） 97-98
インド 194, 196
ヴィスマル 47
ウィンキー社（Wingkee） 172
ウラジオストク 117-118, 134, 136-141, 151, 222
ヴルカーン社（Stettiner Maschinenbau-Aktien-Gesellschaft Vulkan） 213
AEG社（Allgemeine Elektrizitätsgesellschaft） 198, 213
煙台 37, 67, 77, 117-119, 124-125, 129-132, 136-140, 151, 155, 159, 178, 208, 210
オイレンブルク遠征 17
大阪商船会社 137
オスマン帝国 115, 200
小樽 139
オランダ 208

カ 行

海関 69-71, 73, 79-80, 83, 86
開港場 11, 70, 73-74, 80, 82-83, 86, 209, 222
外国人税務司制 72
外務省政治文書館（Politisches Archiv des Auswärtigen Amtes） 27-28
化学染料 196, 198, 203, 205-206, 214
華人 107, 111, 115-116
華人条令 102-104, 106
華人の法環境に関する条令 103-104, 106
割譲 45-46, 49, 54-55
カルロヴィッツ社（Carlowitz & Co. 礼和洋行） 77, 209-210, 213
艦隊政策 22, 221
広東 172, 201, 208-210
広東会館 174
沂州 67
宜昌 73, 210
北ドイツ=ロイド社（Norddeutscher Lloyd） 136-137
99ヵ年間 47, 49, 53
牛荘 117, 136-138, 140, 151, 210
牛皮 194-196, 206-208
九龍半島・新界 43
義和団戦争 78, 84, 106, 109, 159-160
苦力 142, 149-150
クルップ社（Friedr. Krupp, Gusstahlfabrik） 52, 65, 213
グローバリゼーション 1, 7-8
経済的自由主義 221, 223
契約労働者 118-119
鶏卵 135, 196
ケルン 32
原住民（Eingeborene） 90, 93-94, 97, 111-112, 114, 116
絹布・絹糸 125-126, 131-132, 155, 195
原綿 135, 194-196
膠海関 73, 76, 79-81, 85, 123, 163, 203-204
合議制（Kollegialsystem） 162
広州 156
膠州 57-58, 62, 67, 69-70, 75, 80, 160, 178
膠州領総督府 27-28, 44, 60, 65-66, 68, 72, 79, 82, 99, 109, 111-112, 122-123, 161, 163, 165,

254　　　　　　　　　　　　　　　　　　事項索引

　　　169, 171-173, 175-178, 183, 203, 222
膠州湾占領　14, 31, 35, 42, 45
——事件　10, 24, 64
膠州湾租借条約　1, 18, 31, 42-43, 53, 55, 60, 66, 72
合成インディゴ　196-197, 204-205
神戸　136-140, 151, 222
高密　160
膠莱運河　67
コーポラティズム（Korporatismus）　25, 184-185
コーポラティブ　224
国民党　220
50キロメートル　53
呉淞　40
国旗使用　111-112
胡麻　194-195, 206-207

　　　サ　行

斉燕会館　174
済南　37, 67, 75, 98, 133-134, 201, 208, 210
済寧　49-50
沙河　129
ザクセン　32
サバルタン・スタディーズ　9
サモア　71
三業地　218
三江会館　174
三国干渉　36
山東牛　134
山東鉱山会社（Schantung-Bergbau-Gesellschaft）　76, 148, 200, 213
山東鉱山利権　18-19, 50, 66
山東省曹州府鉅野県　1, 14, 40, 50
山東鉄道　75-76, 83, 98, 131, 133, 160, 179, 181, 205
山東鉄道会社（Schantung-Eisenbahn-Gesellschaft）　35, 148, 200, 213
山東鉄道利権　18-19, 50, 66
ジータス・プラムベック社（Sietas, Plambeck & Co. 哈利洋行）　77, 208, 210
ジームセン社（Siemssen & Co.）　174, 209-210, 213
ジーメンス社（Siemens Electrical Engineering Co.）　198, 208, 213

自開商埠　187
子口半税　70, 73-74
実効占領　55
シベリア鉄道　134, 138
自弁自治（Selbsterhaltung, Selbstverwaltung）　163
四方　70, 179-181, 218
下関講和条約　36
社会帝国主義論　3, 5
ジャンク船　74-75, 78, 169
上海　71, 130, 132-133, 136-140, 143-144, 148-149, 151, 155-156, 159, 174, 178, 187, 198, 201, 203-204, 208-210, 219, 222
上海ドイツ連合（Deutsche Vereinigung in Shanghai）　201, 209, 213
シュヴァルツコップフ社（F. Schwarzkopf & Co.）　208, 210
重慶　210
自由港　38, 48
——制度　2, 39, 68-69, 71, 73-76, 79-82, 85-87, 121, 123, 125, 220-222
舟山群島　36
獣脂　206-207
従属理論　6
自由貿易　11, 13, 24, 64, 220
——原則　23
——主義　23, 55, 85, 187
シュタイル・ミッション　40, 49
商業植民地　22-24, 66, 99, 221-223
小港　75, 100-101, 169, 182
小清河　177
商戦　19
小ドイツ主義　16
条約体制　82, 87, 222
昌邑　131
職人　145
職人契約　146-147
植民地自治論　161
植民地類型論　22
女姑口　57-58, 67, 70, 80-81, 181
辛亥革命　183-184, 196
シンガポール　72, 81, 111, 114, 142
新産業　199, 206
新市街区　218
仁川　136-137

津浦鉄道　133, 141, 177, 184
汕頭　156
製糸工場　131-132
成都　201
西洋の衝撃　10
世界システム論　6
世界大恐慌　224
滄口　57, 70, 80-81, 119, 181
総督　104-105
総督府　100-101
総督府工場（Gouvernementswerkstätte）　143-145, 147-148, 150
総督府参事会　25, 105-108, 161-168, 170, 173-177, 179-183
総理各国事務衙門（総理衙門）　49-50, 52, 61, 73
租界　44-46, 49, 51-52, 54-55, 61
属人主義　90-93, 116
属地主義　90, 92-93, 109, 116
即墨　57-59, 62, 67, 70, 80
組織資本主義（Organisiserter Kapitalismus）　25
租借地　43-45, 48-49, 51, 53-55, 61

タ　行

第一次アヘン戦争　16, 31-32, 65
第二次アヘン戦争　32
対外文化政策　188, 199, 202, 208
大港　75, 100, 169
大豆　194-195
台西鎮　100, 102, 108
対中国文化政策　114, 160-161, 189, 199, 200-201
台東鎮　100, 102, 108, 180-181, 218
大不況　23, 221
大鮑島　100, 102, 105, 107-108, 159, 218
大鵬湾　36
大連　43, 117, 138, 140, 151, 177-180, 210
台湾　33
団体（Korporation）　166, 169
団体調整的（korporativ）　169, 182-185
弾薬筒　197
地区担当官（Bezirksamtmann 副按察使）　103
チャイナ＝ナビゲーション会社（China Navigation Co.）　136-137

中華事務担当官（Kommissar für chinesische Angelegenheiten 中華事宜輔政司）　103, 164-165, 168, 175
中華商務公局　105-108, 110, 112, 167, 169-171, 173-176
中国海関　163, 190-191, 221
中国ドイツ文化事業振興委員会（Ausschuß für Förderung der deutschen Kulturarbeit in China）　200-201
朝貢貿易システム論　10
長沙　210
張店　75
青島　201
青島華商商務総会　106, 173, 175-176
青島軍政署　218
青島高等裁判所　103
青島商業会議所　135, 170, 172-173, 213
青島造船所（Tsingtauer Werft）　100, 143
青島特別高等学堂　100, 189, 201-202, 212, 214
ディーデリクセン・イェプセン汽船会社（Diederichsen, Jebsen & Co. 捷成洋行）　77
ディーデリヒセン社（H. Diederichsen & Co.）　213
ディスコント・ゲゼルシャフト（Disconto-Gesellschaft）　35
天津　37, 133-134, 136-137, 139, 156, 177, 187, 201, 209-210
天津条約　32-33
天津ドイツ連合　213
ドイチュラント社（Maschinenfabrik Deutschland）　213
ドイツ　151
ドイツ・アジア協会（Deutsch-Asiatische Gesellschaft）　200, 213
ドイツ・アジア銀行（Deutsch-Asiatische Bank 德華銀行）　17, 35, 187-188, 213
ドイツ関税同盟　32
ドイツ銀行　212
ドイツ人技術者中国連盟（Chinesischer Verband Deutscher Ingenieure）　201
ドイツ人宣教師殺害事件　1, 14, 42, 50
ドイツ中国連盟　202
ドイツ帝国籍民（Reichsangehörige）　95-96, 107, 169
ドイツ東アフリカ会社　47

事項索引

ドイツ・プロパガンダ 209, 211, 214
ドイツ保護領法 93-94
ドイツ保護領令 93-94
ドイツ・マンチェスター学派 24
ドイツ領西南アフリカ 97, 157
ドイツ領東アフリカ 98, 157
東海関 67-68
同済徳文医学堂 201
董事 (Vertrauensleute) 106, 174
東清鉄道 48
塔埠頭 58, 67, 69-70, 78, 80-81
徳州 177
都市建築暫定規則 99, 101-102
屠獣場 134
土地先買権 60, 99
トランスナショナルな歴史 (Transnationale Geschichte) 7, 9, 21

ナ 行

内地延長主義 120
南京 176
南京条約 31-32
日独青島戦争 217-218
日露戦争 196
日清戦争 34-35
日中戦争 220
日本 138, 141-142, 187-188, 193, 200, 206, 219
日本郵船会社 136-137
寧波 78, 174, 209-210

ハ 行

バイエル社 (Farbenfabrik vorm. Fr. Bayer & Co.) 198, 213
肺ペスト 177-180, 182-183
博山 75
BASF社 (Badische Anilin- und Sodafabrik) 198, 213
麦稈真田 125-126, 128-130, 136-137, 195-196, 206-208
漢口 49, 133, 156, 187, 201, 208-210
ハンブルク 32, 200-201, 209-210
ハンブルク＝アメリカ郵船会社 (Hamburg-Amerika-Linie) 136-137, 172, 212
ハンブルク植民地研究所 212
P&O汽船会社 (Peninsular & Oriental Steam Navigation Co.) 136-137
ビール工場 100, 135
東アジア協会 (Ostasiatischer Verein) 200-201, 209
東アジア巡洋艦隊 1, 15, 37, 40
被保護民 (Schutzgenosse) 90, 115
埠頭区 218
不平等条約 17, 87
フライブルク連邦軍事文書館 (Bundesarchiv/Militärarchiv Freiburg) 27-28
フランス 36, 43, 130-131, 141-142, 151, 208
プロイセン 16, 32-33
北京 208, 210
ボイコット運動 172, 174, 182, 222
砲艦外交 17
澎湖諸島 36
奉天 210
訪問外交 19
北伐 220
保護関税 24, 65
保護権 (Schutzgewalt) 92
保護状 (Schutzbrief) 90, 92
保護領 (Schutzgebiet) 43
保護領籍民 (Schutzgebietsangehörige) 95
保護領宣言 1
ポストコロニアル研究 7-9
ボルジヒ社 (A. Borsig) 213
香港 36, 43, 72, 77-79, 81, 114, 138-140, 142, 182, 187, 191, 201, 203-204, 208-210, 219, 221

マ 行

マニラ 139
マルセイユ 141
満洲 177
見習工 144-150
見習工養成学校 (Lehrlingsschule) 144, 148
メキシコ 118
メルヒャース社 (Melchers & Co.) 209-210, 213
門司 139-140
模範植民地 (Musterkolonie, Model colony) 18, 20-22
門戸開放 211, 214, 223

ヤ　行

有色人（Farbige）　96-97
輸出加工業区　86, 123
横浜　201

ラ　行

落花生　126, 132-134, 136-137, 141, 194-196, 206-208, 219
落花生油　126, 132-133, 207, 219
卵黄　194-196
釐金　70
利権回収運動　159
利権獲得競争　43
李村　103, 130, 179-181
龍口　119
柳亭　57
領事裁判権　91-92
領事裁判法　91
遼東半島　36, 84, 117
倫理的帝国主義（ethischer Imperialismus）　188
労山　57
ロシア　34, 36, 41, 43, 51, 118, 142, 187, 193
旅順　43, 77, 117, 210

著者略歴

1974 年　神奈川県に生れる．
2005 年　千葉大学大学院社会文化科学研究科博士課程単位取得退学．
　　　　千葉大学大学院人文社会科学研究科公共研究センター COE フェローを経て，
現　在　首都大学東京都市教養学部経営学系助教　博士（学術，千葉大学）．

主要著書

『帝国への新たな視座』（共著，2005 年，青木書店）
『日本の青島占領と山東の社会経済』（共著，2006 年，東洋文庫）
『日独関係史　一八九〇―一九四五　Ⅰ』（共著，2008 年，東京大学出版会）
『近代東北アジアの誕生』（共著，2008 年，北海道大学出版会）
『経済文化の闘争』（共訳，2009 年，東京大学出版会）
Japan and Germany（共著，2009 年，Global Oriental）
『労働』（共著，2010 年，勁草書房）

ドイツ統治下の青島
―― 経済的自由主義と植民地社会秩序 ――

2011 年 3 月 30 日　初　版

［検印廃止］

著　者　浅田進史（あさだしんじ）

発行所　財団法人　東京大学出版会

代 表 者　長谷川寿一

113-8654　東京都文京区本郷 7-3-1 東大構内
http://www.utp.or.jp/
電話 03-3811-8814　Fax 03-3812-6958
振替 00160-6-59964

印刷所　株式会社精興社
製本所　矢嶋製本株式会社

Ⓒ 2011 Shinji Asada
ISBN 978-4-13-046106-1　Printed in Japan

Ⓡ〈日本複写権センター委託出版物〉
本書の全部または一部を無断で複写複製（コピー）することは，著作権法上での例外を除き，禁じられています．本書からの複写を希望される場合は，日本複写権センター（03-3401-2382）にご連絡ください．

編著訳		価格
工藤　章　編 田嶋信雄	日独関係史 一八九〇—一九四五 全3巻	A5 各5600円
アーベルスハウザー 著 雨宮昭彦 訳 浅田進史	経済文化の闘争	A5 3800円
岡本隆司 編 川島　真	中国近代外交の胎動	A5 4000円
貴志俊彦 編 谷垣真理子 深町英夫	模索する近代日中関係	A5 5800円
後藤春美 著	上海をめぐる日英関係 1925-1932年	A5 6200円
衞藤瀋吉 著	近代東アジア国際関係史	A5 3600円
三谷　博 編 並木頼寿 月脚達彦	大人のための近現代史 19世紀編	A5 2600円

ここに表示された価格は本体価格です．御購入の
際には消費税が加算されますのでご了承下さい．